NEW THINKING IN CHINA'S REGIONAL
DEVELOPMENT:

THE TOP-LEVEL DESIGN AND STRATEGIC LAYOUT

中国区域发展新思维：
顶层设计与战略布局

人民论坛◎编

人民出版社

目　录

总论　区域发展的战略思维

京津冀一体化构想

长江经济带透析

"新东北困局"破解

总论
区域发展的战略思维

习近平区域发展战略思想支点与特征

魏后凯 *

习近平总书记在不同时间段，对区域发展发表过很多论述。这些论述，逐步完善，形成一个体系。总的来看，总书记关于区域发展的思想，核心强调了六个字：公平、协调、共享。这些思想，也是邓小平同志共同富裕思想的延续与深化。

1978 年，邓小平同志提出了"两个大局"的战略思想：一是沿海地区加快对外开放，较快地先发展起来，内地要顾全这个大局；另一个是沿海地区发展到一定时期，拿出更多的力量帮助内地发展，沿海地区也要顾全这个大局。习总书记所强调的以"公平、协调、共享"为核心的新区域发展观正是对邓小平同志这一共同富裕思想的延续和深化。公平是前提，协调是路径和手段，共享是目标。从总书记近期的一些公开论述看，他关于区域发展的思想，有四个支点和四个突出特征，将对中国的发展产生多方面积极深远的影响。

* 魏后凯：中国社会科学院城市发展与环境研究所副所长、研究员。

一、习总书记区域发展战略思想的四个支点

（一）支点一：多层次的区域开放

这里讲的区域开放，既包括对国内的开放，也包括对国外的开放；既包括对周边国家的开放，也包括对东盟等区域合作组织的开放，是一个多层次的区域开放。党的十八大报告明确提出"统筹双边、多边、区域、次区域开放合作"，其中"双边、多边、区域、次区域"的开放合作，体现的就是一种多层次的区域开放、区域合作。

2013 年 9 月 5 日，习总书记在哈萨克斯坦访问的时候，提出了"丝绸之路经济带"构想，他提出，"我们可以用创新的合作模式，共同建设'丝绸之路经济带'，以点带面，从线到片，逐步形成区域大合作"。这个合作比我们过去讲的国内区域合作层次高，是国家之间的区域大合作，这实际上把我们过去的对外开放，整合提升到一个新的高度。过去的区域开放主要是沿海开放、向东开放，现在新一轮的开放，主要是向西开放。

向西开放有三个着力点：一个是西北地区，面向中亚、欧洲、俄罗斯的开放；另一个是东北地区，面向东北亚地区的开放；再一个是西南地区，面向东南亚，甚至向南亚、西亚的开放。这实际上形成了三个国际区域合作圈，东北、西北与西南，其中的丝绸之路，主要是往西北方向。

2013 年 10 月，习总书记又在出访东盟国家时提出，要共同建设 21 世纪"海上丝绸之路"。如此，陆海结合起来，就是一种全方位、多层次的区域合作开放的格局。"一带一路"，是形象的简称，从学术角度来看，就是多层次的区域开放。

从国内层次来看，长三角、珠三角、京津冀地区的发展，某种角度上也体现了区域开放、区域合作的理念。

（二）支点二：区域一体化

这里提到的区域一体化，也可称为城市群的协同发展。2003 年习近平

在担任浙江省委书记时，就比较关注、重视区域的一体化，而且也在积极地推进区域的一体化。他提出浙江省要"主动接轨上海，参与长三角地区的经济合作与发展"。从2014年到2015年，习总书记几次到北京、河北、天津考察，又提出了京津冀的协同发展，而且把京津冀的协同发展，也就是京津冀区域一体化，上升为一个重大的国家战略。不仅是一个国家战略，而且是一个重大的国家战略，这将过去政府、学界对京津冀一体化的定位上升到一个更高的层面。

习总书记还进一步提出，要打破"一亩三分地"的思维定式，实际上就是要打破区域的分割、各自为政。要按照优势互补、互利共赢的原则，加快走出一条科学持续、协同发展的路子。对京津冀协同发展提出的七个方面的举措、要求，除了第一条顶层设计外，其他方面都是一些协同发展的具体措施。比如，第三点关于产业对接协作问题，实际上就是说，两市一省要面向整个京津冀，产业要对接，要分工，要对现有的产业链进行重组，要重新整合资源，构筑一体化的产业链。

（三）支点三：区域协调发展

这里提到的区域协调发展也是过去政策的延续。早在2010年广西调研时，习近平就提出要在新的起点上深入实施西部大开发战略，实现西部地区经济又好又快发展。这里强调的就是怎么推进西部开发，重视西部开发的问题。2011年，他提出要把湖北真正建设成为促进中部地区崛起的重要战略支撑点。湖北作为中部地区的战略支撑点，这是过去中央领导提到的问题，习近平再次强调，实际上也是一种延续。

关于区域协调发展，总书记比较多地谈了农村地区的问题、贫困地区的问题。他先后几次到河北、山西的贫困地区考察，有一些很精彩的说法，比如："全面建成小康社会，最艰巨最繁重的任务在农村、特别是在贫困地区。"他还说过"消除贫困，改善民生，实现共同富裕，是社会主义的本质要求"，等等。实际上，历任中央领导一贯关注扶贫问题，但习总书记可谓是高度重视。他就任总书记以后，考察第一站是广东，第二站就是贫困地区，而且调查很深入。

促进区域协调发展，必须重视中西部落后地区，重视贫困地区。只有中西部落后地区发展起来了，贫困地区发展起来了，各个区域才能实现协调发展，我们才能够全面建成小康社会。在 2013 年 12 月中央经济工作会议上，总书记把促进区域协调发展，作为 2014 年中央需要解决的六项重要任务之一，我觉得这是把重大战略落到了实处。经济工作那么多内容，把区域协调发展作为六个重要任务之一，说明他比较重视区域的协调发展。而且这种区域协调发展，他是从公平的角度，从平等的角度，从广大农民切身利益的角度切入，这也体现出总书记的区域发展思想是从广大农民、广大贫困地区的角度出发的新发展观。

（四）支点四：国土均衡开发

过去的中央文件，很少说到这一点。在 2013 年 12 月的中央城镇化工作会议上，习总书记强调，对于全国主体功能区规划提出的"两横三纵"城市化战略格局，要"一张蓝图干到底"，推动形成一种国土均衡开发格局。他提出"要在中西部和东北有条件的地区，依靠市场力量和国家规划引导，逐步发展形成若干城市群，成为带动中西部和东北地区发展的重要增长极，推动国土空间均衡开发"。

有这样一种说法，中国 20 世纪 80 年代主要靠珠三角，90 年代主要靠长三角，后来京津冀发展起来了，所以珠三角、长三角跟京津冀是推动中国经济发展的三个核心区，也是三个增长极。但是单纯依靠珠三角、长三角和京津冀，未来的中国经济不可能长期保持持续稳定快速增长的态势。因为中国的面积那么大，要实现持续稳定快速发展，必须要在中西部、东北地区，创造一些新的主导地区，创造一些新的国家级增长极，使这些地区成为支撑未来中国经济持续稳定快速发展的新动力。假如能实现这样一个目标，未来中国经济 20 年，要保持中高速增长应该是没有问题的。所以我觉得总书记这一点说得很好，要推动国土的均衡开发。

现在，我国的产业更多地集中在沿海地区，但是人口更多地集中在中西部地区，资源、能源也集中在中西部地区，于是每年上亿的流动人口都到沿海去打工，带来了民工潮，加剧了春节交通的拥挤。由此看来，国土的均衡开发，不只是一个经济的问题，也是国家安全的问题。假如沿海的产业往西走，在中西部地区创造更多的就业机会，这样一方面能带动中西部地区的发展，同时中西部广大富余的劳动力，也能够在当地就近就业，这样我国的经济发展、空间的布局就相对均衡一点。所以未来国土的均衡开发，是一个重大的国家战略。

二、总书记区域发展战略思想的四大特征

（一）特征一：强调生态文明的理念

把生态文明的理念引入区域发展、国土开发、城镇化中来，融合到空间区域层面上来。

在 2013 年 5 月中央政治局第六次集体学习时，习总书记提出"国土是生态文明建设的空间载体"，也就是说，生态文明建设，必须要落实到国土上，国土是空间载体。他紧接着又强调，要整体谋划国土空间开发。而且他还提出一个新的概念——"科学布局生产空间、生活空间、生态空间，给自然留下更多修复空间"，这有很深刻的含义。生产空间、生活空间跟生态空间的"三生空间"概念，过去更多的是学术界在强调，现在总书记把它提出来了，我觉得这是一个很大的突破。从较大的范围看，任何一个城市、任何一个地区，都要保障生产空间、生活空间和生态空间，有合理的比例。不能说地区发展仅有生产空间，没有生活空间，没有生态空间。生产空间应该有一个高限，生态空间至少有一个底线。不能说京津冀城市群水泥地连成一片，建成一个水泥森林，却没有生态空间。过去不少地方搞工业化，都是工业"零地价"，以牺牲生态空间、生活居住空间为代价，片面地追求工业化，建了很多花园式工厂。这就不符合总书记讲的科学布局生产空间、生活空间和生态空间。同时，习总书记强调"划定并严守生态红线""要牢固树立生态红线的理念"。要有生态红线，要有生态空间，包括耕地要保护底线，森林资源的保有量底线也不能突破。

在 2013 年 12 月中央城镇化工作会议上，习总书记有一段话说得挺好："要体现尊重自然、顺应自然、天人合一的理念，依托现有山水脉络等独特风光，让城市融入大自然，让居民望得见山、看得见水、记得住乡愁。"仔细想一想，现在北京、上海这些大城市，哪能望得见山，看得见水，记得住乡愁啊？光是水泥地，光是高楼大厦，没有更多的休闲空间，没有更多的生态空间，这是不符合生态文明理念的。

习总书记强调："在促进城乡一体化的发展中，要注意保留村庄原始风貌，慎砍树、不填湖、少拆房，尽可能在原有村庄形态上改善居民生活条件。"也就是说，不能因为新农村建设，就把树都砍了，把湖都填了，把房都拆了，既没有文化的味道，同时又破坏了生态环境。

他还强调要"科学设置开发强度"。开发强度就是区域建设用地的面积占总的国土面积的比重。现在我们有一些城市，比如说珠三角的一些城市，开发强度达到了 40%，开发强度太高。香港的开发强度只有 19% 到 20%。它不是没地，而是不开发，要更多地保护起来。日本三大都市圈开发强度仅有 15.6%，巴黎地区也只有 21%。我们的开发强度要有一个天花板，不能突破这个天花板，所以总书记也说了，"要尽快把每个城市特别是特大城市开发边界划定"。

城市的增长边界应该划定，不能无限制蔓延，不然就是摊大饼，现在北京就是典型的摊大饼。我们现在也担心京津冀的一体化，演变为北京摊大饼，天津和河北再摊大饼，三个加起来，就是一个更大的大饼。所以必须确定城市的增长边界，城市与城市之间，应该是农田、森林，有绿色的隔离带隔开，不能让它连成一片。总书记说了，要"把城市放在大自然中""把绿水青山保留给城市居民"。总书记很强调生态文明的理念，这跟过去不一样。

（二）特征二：强调命运共同体、利益共同体基础上的协同发展

习总书记协同发展的思想是建立在命运共同体、利益共同体的基础之上的，尤其是"共同体""双城记"等概念，在政府层面都是一些新的提法。

2013 年 10 月，习总书记在印尼发表重要讲话时提到，"使双方成为兴衰相伴、安危与共、同舟共济的好邻居、好朋友、好伙伴，携手建设更为紧

密的中国—东盟命运共同体"。这里的命运共同体，也是协同发展的结果。同时他又讲到，"将政治关系优势、地缘毗邻优势、经济互补优势转化为务实合作优势、持续增长优势，打造利益共同体"。一个命运共同体，一个利益共同体，都是区域协同发展的结果。

在京津冀发展中，习总书记也强调了协同发展。京津冀和珠三角、长三角不一样，它是一个双核的结构，总书记把它叫做"双城记"。京津冀之间关系的关键点，就在于北京与天津之间的关系。过去京津冀一体化比较滞后，也就是北京和天津的关系没处理好，未来要推进京津冀的协同发展，核心问题也是京津的关系怎么处理好。所以 2013 年 8 月，他在河北时，提出要推动京津冀协同发展，这是他首次提出京津冀要协同发展，后来他在很多地方都强调这种协同发展。而京津冀要协同发展，一个重要的机制是仍旧要形成一个利益共同体。不能形成一个利益的共同体，京津协同发展打造"双城记"的难度就比较大。所以，习总书记还提出，"把合作发展的功夫主要下在联动上，努力实现优势互补、良性互动、共赢发展"。联动是推动协同发展的一个很重要的路径，而要共赢发展，就是要形成一个利益共同体。

（三）特征三：强调区域治理的理念

这一理念很超前。过去中央政府，都强调加强管理；而党的十八大、十八届三中全会强调"治理"。习总书记也说到了，治理和管理一字之差，但是治理体现的是"系统治理、依法治理、源头治理、综合施策"。在区域发展层面，他已经应用这种治理理念了。

2014 年 3 月 5 日，习近平在参加十二届全国人大二次会议上海代表团审议时强调："坚持以制度创新为核心，推进中国上海自由贸易试验区建设，努力走出一条符合特大城市特点和规律的社会治理新路子。"他谈到上海自由贸易试验区的时候，落脚点是找出社会治理的新路子，他讲到的是治理问题。要进行探索、改革开放，就要大胆地闯、自主地改。改革要干吗？就是要形成一个适合于大城市特点规律的城市治理或者区域治理的路子，而且他还提出"要尽快形成一批可复制、可推广的新制度"。这实际上体现了一种区域治理的思想，而不是一个管理的思想。

再者，在2013年中央城镇化工作会议上，他又强调，"推进城镇化，既要优化宏观布局，也要搞好城市微观空间治理"。这里面讲的"城市微观空间治理"概念，也是区域治理很重要的一个方面。这个治理跟过去的管理是不一样的，主要体现为在政府规划引导以外，还要发挥市场机制的作用，非政府组织的作用，老百姓怎么参与进来，舆论怎么监督，怎么发挥专家的作用等。

（四）特征四：强调包容发展的理念

习总书记在谈"一带一路"的时候，讲到"两千多年的交往历史证明，只要坚持团结互信、平等互利、包容互鉴、合作共赢，不同种族、不同信仰、不同文化背景的国家，完全可以共享和平、共同发展"。这里面就讲到包容的问题，"包容互鉴"。同时他在谈到"丝绸之路经济带"的时候，强调了"五通"，即政策沟通、道路联通、贸易畅通、货币流通和民心相通。这是很高层次的构想，也可以说是一个方向，体现了包容的思想。

再者习总书记比较重视贫困地区的发展，也体现了他包容发展的思想，因为解决贫困地区的发展问题本身就是包容发展很重要的一个方面。包容发展，更多地强调平等、公平。过去我们叫和谐比较多，国外不叫和谐，一般叫包容发展，除了包容性外，要平等，要缩小差距。所以我觉得习总书记强调贫困地区的发展，也体现了包容发展的思想。

三、习总书记区域发展战略思想的四大影响

总书记的区域发展思想，将对中国的发展产生多方面积极的、深远的影响。

（一）有利于推进中国各地区绿色发展、绿色繁荣与绿色崛起

过去我们也说过，既要金山银山，又要绿水青山。但是习总书记的表述

比过去更诚恳了，他说："我们既要绿水青山，也要金山银山。宁要绿水青山，不要金山银山，而且绿水青山就是金山银山。我们绝不能以牺牲生态环境为代价换取经济的一时发展。"习总书记反复强调生态文明，顺应自然，天人合一，使得很多地方在发展过程中也逐渐转变以 GDP 论英雄的观念，开始转向绿色发展之路。我们所追求的绿色繁荣是经济繁荣、社会繁荣与生态繁荣的有机统一体，既要经济繁荣，又要社会繁荣，还要生态繁荣。而中国在世界上，所要实现的是一种绿色崛起。我们要加快发展，实现赶超，但绝不能建立在牺牲资源、牺牲生态、牺牲环境的基础上，而应该转变发展的方式，走绿色崛起、绿色赶超的道路。所谓绿色崛起，就是一方面要转变发展方式，另一方面要赶超；在经济跨越赶超的过程中转变发展方式，依靠转变发展方式实现我们的跨越赶超，把转变发展方式与赶超有机结合起来。

（二）有利于推动各地区的协调发展，实现共同富裕

习总书记对贫困地区、中部地区、西部地区的一系列论述，有利于推动不同地区、不同的群体共享改革开放的成果，共享改革的红利。这一点很重要。尤其习总书记多次到贫困地区考察，他在阜平考察时指出："没有农村的小康，特别是没有贫困地区的小康，就没有全面建成小康社会。"的确，不解决贫困地区的问题，要全面建成小康社会，肯定是不行的。要在不同的地区，同步实现小康社会，不同的地区就必须要协调发展。

（三）有利于推动各个地区发挥优势，合理分工

习总书记在很多方面，比如国际区域合作、京津冀协同发展以及贫困地区发展等问题上，都强调发挥优势，合理分工。按照这一思想来推进区域一体化进程，有利于形成区域发展的利益共同体，改变产业同构化的局面。现在很多地区发展产业，都是一窝蜂，产业结构雷同的现象比较严重，没有充分发挥地方优势，地区之间的合理分工也没有形成。而习总书记的这些思想，有利于推动各地发挥优势，形成合理分工格局。

（四）有利于推动中国形成全方位、多层次的开放格局

这么一个格局的形成，将可以为中国未来持续稳定发展，为中国在世界上的绿色崛起，建立一个和睦、稳定的周边环境。习总书记提出的"一带一路"也是全方位、分层次的开放，假如这个利益共同体能够形成，将会为我们中国的发展，为我们中国梦的实现，为我们民族的伟大复兴，创造一个比较好的周边环境，这个环境是很重要的。

谋局 2020：中国的区域经济新体系

刘　勇[*]

完整的区域经济新体系是制定区域协调协同发展战略和政策的前提和依据。以前我国区域经济体系并不完善，主要是缺乏区域发展速度与均衡协调目标、区域战略对策体系和区域调控政策措施的顶层设计（没有国家区域发展总体规划体系）；缺乏完整合理的区域点线面结构体系安排（包括点线结构的空间总体框架和面状结构的分层分区体系）。由此带来区域发展战略分割化独立化、区域政策逆向化碎片化和区域竞争无序化过度化等问题，使我国区域发展的协调性和协同性的状态始终难以形成，成为经济社会发展与全面深化改革的重要制约因素之一。

一、构建我国完整的区域经济新体系时机已经成熟

目前，我国经济总量已经处于世界第二位，经济发展水平进入中等收入国家行列。在"新常态"下，我国进入了经济、社会、政治、文化和生态"五位一体"的全面协调可持续发展的新时期，质量效益与公平均衡成为发展的新目标，改革开放和创新成为发展的新动力，发展方式转变、结构优化升级和技术提升进步成为发展的基本途径。优化区域经济结构无疑是我国经

　刘勇：国务院发展研究中心发展战略和区域经济研究部研究室主任、研究员。

济结构调整的重要内容之一，而且在市场经济起决定性作用的体制条件下，区域结构调整比产业结构调整具有更多的合理性。因此，区域经济所具有的公共性和市场失灵之处，是政府合理干预经济比较好的切入点。比如，构建我国完善的区域经济体系，优化区域经济结构，促进我国区域经济协调协同发展，就是一项政府应当承担的必要责任。

　　构建完整的区域经济新体系是我国区域经济发展阶段的客观要求。从总体上看，在西部大开发和中部崛起等区域协调发展战略指导下，我国区域经济改变了地区相对差距扩大的趋势，已经开始了区域经济协调和协同发展的初步进程，这一趋势是符合区域经济发展的一般规律的。按照区域经济发展的"倒U形"理论，当经济发展水平也就是人均 GDP 达 5000 美元（2010 年价）时，在适当的区域政策的干预下，地区相对差距将出现缩小的态势，也就是达到地区相对差距变化"倒U"的顶点，或称为地区相对差距开始缩小的"转折点"。2014 年我国人均 GDP 达 46531 元，已经超过 7000 美元，我国区域经济已进入地区相对差距逐步缩小的新的发展阶段。

　　区域经济协调和协同发展转折性的新阶段，对构建我国完整的区域经济新体系提出了更加迫切的要求。首先，是全面建设小康社会的目标和适应"新常态"要求的需要。全面小康不能有掉队的区域，完整的区域经济体系可以确保区域协调协同政策的全覆盖，让不同区域都获得发展的机会，都能享受发展的成果，而且能达到一定程度的、有底线的、共同的平均水平；稳增长、调结构、增效益，在很大程度上靠我国巨大的国土空间和完整的区域经济体系，其巨大韧性和回旋余地为我国经济长期的中高速增长提供了基础条件，为不断发现和培育新的区域增长极提供了依据。其次，是区域经济进一步合理分工和区域市场一体化的要求。区域经济发展动力之一就是区域分工的不断深化，区域体系越完整，区域分工的可能性就越大，以前的区域体系层次不多，难以适应不断深化的区域分工的要求；区域市场一体化在于为各产业和各企业提供更大的市场空间，为其规模扩张创造必要的条件，同时完整的区域经济体系，为区域市场一体化提供了空间导向性的服务。再次，是进一步缩小地区差距与区域生态环境可持续发展的要求。大家知道，地区差距具有明显的方向性，也就是说不同的区域划分会得出不同的地区差距的结果，目前我国地区相对差距开始缩小，地区绝对差距还在扩大，只有构建合理完善的区域经济体系，才能正确反映和指导未来我国区域经济发展差距调控的方向和力度；不同地区生态环境和资源条件不一样，区域经济发展的方向和水平也不一样，实现区域经济与其生态环境可持续发展，必须因地制宜，按照不同区域体系的要求，采取不同的发展模式，才能获得事半功倍的效果。

我国区域经济协同协调发展顶层设计的"三四三"总体战略思路已经形成。新一届中央领导集体高度重视我国区域经济协调和协同发展问题，先后提出了许多新认识、新观点和新举措，概括起来就是未来我国区域经济协同协调发展顶层设计的"三四三"总体战略部署。其中，第一个"三"是指大家已经熟知的"一二三号"重点区域工程：一号工程是指京津冀协同发展，其主要目的是解决看似意外实则必然的遍及华北（包括华东乃至全国其他地区）的严重的大气雾霾污染，以及越来越严重的大城市病；二号工程是长江流域经济带，其主要目的是探索东西部协调发展路径和新的城乡区域增长点；三号工程是"丝绸之路经济带"和21世纪"海上丝绸之路"，主要目的是建立全球一体化开放体系，重振中华民族昔日辉煌。在此基础上，2014年政府工作报告提出了构建我国区域经济协调发展的"新棋局"，2015年政府工作报告进一步总结为拓展我国区域发展的"新空间"，即统筹实施"四大板块"和"三个支撑带"战略组合。"四大板块"指东北、东部、中部和西部，其作用是显示和调控区域差距；"三个支撑带"指长三角支撑长江经济带，环渤海支撑东北、华北和西北经济带，以及泛"珠三角"支撑西南和中南经济带，其作用是促进区域合作和互助。

以上"一二三号工程""四大板块"和"三个支撑带"共同构成了我国区域发展顶层设计的"三四三"战略部署。为了落实这个总体战略部署，就需要尽快建立我国完整的区域经济新体系。

二、构建我国区域经济新体系的初步构想："四纵四横"总体框架

我国区域协调和协同发展顶层设计的"三四三"战略是个大方向，需要进一步细化和具体化，才能形成我国完整的区域经济新体系。这里所谓区域经济体系是指由经济活动主体（人口、城乡和产业等）占用地表空间资源行为特点所决定的"点、线、面"布局结构和体系，其中点线结构构成经济布局的空间结构框架，面状体系构成空间分区分层系统（不同层级的区域解决不同的问题，而且各层级区域都有其自身的点线结构）。根据"三四三"战略思路，结合我国区域经济发展的具体要求，国家提出由"四纵四横"的空间结构总体框架和"二实三虚"的空间分区分层系统组成的完整的区域经济新体系。

"四纵四横"的空间结构总体框架。空间结构总体框架是指未来我国区域经济将构建以城乡居民点为中心，以交通网络线路为连接的"四纵四横"空间结构总体框架体系，这反映了经济布局的点线结构特点和我国区域发展的"四沿"战略部署的具体要求（见图1-1）。

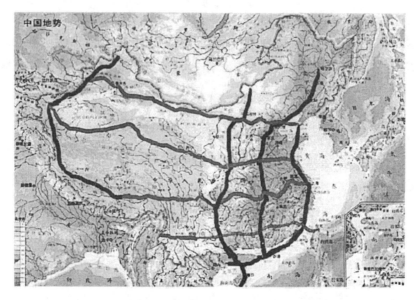

图1-1　未来我国经济布局"四纵四横"总体框架示意图

首先，"四纵"包括沿海纵线、京哈—京九线、二（二连浩特）三（三亚或三沙）线和西部沿边线。沿海纵线走向：该走向包括大连、威海、青岛、连云港、上海、福州、汕头、广州、北海等地区。这是我国经济最发达的东部沿海地区，这条纵向轴线将我国沿海三大核心经济区连接了起来，未来将发挥更大的区域带头和支撑作用。目前该轴线建设的难点是大连到威海的跨渤海湾海底隧道或超长跨海大桥的规划与建设。与沿海轴线有关的重要支线或连接线有哈（哈尔滨）—大（大连）线、沪昆线、青岛—济南—石家庄—太原—银川线以及广州沿西江到梧州—南宁—昆明线等。

京哈—京九线走向（包括京广线）：这是我国近海最重要的基本成熟的沿线开发轴线，连接了东北、华北、华中和华南等四大综合经济区，是我国经济增长潜力仅次于长江流域的沿线地区。目前面临的一个重要的任务是进一步提升这条线上动车的运行速度，进一步提升我国南北地区间经济沟通效率。与京哈—京九轴线有关的重要支线或连接线有绥（绥芬河）—满（满洲里）线、哈（哈尔滨）—同（同江）线等。

二（二连浩特）三（三亚或三沙）线走向：二连浩特—包（包头）西（西安）线—西安重庆线—重庆贵阳南宁线—南宁湛江海口线—海口三（三亚或三沙）线。该纵向轴线将内蒙古西部、陕甘宁地区、成渝地区、南贵昆地区和海南及南海诸岛连接了起来，是我国内陆地区沟通南北的又一条重要的联络通道，具有内地南北沟通、陆地向北和海洋向东南开放，以及我国南海海洋领域保护等功能。目前，主要面临的任务是进一步强化通道功能，做好湛江海峡工程前期规划工作和三亚通往南海诸岛的交通工程的设计规划工作。与二（二连浩特）三（三亚或三沙）线轴线有关的重要支线或连接线有二（二连浩特）—满（满洲里）草原铁路线、渝怀（怀化）—怀化—广州线以及环海南岛交通线等。

西部沿边线走向：阿尔泰—伊犁—喀什—阿里—拉萨线。该纵向轴线连接了我国西部陆地沿边境线的主要口岸和城市，是一条尚处于规划中的具有国防和对外开放多种功能的重要交通通道。目前主要任务是尽快将其纳入有关规划，并积极筹备实施。与西部沿边轴线有关的重要支线或连接线有阿尔泰—乌鲁木齐线、喀什—红其拉甫—瓜达尔港（中巴走廊）线以及拉萨—亚东线等。

其次，"四横"包括大连—北方捷道、陇海—喀什线、沿长江线和台湾—大陆线。大连—北方捷道线走向：沿线包括大连、京津、包头、临河、哈密、乌鲁木齐、阿拉山口口岸（霍尔果斯）等地区。这是一条重要的环渤海地区向西北地区辐射的支撑带，该横向轴线直接穿过内蒙古西部的戈壁沙漠，进入新疆，大大缩短了进疆线路长度。目前主要面临的问题是从内蒙古临河到新疆哈密的铁路高速公路交通线路的建设，以及大连到唐山的跨海交通工程的规划与建设。与大连—北方捷道轴线有关的重要支线或连接线有乌鲁木齐—阿尔泰线、乌鲁木齐—喀什线、乌鲁木齐—格尔木线、北京—满洲里草原交通线等。

陇海—喀什线走向：陇海线—兰（兰州）西（西宁）线—西（西宁）格（格尔木）线—格（格尔木）喀（喀什）线。这条纵向轴线首次将兰州到西宁、西宁进一步通往格尔木、格尔木通往南疆直到喀什上升为国家级主交通轴线，适应了新时期"一带一路"建设的要求，满足了基本纬度的走向，突出了喀什的地位。目前的主要任务是尽快提升兰州到喀什线路的等级和多种交通通道的规划。与陇海—喀什轴线有关的重要支线或连接线有兰新线、包头—银川—兰州线、（西宁—）格尔木—拉萨线等。

沿长江线走向：沪汉蓉—成都拉萨线。这是我国最具经济增长潜力的地区，其在全国的经济地位仅次于沿海地区，是我国东中西地带协调和协同发展的重要横向轴线。目前主要面临的任务是加强长江黄金水道航运工程的建设，积极打造长江经济带综合立体交通工程体系。与沿长江轴线有关的重要支线或连接线有成昆线、武汉—襄阳—西安线、汉襄—襄渝线以及武汉—南昌—福州线等。

台湾—大陆线走向：台北福州线—福州赣州郴州线—桂林河池昆明瑞丽线。这是一条全新的连接我国东中西部地区，并大体沿同一纬度延伸的通道线路，比较好地将海峡两岸交通体系连接在一起。目前面临的主要任务是尽快将这条线路与多种通道连接起来，特别是要做好连接台湾海峡通道工程的前期规划工作。与台湾—大陆轴线有关的重要支线或连接线有昆明—老河口线、台北—台南线以及环台湾岛交通线等。

最后，需要指出的是，这"四纵四横"只是我国空间经济体系的基本框架，各类具体经济要素都可以在这个基本框架下进一步增补或简化，构成各自具体的、细化的总体框架。如高铁线路可为"四纵四横"、国道可以是"八纵八横"、城市群网络可以是"三纵二横"，等等。另外，"四纵四横"主框架之间还存在许多支线或连接线。

"二实三虚"的空间分层分区系统。空间分区分层系统是指未来我国经济布局区划系统将由五个层次组成，包括具有政府管理机构的实体区域（如省区和县域）和只设协调机构的虚拟区域（包括宏观经济区、综合经济区和特色经济区等），构成"二实三虚"的五个空间分区分层系统，这反映了经济布局的面状结构以及不同层次区域解决不同区域问题的客观要求。

第一层次是宏观经济区域。这是虚设区域，有三大地带、四大板块的划分。这里提出一个新三大地带（和"7+1"综合经济区）划分的方案：新东部包括东北三省、京津冀鲁、长三角（沪苏浙）、东南沿海（粤闽琼）4 个综合经济区，含 13 省区；大中部包括黄河中游（陕甘宁晋豫）、长江中游（川渝湘鄂赣皖）、珠江中上游（云贵桂） 3 个综合经济区，含 14 省区；远西部包括内蒙古、新疆、青藏 3 大经济区，含 4 省区，这些省区经济规模太小，可将其视为 1 个综合经济区。划分宏观经济区域的任务是，揭示宏观区域经济格局（水平、速度与总量）的状态及变化趋势，构建全国城乡一体化体系，确保区域发展差距能控制在可以承受的范围之内。在此基础上，可构建全国城乡一体化体系。构建"2000 座城市 +2 万个建制镇 +40 万建制村 +150 万家庭农庄"的城镇乡村规模体系；形成 21 个城市群组成的"两横三纵"的空间格局。

第二层次是综合经济区，这也是虚设区域。方案也很多，这里提出的"7+1"方案主要目的是统一规划和建设大型跨区域性基础设施项目，如区际高速公路、铁路以及航运等交通线路与枢纽工程、区际通信工程、大型水利工程等，以便为区域经济一体化创造必要的硬件条件。依托这些跨地区大型基础设施构建若干城市群绵延带。

第三层次是省区经济，是实体区域经济。省区是我国区域经济的主要管理者和区域政策的执行者，为了减少行政层级，更好地发挥组织区域活动的作用，需要扩大省级行政区数目，并与未来城镇群有机结合。

第四层次是特色经济区。由虚化后的地级行政区（地级实体城市与其管辖的县级行政区）转化而来，相当于城市圈地区（本质上是城市与其直接腹地组成的区域，其中原地级市所在的县今后可称为"都市型县域"），应该属于虚设区域。其任务在于在较细的产业分类层次、甚至产品层次上，建立合理的区域分工与合作关系，以形成各具特色的区域经济体系和城市（或都市）圈。

第五层次是基本经济区。县域经济区，是实体经济区，是区域政策作用的对象。任务在于建立生产与生活一体化的基本区域经济空间，实现统筹城乡发展以及城乡一体化的目的，并可构建由主城区、近郊区、远郊区组成的城乡内部空间结构体系。

三、构建我国完整的区域经济新体系的政策建议

将构建我国完整的区域经济新体系纳入"十三五"规划中，并依托区域新体系制定全国区域经济协调和协同发展专项规划。构建我国完整的区域经济新体系已经成为我国区域协调和协同发展的当务之急。可在"十三五"规划纲要中提出未来我国区域协调和协同发展战略总体思路的指导思想、基本目标、基本原则、新的区域经济体系、重点任务以及基本对策。国家有关部门将按照这个总体思路制定全国区域经济协调和协同发展专项规划。

全国区域经济协调和协同发展专项规划将提出我国完整的区域经济新体系以及建设这个体系的具体对策。具体内容可包括如下几部分：一是提出未来指导我国区域经济协调和协同发展的完整的区域经济新体系；二是进一步明确"一二三号区域重点工程"在完整的区域经济体系中的地位和作用；三是提出构建我国区域经济总体空间格局的建设思路；四是提出各层次各分区发展的基本思路与对策；五是提出未来我国区域政策的重点和任务。

加快"四纵四横"总体框架体系建设步伐，完善我国综合交通运输体系主框架。完整的区域经济体系是区域市场一体化的区域经济，而区域市场一体化则首先需要交通基础设施硬件的沟通，以及市场规则软件的协调。因

此，建立发达高效的连接各区域之间的综合交通运输体系，特别是综合交通运输体系主框架，就成为建立完善的区域经济体系的首要任务。"四纵四横"区域总体框架体系实质上就是现阶段我国经济技术条件下可能的最佳空间开发范围和程度，也表明了未来我国区域经济乃至人口分布流动扩张的方向和规模，也是未来我国综合交通运输体系建设的指南。当然，随着我国区域经济的进一步均衡发展，这个总体框架也是可以变化、改进和提升的。

另外，需要指出的是，全国市场一体化应当是中央政府的责任。许多发达国家都曾经历过地方市场相互封锁的经济发展阶段，无论是中央集权制国家（如法国），还是地方分权制国家（如德国和美国），都制定了严格的禁止地区市场封锁的法律法规体系，以及相应的司法体系。当然，更重要的是发达国家地方政府基本上没有直接从事经济活动的权力，它们主要的职责是地方性公共事务与公共设施的管理，而且地方政府提供的公共服务具有标准化和透明化的特点，便于监督，也没有所谓与中央政府共同承担宏观经济调控的责任。因而，它们实施地方保护主义的动机也不大。但是，这并不意味着发达国家地方政府对地方经济不承担责任。

加快"二实三虚"的空间分层分区系统建设，促进各层次的多样的全方位的区域合作体系的形成和发展。区域的分层分区系统目的在于按照区域合理分工和市场机制的要求，根据各不同区域层次和各分区的性质和资源禀赋，明确各自的发展方向、途径和重点，充分发挥各地区的比较优势，以获得越来越好的区域整体效益（也可以有效消除所谓区域政策"碎片化"现象）。在明确各层次各区域发展战略的基础上，还要大力推进区域之间的合作，这样才能有效获得区域分工的效益。因此，完整的区域经济体系，不仅是各层次各区域发展战略的安排，同时也是不同层次的多样的全方位的区域经济合作体系的形成依据。区域合作关系的形成需要政府搭建各类区域合作的良好平台，需要政府的精心安排、引导和组织。在目前我国财政税收体制下，促进区域间互利共赢的合作需要出台一些特殊的政策措施，如飞地经济、税收分成、联合经营等。当然，完整的区域经济体系还为区域之间的定向帮扶、原料产地与产品加工地协作以及发达地区的辐射带动等，提供了区域背景条件。

适当调整行政区划，协调好客观的经济区与人为的行政区之间的关系。行政区划调整的方向是减少中间行政层次，适当缩小中间行政层次的辖区面积（或是缩小省级行政区的辖区范围，取消地级行政层次；或是扩大县区辖区范围），以利于行政效率的提高，并为协调经济区与行政区之间的关系创造条件；开发区、产业园区、自贸区和城市新区等的设立要尊重而不要破坏行政区划体系。关于协调"两区"的关系需要从以下几方面入手。

一是进一步明确政府与社会的分工。按"小政府、大社会"的现代政府理念，进一步转变政府职能，使政府，特别是地方政府不再直接与地方经济利益挂钩，以消除地方政府将客观形成的经济区限定在自己辖区的观念。

二是在保持法国式的中央集权制的前提下，建立现代地方自治体制。法国式中央集权制主要体现在县及县以上行政机构的行政领导人均由中央政府任命，地方政府管理的事务由宪法规定，并实行自治。这是保证地方政府不再具有宏观经济调控职能的重要举措。通过进一步明确中央政府与各级地方政府之间的分工，合理分配事权和相应的财权，可以从根本上将地方政府的精力和注意力集中在地方公共事务上，有利于跨区域界限的经济区更好地发挥组织区域经济的功能和作用。同时，也保证了中央政令的畅通和全国领土安全的统一。

三是国家司法体系垂直化改革。行政界限成为经济区难以形成和有效发挥作用的障碍，其中一个主要原因就在于地方可以动用与当地经济利益有直接联系的地方司法体系，"合法"地保护地方利益，干预正常的市场经济活动。只有实施国家司法体系垂直化改革，消除司法体系与当地经济的直接联系，才能建立一个不论区域的公平执法体系。

以完整的区域经济体系为依托，识别问题地区，构建我国新的区域经济政策体系。目前，我国主要的问题区包括贫困地区（过疏地区）、老工业基地（过密地区）、矿业城市地区、粮食主产区等。国家确定的592个扶贫开发工作重点县主要集中在中西部地区，今后，要继续实施西部大开发战略，进一步加大扶贫工作的力度，同时还要加大西部人口向东中部转移和生态移民的力度，以加速区域协调发展的进程。我国老工业基地主要分布在东北及中部地区，今后，可充分发展工业基础雄厚、区位条件好以及综合资源优势明显的特点，通过加大改革和改造的力度，围绕装备制造业和能源原材料优势产业的强化发展，尽快实现振兴的目的。矿业城市地区、粮食主产区和初步显现膨胀病的大城市地区都应当制定专门的政策，以解决这些地区发展中面临的突出问题，促进区域经济协调发展。

依托完整区域经济体系，搞好经济社会发展规划、国土（土地利用）规划和城镇规划的统一与衔接。我国已初步建立起综合性和专业性相结合的规划体系。今后各规划要进一步明确分工，突出重点，相互呼应，并相互统一和衔接。综合性的经济社会发展规划要做到中长期目标和短期任务相结合、宏观调控和微观政策相结合、经济发展和社会进步与生态环境改善相结合，要统筹考虑城乡经济、区域经济和内外经济，突出规划的战略性、指导性。

专业性规划主要包括国土规划、土地利用规划和城镇规划。目前，新一轮国土规划、土地利用规划和城镇规划已经开始。这一轮的专项规划要强调以人为本的新的发展观，突出规划的多目标性和功能性。国土规划要以人口分布、资源开发和生态环境保护为主，分析各地区的人口承载能力，结合城镇化、退耕还林和扶贫等工作，提出合理的人口分布调整方案；要制订集约式的大规模资源开发计划，一方面为工业化提供强有力的资源保证，另一方面可以减少对生态环境的冲击；要重点分析水资源、能源资源和耕地资源对我国经济的约束影响及相关对策；要从土地承载人口、矿产潜在价值、人类居住适宜程度三项指标，分析腹地开发条件和开发潜力，提出国土开发的不同功能区及相应政策。

土地利用规划首先要保护好宝贵的耕地资源，以确保我国粮食安全不会受到威胁；其次，严格土地利用管理，努力提高土地利用效率，强调土地的集约经营和利用，要严格按国家各项城镇基础设施建设用地标准以及各种建设用地标准规划土地利用规划，严禁非法擅自更改土地利用性质和类型；再次，要进一步理顺土地产权关系，实现土地所有权的多元化，为正确处理土地市场上的出让、转让或"买卖"关系提供必要的产权制度基础。

城镇规划要正确引导城镇化的快速发展，协调好农村人口向城镇人口转化、农用土地向城镇土地转变等过程中出现和可能出现的一系列难题和问题，确保城镇化的有序进行，避免盲目性。

全方位寻找区域发展新动力

王　军[*]

党的十八大以来，在区域经济发展方面，基于对未来中国改革开放和发展稳定大势的全面深入思考和系统谋划，习近平总书记亲自提出和推动了许多全新的战略构想和战略举措，如"丝绸之路经济带"和21世纪"海上丝绸之路"建设、京津冀协同发展以及上海自由贸易试验区建设等，为传统区域经济发展和开放型经济新体制的理论和实践赋予了全新的内涵，注入了鲜活的动力。

一、共同建设"一带一路"打造命运共同体

"一带一路"涉及范围极广，无疑将是世界上最长、最具活力和最具发展潜力的一条国际经济大走廊。"一带一路"的战略构想体现了全球经济开放、自由、合作主旨下促进世界经济繁荣的新理念，也揭示了中国和亚洲经济合作进程中如何惠及其他区域、带动相关区域经济一体化进程的新思路，更是中国站在全球经济繁荣的战略高度，推进中国与亚洲乃至欧洲和非洲跨区域合作的新举措，显示了中国不谋求排他性的区域经济大国的基本立场。

---

　* 王军：中国国际经济交流中心咨询研究部副部长。

不仅如此，中国的战略意图并不局限于用世界、地区的资源服务于当前中国的发展，而是着眼于中华民族的长远利益，试图在更高层次上与沿线国家打造命运共同体，在坚持市场经济驱动、秉持自由贸易原则的基础上，继续推动全球市场的开放和生产要素的自由流动和增长。

也就是说，这一战略目标，不仅反映中国的利益诉求，更兼顾沿线国家的关切，这可从三个层面来加以理解：一是致力于打造利益共同体，提升经济合作理念，关注可持续发展，实现利益共享均沾，在国际层面实现产业的提升和整合，以开放促进各国的改革转型；二是致力于打造责任共同体，除了传统安全领域之外，在信息、灾害、环境保护、食品安全、公共卫生、恐怖袭击等非传统安全领域，中国也将努力开展国际合作，提升国际公共产品和服务的能力；三是致力于打造情感共同体，中国将秉承"亲诚惠容"理念，加强人文交流，以包容和尊重减少文明的冲突，实现不同文明间的和谐共处。

二、京津冀协同发展上升为国家战略

2014年2月26日，习近平总书记在视察北京之后，又在京主持召开专题座谈会，强调实现京津冀协同发展是一个重大国家战略，要坚持优势互补、互利共赢、扎实推进，加快走出一条科学持续的协同发展路子来。此次习总书记把京津冀发展上升为国家战略，并从传统上的一体化转向了协同发展，可以说重视程度前所未有，魄力决心前所未有，支持力度前所未有。其经济意义在于激活京津冀，启动环渤海，在更大范围内通过区域协同实现资源的优化配置，打造一个全新的世界级大型城市群，真正使这一区域成为中国名副其实的第三增长极；其生态意义，在于有效治理以雾霾为代表的环境污染问题，解决人民群众关心的身心健康和切身利益问题，将京津冀打造成全国生态文明的先行区、示范区；其政治和安全意义则是从根本上确保包括政治安全、经济安全、环境安全、功能安全和治安安全等在内的首都安全，消除多方面安全隐患和不确定性因素，确保首都核心功能正常、高效、有序运转。

三、上海自由贸易试验区要大胆闯、大胆试、自主改

上海自由贸易试验区的建设是最近一年来我国改革开放向纵深发展的一部重头戏。2014 年 3 月 5 日，习总书记在参加十二届全国人大二次会议上海代表团审议时强调，建设自由贸易试验区是党中央在新形势下为推进改革开放提出的一项重大举措。要牢牢把握国际通行规则，加快形成与国际投资、贸易通行规则相衔接的基本制度体系和监管模式，既充分发挥市场在资源配置中的决定性作用，又更好发挥政府作用。要大胆闯、大胆试、自主改，尽快形成一批可复制、可推广的新制度，加快在促进投资贸易便利、监管高效便捷、法制环境规范等方面先试出首批管用、有效的成果。

随着上海自贸区建设如火如荼的推进，全国各地相继掀起了一股"自贸区"申报的热潮，从渤海湾到长三角、珠三角一直到北部湾，从东部沿海到内陆腹地再到沿边，各个省区市纷纷抢抓机遇，利用各自优势，展开了一场围绕着"自贸区"的"竞跑"。其中，天津、广东一直呼声很高，位列第一梯队，浙江、福建、重庆、辽宁、河北、山东、广西甚至新疆等省区市也紧随其后。其背后的诉求，是地方对中央进一步简政放权让利的渴望，是试图以自贸区推动经济转型升级、推动对外开放及经济体制改革的探索热情。

上述国家战略，从点到线再到面，从陆上到海上再到海外，从沿海到内陆再到沿边，大开大阖，但形散神不散，实质上贯穿其中的一条主线是：以"国内外联动、区域间协同、外部协同与内部协同并重"理念为统领，打破单纯的行政区划甚至国界限制，把区域经济规划扩大到跨市、跨省乃至跨国，力图使生产要素摆脱行政区划束缚、在更大的区间进行流动和组合。

四、全方位开放寻找区域发展新的驱动力

党的十八届三中全会提出，要推动对内对外开放相互促进、引进来和走出去更好结合，促进国际国内要素有序自由流动、资源高效配置、市场深度融合，加快培育参与和引领国际经济合作竞争新优势。

"一带一路"战略构想除了经济考虑，更有政治、外交考虑，是在继续推进沿海更高层次开放的同时，推进内陆和沿边开放，提高对外开放水平、拓展开放深度与广度，形成沿海开放和内陆、沿边开放相互协调、相互带动的对外开放新格局，力图为中华民族争取更为长远和更为广阔的生存和发展空间。与此同时，也充分展现了中国作为负责任大国的胸怀与担当，表明我国将与沿线国家展开外部协同，承担大国责任，打造新的国际版图。这是习总书记对外经济战略思想的集中体现，亦是区域经济发展战略的深化拓展。

建设上海自由贸易试验区则可以看成这一大棋局中关键的一招，是我国顺应全球经贸发展新形势、实行主动开放战略的重大举措，表明中国仍然将对外开放作为撬动新一轮区域、甚至是国家发展和新一轮改革开放的动力。上海自贸区的建设目标是成为中国经济深化改革、扩大开放的试验田，在全国可复制、可推广，以发挥示范带动、服务全国的积极作用。

京津冀协同发展则更多的是区域协同战略在国内的体现，它既是战略驱动型的，也是问题倒逼型的，涉及环境污染的治理、城镇化的发展、城市功能特别是首都功能的优化等多方面问题。这是中国在经济进入到增速换挡期、结构调整阵痛期、前期刺激政策消化期"三期"叠加的新阶段，寻找具有全球竞争力的区域增长新引擎的重大举措。它不仅仅是一个短期的政策推动，更是一个长期的国家大战略；它不仅仅是以发展为主题，更关注具有突破性和可复制性的体制改革；它不仅仅着眼于区域经济发展，也着眼于对外开放大局，更着眼于政治安全稳定。

五、"内外联动、协同发展"理念指导未来区域协调发展

区域协调发展就是要以"内外联动、协同发展"的理念为指引，以全球视野和宏观思维来推进新时期区域协同发展。具体来看，以下六个方面应是主要着力点。

第一，以政策沟通、道路联通、贸易畅通、货币流通、民心相通为核心内容，以基础设施互联互通为关键和抓手，刚柔相济，着眼长远，注重内外协同，统筹协调中方利益与周边国家及相关大国关系，统筹协调国际战略和国内区域战略布局，统筹协调国内相关部门、军政商学各界及省区市，统筹协调陆上"一带"和海上"一路"建设，做好经略周边各项工作，拓展中国发展的战略纵深和回旋余地。

第二，进一步深化改革，破除限制区域协同发展的体制机制障碍，逐步完善国家规划指导下的市场化区域协调机制；制定跨区域经济发展规划，重塑对内开放新格局，并将此作为推动区域协同发展的重要突破口，推动资源要素在更大范围内优化配置与有效利用；推动以城市群为增长核心的区域协同战略，将城市群作为拉动区域经济发展的核心载体。

第三，在逐步开展跨境经济合作区、边境经济区等特殊经济合作区试验的基础上，推进完善自由贸易试验区试点工作，在沿海、沿边省份大力发展港口经济，推进自由贸易园（港）区建设，以开放促开发，形成引领国际经济合作与竞争的开放区域，培育带动区域发展的开放高地。

第四，从国家层面加强对产业发展的规划指导，有选择地重点扶持战略性企业，进而逐渐培育具有国际竞争力的战略性产业群；尽快形成促进跨区域基础设施建设市场化合作机制。

第五，优化全国人口布局，构建区域协同发展的人口管理制度，建立健全更好地服务于区域协调发展的人才培养和使用机制。

第六，建立健全促进区域协同发展的财税体制，尽快在资源价格形成机制、资源税、环境生态补偿等重要领域推进市场化改革。

"新四沿"战略打开区域发展大格局[①]

常修泽 [*]

在新的历史条件下,中国需要什么样的区域经济发展战略? 国内外对此颇为关注。制定中国的区域发展战略,不仅要接中华大地的"地气",而且要看清世界发展的"天光"。[②] 这里有两个基本点:一是内部要"协调";二是外部要"开放"。近年来,中央提出了"一带一路""京津冀一体化""长江经济带"等战略。其中,"一带一路"不仅是中国的区域发展战略,而且还是中国参与国际经济进程,与诸多国家共同发展的宏大开放战略。它再次启迪我们,探讨区域结构,不仅要着眼于国内的发展格局(寻求区域"协调"以避免"板块碰撞"),而且要着眼于经济全球化和区域一体化大格局,在"开放"中确立区域发展战略。

希腊哲学家赫拉克利特有一句名言:"人不可能迈入同一条河流。"[③] 历

---

  * 常修泽:国家发展和改革委员会宏观经济研究院教授、博士生导师,清华大学中国经济研究中心研究员。

  ① "新四沿"发展战略涵盖升级版的"沿海"战略:以京津冀一体化和"21 世纪海上丝绸之路"为重点;升级版的"沿江"战略:以长江经济带拉动大长江流域经济发展;升级版的"沿线"战略:以"新丝绸之路经济带"拉动大陆和周边经济发展;升级版的"沿边"战略:实施边境或跨境经济合作区等多种沿边发展项目。

  ② 常修泽:《包容性改革论》,经济科学出版社 2013 年版,前言。

  ③ "人不能两次走进同一条河流"是古希腊唯物主义哲学家赫拉克利特的一句名言,列宁称他为"辩证法的奠基人之一"。这句名言的意思是说,河里的水是不断流动的,你这次踏进河,水流走了,你下次踏进河时,流来的又是新水。

史推进到 21 世纪第二个十年，国家面对的是一个全新的国际国内环境。世界在变，亚洲在变，中国也在变，因此，区域发展战略的内涵也应该变。针对当前世界新形势，结合中国全面改革、全面开放的实际，在此提出升级版的协调开放型区域发展战略——"新四沿"发展战略。

一、升级版的"沿海"战略：以京津冀一体化和 "21 世纪海上丝绸之路"为重点

研究区域经济发展战略，不能脱离国家最大的战略支撑地区的实际。中国大陆东部沿海地区有 10 个省市，即：北京、天津、河北、山东、江苏、上海、浙江、福建、广东和海南。根据国家统计局数据，东部沿海地区共有人口 5.2 亿，占全国的 38%；面积 92 万平方公里，占全国的 9.6%；2013 年国内生产总值 32 万亿元，占全国的 56.7%。显然，这里是目前中国国内经济最发达的地区，也是整个国家经济发展最大的支撑。2015 年 3 月，国家决策层在《推动共建丝绸之路经济带和 21 世纪海上丝绸之路的愿景和行动》[①]中明确提出：沿海地区应"利用长三角、珠三角、海峡西岸、环渤海等经济区开放程度高、经济实力强、辐射带动作用大的优势""形成参与和引领国际合作竞争新优势，成为'一带一路'特别是 21 世纪海上丝绸之路建设的排头兵和主力军"。这是对沿海地区发展的新定位。

（一）四个"经济圈"的最新态势

在中国大陆东部地区的发展中，有四个"经济圈"：珠三角经济圈、长三角经济圈、环渤海（特别是京津冀）地区和海峡西岸地区。

---

① 《推动共建丝绸之路经济带和 21 世纪海上丝绸之路的愿景和行动》，国家发改委、外交部、商务部（经国务院授权发布），外文出版社 2015 年版。

1. 珠三角经济圈

珠三角经济圈有宽、中、窄三个不同的层次。宽泛的是指"泛珠三角"（9+2，即 9 个省加港澳）；中间层次是习惯把珠三角与广东省互称；但严格意义上的珠三角是指珠江三角洲，包括广州、深圳、佛山、东莞、中山、珠海、惠州、江门、肇庆 9 个城市。据统计，该地区共有人口 6778.1 万，占全国的 5%；面积 56750.9 平方公里，占全国的 0.6%；2013 年国内生产总值 53060.5 万亿元，占 9.3%。改革开放以来，东部经济增长最快的地区是珠三角地区，广东省已成为中国经济规模最大的省份，单位面积产出超过其他地区而居首位。同时，其经济开放度较高，利用境外资金是沿海四大经济圈中增长最快的。①

2. 长三角经济圈

根据 2015 年 5 月国务院批准实施的《长江三角洲地区区域规划》，范围包括沪、苏、浙，以 16 个城市为核心区，包括上海市、江苏省的南京、苏州、无锡、常州、镇江、扬州、泰州、南通，浙江省的杭州、宁波、湖州、嘉兴、绍兴、舟山、台州共 16 个城市。据统计，该核心区共有人口 10975.1 万，占全国的 8.1%；面积 110300.5 平方公里，占全国 1.1%；2013 年国内生产总值 97760.5 万亿元，占全国的 17.2%。2014 年 9 月，国务院出台的《关于依托黄金水道推动长江经济带发展的指导意见》提出，建设以上海为中心，南京、杭州、合肥为副中心的长江三角洲城市群。截至 2015 年 6 月，笔者了解到国家有关部门正在编制的长江三角洲城市群规划，范围可能会进一步扩大（例如将安徽的一批城市和苏北某些城市纳入）。特别值得关注的是，该经济圈内有上海大小洋山港，在航运和对外贸易方面走在全国的前列。

3. 京津冀地区

京津冀包括北京、天津，以及隶属于河北省的唐山、石家庄、承德、张家口、保定、廊坊、秦皇岛、沧州、邯郸、邢台、衡水。据统计，该地区共

---

① 常修泽：《关于珠江三角洲地区改革发展若干重要问题的分析》，《学术研究》2009 年第 2 期。

有人口 10919.62 万，占全国的 8.0%；面积 218727.5 平方公里，占全国的
2.3%；2013 年国内生产总值 62172.2 万亿元，占全国的 10.9%。京津冀是
中国北方经济规模最大、最具活力的地区，越来越引起中国乃至整个世界的
瞩目。

4. 海峡西岸地区

国家已明确提出"海峡西岸台商投资区"的概念，它不仅包括福建
省，而且包括浙江南部温州一带、江西赣东一带和粤东潮汕一带，实际上
是一个经济区。据统计，该地区共有人口 9042.6 万，占全国的 6.6%；面积
272149.4 平方公里，占全国的 2.8%；2013 年国内生产总值 37159.4 万亿元，
占全国的 6.5%（见表 1-1）。特别是这里与海峡东岸有"五缘"，即地缘、
人缘、血缘、文缘、商缘，是两岸合作的基地。

表 1-1　东部沿海地区整体及四个经济圈数据（2013 年）

地区	GDP			常住人口			土地面积		
	绝对数（亿元）	占全国比重（%）	占东部比重（%）	绝对数（万人）	占全国比重（%）	占东部比重（%）	绝对数（平方公里）	占全国比重（%）	占东部比重（%）
全国	568845.2	—	—	136072.0	—	—	9600000.0	—	—
东部10省	322259.0	56.7	—	51818.9	38.1	—	923815.7	9.6	—
京津冀地区	62172.2	10.9	19.3	10919.62	8.0	21.1	218727.5	2.3	23.7
长三角地区（核心区）	97760.5	17.2	30.3	10975.1	8.1	21.2	110300.5	1.1	11.9
海峡西岸地区	37159.4	6.5	11.5	9042.6	6.6	17.5	272149.4	2.8	29.5
珠三角地区	53060.5	9.3	16.5	6778.1	5.0	13.1	56750.9	0.6	6.1

资料来源：《中国经济与社会发展统计数据库》（2013 年）。

（二）升级版的"沿海"战略的两个支柱

1. 关于京津冀一体化战略

从中国改革开放历程看，20 世纪 80 年代，以珠三角经济圈（深、广、珠三角）为龙头，从封闭性的计划经济格局中"杀出一条血路来"（邓小平，1979）[①]；20 世纪 90 年代，以更大的珠三角经济圈（整个广东）为龙头，同时启动上海浦东的开发开放；21 世纪伊始，以长三角经济圈为龙头，同时启动京津冀地区和海峡西岸地区开发开放。21 世纪 10 年代，"沿海"地区的龙头定在哪里？经过比较，笔者建议，在新的历史条件下，可选京津冀一体化作为沿海地区发展的龙头。

为什么主张以京津冀一体化作为龙头？除了京津冀本身所处的中枢地位和处于东北亚环渤海心脏地带的战略地位外，主要有四点理由。

第一，这是由新阶段"五环式改革"的历史任务所决定的。中国的改革，走的是一条"边际演进"之路：在地域上，由南而北、由边缘向"中心"，逐步推进；在领域上，由经济向全面领域逐步推进。前三十多年的改革，基本上是属于单向度的经济改革；以党的十八届三中全会为标志，开启了"五环式改革"[②]（即经济、政治、社会、文化、资源环境制度）的新阶段。京津冀地区不仅是中国的经济中心（大部分中国的财团总部集聚于此），而且是中国的行政和文化中心。尽管各地都面临"五环式改革"的任务，但是，相比之下，京津冀地区是重点首选之地。

第二，这是破解结构难题、推动创新发展所必需。结构问题是中国经济发展内部的深层次矛盾。多年来国家一直强调"调整结构"，但并没有取得理想的结果。尤其在产业结构和要素投入结构方面，现代服务业和创新驱动

---

① 对邓小平创办的深圳特区，笔者当时曾作过实际调研，见谷书堂主编、杨玉川、常修泽副主编：《深圳特区调查和经济开发区研究》，南开大学出版社 1984 年版。在实际调研基础上，笔者发现蛇口为社会主义与商品经济相结合的第一个"试管婴儿"，并将此写成论文《从蛇口工业区的开发得到的启示》，提交 1984 年 9 月召开的具有历史意义的"莫干山会议"，《经济日报》1984 年 9 月 28 日刊登。

② 常修泽：《人本体制论》，中国经济出版社 2008 年版，第 1 页。

依然相对滞后。虽然 2014 年中国第三产业占比已达到 48.2%，但与 2012 年世界服务业平均水平 70.2% 相比，仍相差 22 个百分点。[①]创新方面也不理想：据世界经济论坛最新公布的《2014—2015 年全球竞争力报告》排序，在 144 个经济体中，中国位列全球竞争力第 28 名，但与创新相关的"技术储备度"排名，中国仅排在第 83 位。[②]下一步，中国应把发展现代服务业和创新驱动作为优化结构的"战略重点"，逐步从以工业为主导转向以服务经济为主体，同时，推进"创新立国"。[③]在这方面，北京市的服务业走在全国前面（比重已超过 75%），在自主创新方面也一马当先。京津冀协同发展将在全国的产业升级中发挥引领作用。

第三，这是探索生态文明建设路径、打造"绿色世界级城市群"的战略举措。促进人口经济资源与环境协调可持续发展，是人类发展的新潮流，现代化呼唤"绿色化"。以上提到的"绿色世界级城市群"命题内涵，不仅包括区域内城市密集、拥有一个或几个国际性城市、拥有一个或几个国际贸易中转大港、城镇人口至少达到 2500 万等，更重要的是，它应是国家乃至世界绿色发展的核心区域。但现在的问题是，京津冀及周边地区大气污染严重，特别是首都北京雾霾十分严重，成为海内外诟病的问题。中央和全中国人民都希望京津冀的生态环境明显改善，并且带动全国生态文明建设，打造"绿色世界美丽中国"。

第四，京津冀本身的发展也要求形成一体化格局。京津冀地缘相接、人缘相亲，地域一体、文化一脉，历史渊源深厚、交往半径相宜，完全能够相互融合、协同发展。但京津冀三地封闭、割裂化已成"痼疾"。由于区域内各城市发展目标雷同，产业结构自成体系，自我封闭和"产业同

---

① 常修泽：《推进结构调整应坚持以人为本》，《人民日报》2015 年 4 月 28 日。

② 笔者曾深入探究"技术储备度"的内涵，发现它由七项指标所构成：(1) 最新技术可用性，中国排 97 位；(2) 企业吸收技术情况，中国排 68 位；(3) 对外直接投资和技术转移情况，中国排 81 位；(4) 个人互联网应用情况，中国排 75 位；(5) 固定宽带互联网用户，中国排 51 位；(6) 国际互联网宽带用户平均使用情况，中国排 120 位；(7) 移动宽带使用情况，中国排 78 位。按世界经济论坛判断，"中国仍非创新强国"。

③ 常修泽等著：《创新立国战略》，学习出版社、海南出版社 2013 年版。

构"现象严重，城市间争项目、抢资源、抢市场等恶性竞争和封闭竞争现象一直存在。人们希望把京、津、冀等环渤海西岸地区作为一个整体考虑，实现京津冀优势互补、促进环渤海经济区域和北方经济的发展，成为中国新的经济"发展极"。

2006年国家发改委开始编制《京津冀都市圈区域综合规划》。继之，2011年国家"十二五"规划提出，"推进京津冀区域经济一体化发展，打造首都经济圈，推进河北沿海地区发展"。2014年2月26日习近平总书记第一次把"京津冀协同发展"上升为"重大国家战略"。2015年李克强总理政府工作报告提到，推动京津冀协同发展是党中央、国务院在新的历史条件下作出的重大战略决策，京津冀一体化被提到"重大国家战略""重大战略决策"层面。

为实现这个"重大国家战略""重大战略决策"，笔者建议，京津冀一体化发展应实现"四个率先"：其一，率先治理污染，在生态文明建设方面为全国作出表率。要加强环境保护，提高资源利用效率。尤其要共同控制重点行业污染物的排放，加大机动车污染治理力度，建立环境监测数据及空气质量预警信息共享机制等。生态环境建设应率先推进。其二，以天津自由贸易试验区为突破口，率先以新一轮开放倒逼改革，在制度创新上走在全国的前列，真正"杀出一条血路来"。其三，以北京中关村国家自主创新园区为样板，率先提高自主创新能力，着力发展高新技术产业和现代服务业，形成一批自主知识产权、核心技术和知名品牌，提高国际竞争力。其四，适应经济新阶段的要求，率先实现经济结构优化升级和发展方式转变。关键是京津冀三地区功能之重新定位，特别是北京的城市功能定位，剥离其经济中心等"非首都功能"，在这方面非有"壮士断腕"气魄不可。

2. 关于"21世纪海上丝绸之路"战略

"21世纪海上丝绸之路"，是习近平总书记继在出访中亚期间率先提出共建"丝绸之路经济带"之后，于2013年10月在东南亚正式提出的（"丝绸之路经济带"和"21世纪海上丝绸之路"被人们并称"一带一路"）。李克强总理参加2013年中国—东盟博览会时强调，铺就面向东盟的海上丝绸之路，打造带动腹地发展的战略支点。这是一个顺应世界多极化、经济全球化、文化多样化、社会信息化的潮流，秉持开放的区域合作精神，致力于维护全球自由贸易体系和开放型世界经济的国际化大战略。在推进中国区域发展和对外开放中，促进经济要素在更大范围内有序自由流动、资源高效配置和市场深度融合，开展更大范围、更高水平、更深层次的"区域合作"。这种"区域合作"已经超出国内区域发展的范畴，可以说是国际合作以及全球治理新模式的积极探索。

对于实施"21世纪海上丝绸之路"战略[①]，沿海地区具有责无旁贷的作用。这也是本文把21世纪"海上丝绸之路"战略内容放在沿海地区发展战略的原因。打造21世纪海上丝绸之路，有三个突出问题要解决：

第一点，内部——要到边。要动员中国东部沿海地区所有的通商港口和地区，都参与"21世纪海上丝绸之路"建设。目前"狭隘化"之一，拘泥于所谓"泉州起点"的说法。其实，那是"古"海上丝绸之路的"起点"，习近平总书记提出的是"21世纪海上丝绸之路"，"古"和"21世纪"，是两个时空不同的概念。"21世纪"的"起点"具有更为广阔的战略视角，其涵盖范围可以包括中国东部沿海地区所有的通商港口，如京津冀和环渤海地区的天津、秦皇岛、大连、青岛、烟台；长三角地区的上海、宁波—舟山、连云港；珠三角地区的广州、深圳、湛江；海峡西岸地区的福州、泉州、厦门、汕头；以及海口、三亚；等等。

第二点，外部——要到底。"狭隘化"之二，认为此路只是通往东盟或者远一点近似"郑和下西洋"的路线。其实，"21世纪海上丝绸之路"并不限于"郑和下西洋"的路线，而是指以中国港口为起点通往亚洲、非洲、欧洲以及澳洲等地海上来往通道的统称。其重点方向是从中国沿海港口过南海到印度洋，延伸至欧洲；从中国沿海港口过南海到南太平洋。因此，比"郑和下西洋"的路线要广阔得多。

第三点，着力点要抓海洋经济和沿线港口建设。在实施"21世纪海

_____

① "丝绸之路"一词，是地貌学地质学家李希霍芬于1877年提出的概念，原指中西陆上通道，主要贸易为丝绸，故名。此名后来又延伸出"海上丝绸之路"的说法。联合国教科文组织在1991年海丝综合考察中提出了泉州为"起点"的说法，这是一个荣誉性的概念，而非学术概念。

上丝绸之路"过程中，应以海洋经济为重点，着力发展海上养殖、远洋渔业、海上石油天然气和其他资源开发、海洋旅游（包括游轮经济等）；要特别重视港口的建设，并以此为节点，共同建设通畅安全高效的海上运输大通道。

二、升级版的"沿江"战略：以长江经济带拉动大长江流域经济发展

2014年3月5日的十二届全国人大二次会议上，李克强总理提出，要依托黄金水道，建设长江经济带。这意味着要将长江经济带建设提升为国家战略。2014年4月25日政治局会议作出"推动京津冀协同发展和长江经济带发展"的重大决策。党中央国务院提出的"长江经济带"，又是一项"国家战略"和"重大战略决策"。

2014年4月28日李克强总理提出"依托黄金水道建设长江经济带，为中国经济持续发展提供重要支撑"时，明确新的长江经济带东起上海、西至云南，涉及上海、重庆、江苏、湖北、浙江、四川、云南、贵州、湖南、江西、安徽9个省2个直辖市。"长江经济带"与前文阐述的"长三角经济圈"有某些交集。

为什么把长江经济带提升到国家战略层面？据规划，"长江经济带"面积占全国18%，人口占全国36%。2013年的统计数据显示，上述11个长江经济带覆盖省市的GDP总量接近26万亿，占全部GDP总量的41.2%。预测在本世纪的战略机遇期内，中国经济的总体增速将保持在6.5%—7%，而长江经济带经济增长速度将超过全国经济的平均增速。据此推算，未来15年到2020年前后长江经济带的经济总量将达到全国的"半壁江山"，长江经济带将成为继中国沿海经济带之后最有活力的经济带。①

---

① 1988年，笔者提出包括沿江开发在内的"四沿"开放发展概念后，在《蜀道》电视专题片（2009年）和《支点》电视专题片（2011年）中进一步研究长江经济带的开发开放。

从华夏历史上黄河和长江流域的开发情况看，北宋及北宋之前，中国的经济重心一直在黄河流域。但自 1127 年"靖康之变"（宋徽宗、宋钦宗被金国所俘，北宋覆亡，后经商丘迁都临安）建立南宋以来，中国的经济重心明显南移。此后长江流域的开发和利用一直没有间断，长江流域成为华夏民族经济最发达、科技发展、对外贸易、对外开放程度较高的地区。

在 21 世纪的今天，与其他区域经济规划相比，长江经济带有哪些优势？比较起来，以下四点优势是很明显的：一是交通和区位。该经济带横贯中国腹心地带，经济腹地广阔，不仅把东、中、西三大地带连接起来，而且还与京沪、京九、京广、皖赣、焦柳等南北铁路干线交汇，承东启西，接南济北，通江达海。二是资源。特别是淡水资源（规模宏大的南水北调工程源头就在此）、矿产资源、旅游资源、生物资源等丰富，尤其是人力资源，作为中华民族的文化摇篮之一，人才荟萃。三是产业。钢铁、汽车、电子、石化等现代工业的精华大部分汇集于此。四是市场广阔。城市密度为全国平均密度的 2.16 倍。长江经济带发展这样大的战略决策，具体实施应遵循三个具体战略。

"巨龙"战略。可把长江经济带视为一条"巨龙"来打造，以上海为"龙头"，武汉为"龙腰"，重庆为"龙尾"，这三大城市也恰好分别是上海协调会（上海市、江苏省、安徽省），武汉协调会（湖北省、湖南省），重庆协调会（重庆市、四川省）的中心城市。依托三大城市，建立"龙头""龙腰""龙尾"之间合作发展联动机制，重点抓住四个联动：（1）交通运输体系建设联动，重点建设上海港区、武汉港区、重庆港区；（2）国内市场体系建设联动，使金融、人才等要素市场一体化；（3）产业转型升级联动，通过政府部门、研究机构、大学机构协同攻关，发挥市场经济作用，实现技术和产业协同创新；（4）城市群建设联动，形成长三角城市群、长江中游城市群和成渝城市群。

"腹心"战略。1904 年 1 月，英国近代地理学鼻祖哈·麦金德站在人类历史和全球大格局的角度指出，"中心地带"一直以来就是支配整个人类历史的地理枢纽。中国著名地缘战略家柳长勋先生周游世界数十年，曾经应联合国总部邀请，研讨世界战略。他对崛起中的"天下之中"武汉乃至于整个长江中游格外钟情，指出这里"将是亚太地区，特别是东部亚洲大陆的心脏，有如一头雄狮，卧在原野，如果大力建设，将可以万都之都姿态，为人类文明铺远景"。①"华夏历史上，任何一个政权，要想'君临天下'，都必须控制这个中心。"②从这个意义上说，武汉乃至于整个长江中游是中国政治版图的一个"腹心之地"。正因为如此，在谋划中国大布局中，武汉乃至于整个长江中游成为促进长江经济带崛起的重要战略支点。以此向东向西，伸入长江沿岸广袤的内陆地区，推进长江经济带腹地开发。

"双弓箭"战略。长江经济带可形象比喻为"弓箭"。但须指出，它不是单向的"单弓箭"，而是双向的"双弓箭"。一是东向，以中国东部海岸线为"弓背"，以京广线为"弓弦"，以长江作"弓箭"，射向东海，使长江成为连接"海上丝绸之路"进而进入太平洋的"利箭"。二是西向，以中国西部边境线为"弓背"，也以京广线为"弓弦"，以长江作"弓箭"，射向西陆，使长江成为连接"丝绸之路经济带"进而进入西亚、南亚的"利箭"。通过"双弓箭"，促进"双向"开发开放。内则，支撑起中国最具纵深回旋余地的"东西联动"发展新格局；外则，"两头"开放，即向太平洋及向西亚、南亚，特别是向中巴（巴基斯坦）、中印缅经济走廊开放，打造成沿海沿江沿边全面推进的对内对外开放带。

三、升级版的"沿线"战略：以"新丝绸之路经济带"拉动内陆和周边经济发展

前面阐述的"21世纪海上丝绸之路"，主要涉及中国大陆沿海地区及其与世界的关系问题。这里讲的是陆上"丝绸之路"经济带。

从历史上看，古丝绸之路是在前人基础上由西汉时张骞出使西域开辟的。它以长安（今陕西西安）为起点，经关中平原、河西走廊、塔里木盆

---

① 转引自《支点》电视专题片资料（2011年）。
② 笔者在电视政论片《支点》中的"嘉宾谈话"（2011年）。

地，到锡尔河与乌浒河之间的中亚河中地区、大伊朗，并联结地中海各国。正是在这条具有历史意义的国际通道上，五彩丝绸、中国瓷器、茶叶和香料络绎于途，为古代东西方之间经济、文化交流作出了重要贡献，被誉为全球最重要的商贸大动脉。

现实中的丝绸之路经济带是2013年由中国国家主席习近平在哈萨克斯坦纳扎尔巴耶夫大学演讲时提出来的。就国内来说，丝绸之路经济带超越古丝绸之路范围，包括西北陕西、甘肃、青海、宁夏、新疆等五省区，西南重庆、四川、云南、贵州、广西等省市区，以及相连的中部甚至东部一些省份。

就国外来说，"一带"是中国与中亚、西亚、南亚乃至欧洲各国之间形成的一个经济合作区域。它将贯穿亚欧大陆，一头是活跃的东亚经济圈，另一头是发达的欧洲经济圈，中间广大腹地国家经济发展潜力相当之大。重点打通中国经中亚、俄罗斯至欧洲（波罗的海）；中国经中亚、西亚至波斯湾、地中海；中国至东南亚、南亚、印度洋。

根据中国政府提出的"一带一路"走向，"一带"（丝绸之路经济带），将依托国际大通道，以沿线中心城市为支撑，以重点经贸产业园区为合作平台，共同打造新亚欧大陆桥、中蒙俄、中国—中亚—西亚、中国—中南半岛等国际经济合作走廊。

中亚各国也希望与中国扩展合作领域，尤其希望在交通、食品、制药、化工、农产品加工、日用工业消费品生产、机械制造等行业对其进行投资，并在农业、沙漠治理、太阳能、环境保护等方面进行合作。在全球化发展背景下的发展合作，既是对历史文化的传承，也是对该区域蕴藏的巨大潜力的开发。提出共同建设"丝绸之路经济带"，是一项造福沿途各国人民的大事业。可以从政策沟通、道路联通、贸易畅通、货币流通、民心相通五大领域合作。

实施"一带一路"，重点应在以下四个方面展开。

第一，交通能源通信等基础设施互联互通问题。这应该是"一带一路"建设的优先领域。这里有以下几个重点：(1)抓住交通领域的关键通道和关键节点，打通"断头路"，提升道路通达水平；(2)推动港口和其他口岸基础设施建设，畅通陆水联运通道；（3）加强能源基础设施的互联互通合作（如中亚输油、输气管道等）；（4）切实做好跨境光缆等通信干线网络建设。

第二，投资贸易问题。这应是"一带一路"建设的重点内容：首先，拓宽贸易领域，优化贸易结构，同时创新贸易方式，如跨境电子商务等新兴业态；其次，加快投资便利化进程，加强双边投资保护协定；在上述活动过程中，注意把投资和贸易有机结合起来，尤其是要消除投资和贸易壁垒，构建区域内和各国良好的经商环境，积极同沿线国家和地区共同商建"自由贸易区"等。

第三，产业合作问题。这是中国与多国相互投资的延伸。根据笔者的实际调查，从丝绸之路沿线欠发达国家的实际情况出发，产业合作可在以下四个方面展开：（1）农业合作，包括种植业和林牧渔业，以及农产品加工制造业；（2）资源性产业，如油气、煤炭、金属矿产等能源资源勘探开发以及水电、核电、风电、太阳能等；（3）新兴产业，如节能环保产业、新一代信息技术、生物、新能源、新材料等，尤其注意发展互联网＋；（4）现代服务业，包括金融业、物流业、健康产业以及旅游业等。

第四，生态环境合作。这是容易被忽视的方面。应关注各国加强生物多样性和应对气候变化合作，维护环境人权，共建"绿色丝绸之路"。

为使相互合作更加深入，就中国相关地区来说，当前尤其要做好四件事：一是基础设施建设；二是生态保护工程；三是优势产业发展；四是扩大开放，从而使相关地区得到更有实效的发展。

四、升级版的"沿边"战略：实施边境或跨境 经济合作区等多种沿边发展项目

以上论述了沿海、沿长江、沿丝绸之路发展的构思。那么作为"四沿"之一的"沿边"应该有什么构思？

在新的历史条件下，我认为，新阶段的沿边开放战略应该突出以下三个经济带。

（一）东北沿边经济带

这一经济带主要是与俄国、朝鲜和蒙古国等毗邻国家的联系。其重点应该放在中俄沿边合作上。1992 年，在联合国开发计划署的倡导下，中、俄、朝、韩、蒙五国共同启动了图们江区域合作开发项目。

大图们江地区，从中国角度研究，是中国沿边开放开发的重要区域。它以长吉图开发开放先导区建设为主体，促进沿边地区与内陆腹地优势互补和联动发展、开拓陆海联运国际运输新通道、探索沿边地区跨境经济合作模式，推动图们江区域合作开发在更高层次上向纵深发展，为全国沿边开放开发提供经验和示范。

以上"图们江"合作只是一个案例。今后，在东北沿边地区，还要推进黑龙江对俄罗斯铁路通道和区域铁路网建设，以及辽吉黑三省与远东地区的陆海联运合作，同时，发挥内蒙古连通俄蒙的区位优势。

（二）西北沿边经济带

这是丝绸之路经济带发展的重点地区，要特别注意发挥新疆独特的区位优势，深化与中亚、南亚和西亚等国家的交流与合作，以形成丝绸之路经济带的核心区。

（三）西南沿边经济带

古代丝绸之路经济带，不仅有西北线，而且有西南线，人们对此多有忽略。今天，建设新的丝绸之路经济带不要忽视西南线。这里面对东盟和南亚诸国，是走向太平洋和印度洋的必经之路。要关注以下中、东、西三个方向。

在中部方向——主要是云南，利用其在西南的中心区位优势，加强国际大通道建设，打造大湄公河次区域经济合作新高地。2014 年 11 月中旬，笔者实地考察了位于云南省西双版纳的勐腊县，这里有通往老挝、缅甸进而进入东南亚的大通道及相关勐满、磨憨口岸。应根据国务院关于"研究设立云南勐腊（磨憨）重点开发开放试验区"的有关文件精神，加快建立"勐腊开发开放重点试验区",以加强与毗邻国家的经济技术合作。它不仅关系到国家"一带一路"战略的实施,关系到中国—东盟湄公河流域开发合作、大湄公河次区域合作以及提升孟中印缅合作层次,而且特别关系到维护边疆边境少数民族地区和谐稳定。要做好跨境经济合作区建设。在东部方向——重点是发挥广西与东盟国家相邻的独特优势,做好南(南宁航空港)、凭(凭祥)、东(东兴)等陆地口岸的建设,打造中国通向东盟地区的陆地战略支点。在西部方向——重点是推进西藏和印度、尼泊尔等国家边境贸易与旅游文化。在上述地区,根据区位特点,做好沿边地区口岸建设,探索建立沿边境或跨境自由贸易区、经济合作区。①

---

① 《常修泽深入中老缅边境考察研究设立"勐腊重点开发开放实验区"》,中国改革论坛网 2014 年 11 月 19 日;《常修泽再次深入中老缅边境考察勐腊、勐海两县》2015 年 1 月 8 日。

"十三五"中国区域发展战略前瞻

孙久文 *

随着我国进入经济发展的新常态,区域经济的新常态的特点更加凸显:板块分化趋势更加明显,经济带战略使区域发展互动的通道逐步形成,同时生态文明成为区域发展的新亮点。"十三五"时期,区域发展战略可以说是重中之重。在"十三五"时期,我国区域发展战略的方向已经十分明确,这就是以三大战略为核心,重点打造的国家级经济带。以国家级经济带为骨架,以区域中心增长极为节点,以县域发展为基础,形成覆盖全国的区域发展新战略。如何科学理性地统筹资源,合理规划区域发展步调,注重发挥各区域相对优势和比较优势,发挥核心区域的引领、带动和辐射效应,是区域经济和宏观战略研究的重大课题。

一、我国区域发展战略的历史演进

我国的区域经济发展战略在六十多年的发展历程中经历了多次的转变。这些转变都是在国家宏观经济的影响下,为实现国家发展整体目标作出的战略性调整。历史经验表明,每一次调整都对我国宏观经济的新发展起到了关

---

    * 孙久文:中国人民大学经济学院区域与城市经济研究所所长、教授、博士生导师,北京市人民政府顾问,全国经济地理研究会会长,中国区域科学协会理事长。

键性的作用。

旧中国留给我们的是一个经济基础十分薄弱、地区经济发展极不平衡的地区经济格局。为改变这种状况，从新中国成立到1978年改革开放，我国的区域经济发展战略基本上是沿着一条"均衡发展"的道路前行，表现为"工业西渐"。

"工业西渐"的发展战略。新中国成立后的三年恢复时期，国家工业建设的重点是东北老工业基地，其次是华东和华北。"一五"时期，前苏联援建的156项工程当中，沿海地区占1/5，内地占4/5；而整个"一五"时期，基本建设投资内地占53.3%，沿海占46.7%。"二五"时期以后和"文化大革命"时期，工业建设大规模向内地推进，造成了很多问题；特别是"三线"建设的失误，影响了国民经济的正常发展。

学术界习惯于将从新中国成立到改革开放之前时期的区域发展战略，称为"平衡发展"战略，这实际上是为了改变旧中国工业分布极端不均衡的现状，也是正确处理沿海和内地关系的具体的行动。

沿海与内地的区域格局。沿海与内地的区域格局，实际上是承袭全国解放之前的旧格局，新中国成立后，我们一直努力打破这种旧有的区域格局。其中，最有代表性的，是新中国成立后的"一五"时期开始建设的156个重大项目，都是按区域经济平衡发展的目标在全国布局的。

毛泽东在《论十大关系》中明确提出要正确处理沿海和内地的关系。20世纪60年代初，出于备战的需要，国家决定将集中在大城市和沿海地区的工厂转移，加快"三线"建设，建立战略后方。同时，从新中国成立以来我国的地区经济发展就极不平衡，大部分的工业集中在东部沿海地带，生产力分布存在地区非均衡性，经济形势也提出了区域经济格局调整的需要。所以，这一阶段主要实行的是区域经济平衡发展战略。这一战略的集中体现就是三线建设。按照设想的军事地理区划，中国沿海为第一线，中部为第二线，后方为第三线。湘西、鄂西及四川、云南、贵州三省为西南三线。西北三线建设，其辖区为陕、甘、宁、青、豫西、晋西。相对于西北、西南的"大三线"，中部及沿海地区腹地称"小三线"。根据这一精神，"三五"计划明确提出，把国防建设放在第一位，加快三线建设，逐步改变工业布局。

"四五"计划则提出建立各自为战、大力协同的经济协作区。在三线建设的过程中，国家对于中西部的投资高度倾斜。"三五"计划中，全国新建的大、中型项目中，西南、西北、中南地区的项目数高达60.2%。而该时期东部的发展则受到了遏制。

"三线建设"是一次大规模的区域性集中大开发。主要集中于"大三线"的"三线建设"在客观上缓解了新中国成立初期区域经济分布极不平衡的状况，而且为中西部的进一步发展打下了坚实的基础。从空间均衡布局的角度衡量，"三线建设"有其正面的意义。1970年，各个省份人均GDP排名中前十二名依次是：广东、上海、北京、江苏、吉林、青海、云南、辽宁、黑龙江、陕西、宁夏和贵州。属于三线地区的有五个省份，其中青海和云南分属第六和第七。这是"三线建设"所带来的一次大的区域经济格局调整，在随后的年份里，随着战略重点的转移，"三线建设"的中止，排名变化很大，到80年代，前十名中已经没有西部的省份了。

二、改革开放和"两个大局"

从1978年到1995年期间，为了改革开放战略的顺利实施，我国区域经济发展战略也发生了根本性的转变。从理论上讲，是从区域平衡发展转向区域非均衡发展；从实践上讲，是从"工业西渐"战略转为向沿海倾斜战略，同时为东、中、西的协调发展打好基础。

党的十一届三中全会确立改革开放的大政方针以后，在社会主义经济建设的新探索中，中央提出为了集中力量进行现代化建设，需要大幅度调整区域经济布局，将条件更为有利的东部沿海地区作为优先发展的重点区域。从1979年到1995年，我国在区域经济发展布局的总体格局上，对生产力布局和区域经济发展战略做了较大的调整。

邓小平同志提出了"两个大局"的战略思想，即首先发展沿海地区，在沿海地区发展起来之后，以沿海雄厚的实力支援内地建设。因此，我们在改革开放之初就确立了向沿海倾斜的发展战略，即非均衡发展战略，这是我国改革开放后唯一正确的区域经济发展战略。实施向沿海倾斜的沿海优先发展战略，即充分利用沿海工业基础和区位优势，面向国际市场，积极参与国际市场竞争，大力发展外向型产业的战略模式。为了加快改革开放步伐，中央于1979年率先赋予广东、福建两省实行"特殊政策、灵活实施"的权力，利用两省毗邻港澳台的区位优势，加快建设带动全国其他地区的改革开放窗口，并且陆续地批准设立深圳、珠海、厦门、汕头为经济特区和14个沿海开放城市。

1987年12月，中央系统提出沿海地区经济发展战略。主要内容是：第一，沿海地区大力发展外向型经济，积极参加国际交换和竞争，扩大产品出口，加速发展外向型经济；第二，积极扩大劳动密集型产品和劳动—技术密集型产品的出口，大力发展"三资"企业，实行原材料和销售市场"两头在外"；第三，加强沿海与内地的横向经济联系，带动整个国民经济的发展。1988年3月，国务院召开关于沿海地区对外开放工作会议上，正式决定实施以沿海地区企业为主力，"两头在外，大进大出"的沿海地区经济发展战略，大力发展出口加工型经济，进入"国际经济大循环"。同时，中央决定进一步决定扩大沿海对外开放的地域范围，批准海南升格为省建制并设立特区，紧接着批准上海市浦东新区为改革开放新的试验区，这意味着我国沿海非均衡发展达到一个相当高的程度。在政府和市场力量的双重作用下，改革开放初期东部地区基本建设投资远高于中西部地区。

向沿海倾斜的非均衡发展战略，充分发挥了沿海地区的比较优势，取得了面向世界、先行发展的巨大成功，我国沿海地区在差不多20年时间内的经济增长率持续保持在全国的领先水平，国民经济整体水平有了很大提高。

三、区域发展需要解决的问题

在全国经济连续三十多年的快速增长的同时，到20世纪的前几年，区域非均衡发展导致的区域差距扩大、区域间利益的矛盾和冲突、地区发展机会不均等的问题相继显现，成为困扰我国经济社会发展的重大问题。

（一）区域差距扩大的问题

资料表明，1979—1991 年，沿海与内地相比，国民生产总值的绝对差距扩大了 10 倍以上，人均国民生产总值的绝对差距扩大了 4.4 倍。1995 年，镇居民收入最高的 5 个省份均在东部地区，分别相当于全国平均水平的 112%—174%，而最低的 5 个省份 4 个位于西部，1 个位于中部，仅为全国平均水平的 67%—77%；农民家庭人均收入最高的 5 个省份也全部位于东部，分别相当于全国平均水平的 156%—259%，而最低的 5 个省份全部集中于西部地区，仅相当于全国平均水平的 55%—65%。这表明，地区间公平问题日益突出，已对宏观经济的发展形成制约。

（二）区域之间的利益摩擦和冲突加剧问题

长期以来，由于我国工业加工能力主要集中在东部，形成东、中、西的梯度分布；而自然资源则主要集中在中西部，形成所谓"逆梯度"的分布。因此，在东西部之间事实上存在一种分工协作关系：在传统的价格体系下，中西部落后地区向东部输出廉价的农矿初级产品，而高价输入东部的加工产品，造成大量的利润流失和税收转移，东部地区则获得了"双重利润"。改革开放之后，我国实施地方分权，各地方相应获得了一定权益，区际关系也开始按照商品经济原则来运作，企业的经济效益与各省区政府的财政收入密切相关。为了加快本地区的发展，缩小与其他地区经济发展差距，维护地方利益，中西部地区各省也开始向高利率的加工工业投资。这样，一方面导致了地区间为争夺原料而发生各种摩擦和矛盾，另一方面造成地区之间产业结构趋同化。此外，一些地区为了发展和保护自身的经济利益，往往设卡封关，大搞市场封锁、地方保护主义限制本地资源流出和外地产品流入，形成地区间贸易和要素流动的壁垒，妨碍了资源在全国范围的合理流动和全国统一市场的形成。

（三）地区发展机会不均等问题

由于地理位置和交通运输条件的影响，东部地区与中西部地区之间在发展机会上形成了事实上的不均等。东部地区借助区位优势和体制优势，迅速摆脱了旧体制的束缚，形成了市场体系相对完善、产业外向度高、区域经济良性循环的发展态势；而中西部地区由于经济发展相对落后，为了加快本地区的经济发展，当地政府和人民往往是以资源耗竭、生态破坏和环境污染为代价来发展经济，形成一定程度的恶性循环。日益恶化的生态环境，极大地制约着中西部地区的经济和社会发展，也影响到全国经济、社会的可持续发展。

上述问题，使我们认识到：区域经济发展战略需要随着经济发展不断进行适应性的调整。"十三五"时期是我国区域发展战略调整的又一个关键时期，探索区域发展战略的方向十分重要。

四、我国经济发展新常态的区域特征

随着近年来我国经济下行压力的增大，区域经济发展出现大幅波动。2014年，东北地区GDP增长5.9%，增速同比下滑2.5个百分点，经济总量占全国的比重同比下降了0.2个百分点，固定资产投资增速下滑15.8个百分点，出口增速下滑18.1个百分点，工业增速下滑4.2个百分点。相比之下，东部地区的经济运行较为平稳，2014年经济增速的降幅为0.9个百分点，工业增速和投资增速的降幅为各区域板块最低水平，显示了较强的稳定性，经济企稳的迹象较为明显。中部地区经济增速保持第二，且降幅最小，出口保持两位数增长，显示出一定的发展韧性。西北和西南地区的经济形势虽然优于东北地区，但稳定性低于东部和中部地区，其中西北地区的投资增速下滑较为明显，西南地区的进出口有所增长，成为拉动经济增长的新动力。

可以看出，当前各地区经济显示出不同的特点和分化发展的趋势。能够适应新常态的地区就能较好的保持经济运行，甚至能够引领新常态。

产业结构是稳定发展的主要因素。在经济下行压力下，产业结构成为地区发展分化的重要原因。东北地区、内蒙古、河北、山西等地区的资源型行业比重较高，随着经济增速放缓、国内需求减少，产能严重过剩，石油、煤炭、钢铁等产品价格持续走低，地区经济受到严重冲击。东部省份的服务业比重普遍高于其他地区，在部分行业产能过剩、资源型价格下滑的经济背景下，服务业比重高的地区受到的影响程度相对较小，服务业发挥了经济发展稳定器的作用。

新产业、新业态成为经济增长的新动力。东部地区的技术和人才集聚程度较高，战略性新兴产业起步较早，电子商务、健康养老、节能环保等新业态发展较快，新技术与产业正在深度融合，这样不仅迎合市场需要，甚至能够激发市场需求，释放出新的经济活力。而西部地区增长过于依赖高投资，东北地区过于依赖资源和传统装备制造业。这两大板块新兴产业和新业态发展滞后，传统产业受到经济波动的冲击，缺少新增长点来拉动经济发展。

全面改革成为区域发展的重要支撑。党的十八届三中全会以来，国家全面深化改革的力度不断加大，改革的红利不断释放。从地区角度上来看，东部地区改革力度相对较大，一是国有企业改革走在全国前列，二是沿海的上海、广东、福建和天津设立自贸区，以开放助推改革。各地区的改革推动程度不尽相同，是地区经济分化的重要原因。

从"十三五"时期区域发展的背景来看，第一，全球经济再平衡倒逼我国经济转型升级。虽然全球经济在复苏，但主要经济体和地区之间存在重要差异，全球经济增长不均衡，新兴经济体和发展中国家明显放缓。值得注意的是，亚洲在力求实现持续经济增长的过程中，面临着中等收入陷阱、人口老龄化问题、日益加剧的不平等以及金融安全等挑战。作为亚洲最大的发展中国家，世界最大的发展中国家，我国经济面临全球经济再平衡的挑战，要实现可持续发展，只有不畏艰难地坚持转变经济发展方式。第二，国家重大战略对区域发展的引导比以往任何时期都更加突出。"一带一路"战略、长江经济带战略、京津冀协同发展战略都已经在国家层面形成了规划，作出了顶层设计，形成了示范效应，影响着各地区的政策安排。第三，构建新的经济增长极，显得比以往都要急迫。经济下行对区域和产业都形成了压力，构建新的增长极点对抗压具有重要的作用。浦东新区、天津滨海新区、重庆两江新区、北京中关村、深圳特区等都发挥了经济发展的支撑作用。在区域中心城市构建新的增长极，提升区域中心城市的运行效率，作用十分明显。第四，适应区域经济转型升级需要，创新和疏解是产业发展的两大趋势。发达地区的产业选择正在向总部经济、生产性服务业、绿色经济转变，传统产业、能源原材料产业和部分低端制造业从发达地区特别是区域性中心城市疏解出去，能够更好地配置有限的生产资源，促进区域经济协调发展。第五，资源环境瓶颈制约日益加剧。随着工业化、城镇化进程的加速推进，经济发展与资源环境之间的矛盾日益突出，我国的区域可持续发展面临一系列严峻挑战。在资源环境瓶颈制约日益加剧的背景下，主要依靠土地等资源粗放消耗推动城镇化快速发展的模式不可持续。要坚持节约优先、保护优先、自然恢复为主的基本方针，着力推进绿色发展、循环发展、低碳发展，形成节约资源和保护环境的空间格局、产业结构、生产方式、生活方式，从源头上扭转生态环境恶化趋势。第六，生态文明成为区域发展的重要组成部分，促使国家和地区完善生态补偿机制。目前生态文明建设已经成为区域发展的新主体，在加快区域经济发展的同时，环境治理和生态补偿是区域协同发展的不可或缺的内容，需要国家和地方政府共同建立合理的生态补偿机制。

五、"十三五"时期区域发展战略的主要任务

我们是在一个极端复杂的发展环境下，展望即将到来的"十三五"时期中国区域发展战略。在这样的发展背景下，"十三五"时期的区域发展战略应当涵盖以下主要内容。

（一）鼓励东部地区率先发展，提高经济发展质量和水平

我国区域发展总体战略，在新的历史条件下，东部地区率先发展具有显著的重要性。与其他区域相比，东部地区区域经济的抗压能力较强，原因有三个方面：一是东部地区的盘子大，一定量的压力刺激不会有明显的影响；二是东部地区的市场经济更加发达，经济更加服从客观规律，政府干预较少；三是东部当前的发展问题不是经济总量的问题，而是质的问题，对产

51

业升级、结构调整和发展方式转变的需求更迫切。因此，鼓励东部地区率先发展应当从两个方面进行：首先是打造更优化的空间竞争形态。当今世界的竞争不是单个城市的竞争，也不是整体区域的竞争，而是城市群的竞争。纽约、巴黎、东京等大城市群构成各个经济体主要竞争主体，所以东部地区的率先发展必须打造坚实的空间抓手。其次是优化产业结构，通过产业转移加强与中西部的经济联系和协调发展，通过"一带一路"战略将过剩产能输出到沿线国家。

（二）坚持更大的改革和开放力度，均衡构建新的经济增长极

改革开放是我国经济发展的关键环节，也是区域发展战略的核心动力。从开放角度，加快自贸区建设，推动"一带一路"的建设，并积极推动我国地区企业走出去、参与全球竞争，是提升对外开放水平的重要环节。构建新的经济增长极，就是要积极推动综合配套改革试验区、国家级新区、承接产业转移示范区、产城融合试验区等极点式区域的建设，实现一点带面的发展。

（三）贯彻三大战略，深入促进区域协调发展

中央提出的"一带一路"战略、长江经济带战略、京津冀协同发展战略，是实现区域协调发展的关键。进入"十三五"时期，不平衡、不协调、不可持续的问题仍然是影响区域发展的主要制约因素，在实施三大战略的过程中，从各个地方实际出发，实施分类指导，完善并创新区域政策。要大力推动形成跨行政区、跨区域板块的经济合作区，强化区域间的重大项目和重大政策的对接。

（四）大力促进陆海统筹和发展海洋经济

"十二五"规划明确提出陆海统筹的要求，将发展海洋经济、建设海洋强国放在战略的高度。党的十八大报告从战略高度对海洋事业发展作出了全面部署，明确指出要"建设海洋强国"。在目前的国际局势下，"十三五"期间继续推动陆海统筹战略，必须统筹海洋维权与周边稳定、统筹近海资源

开发与远洋空间拓展、统筹海洋产业结构优化与产业布局调整、统筹海洋经济总量与质量提升、统筹海洋资源与生态环境保护、统筹海洋开发强度与利用时序，并以此作为制定国家海洋战略和制订海洋经济政策的基本依据。

（五）促进区域发展精准化，完善区域政策体系

我国广阔的地域面积、差异极大的禀赋状况，决定了"一刀切"的区域政策不足以理顺区域间的关系，必须在准确把握国家战略方向的前提下，充分考虑不同地区的实际需求，构建差别化、有针对性的区域政策体系。"十三五"时期，需要将区域政策的空间划分从板块层面缩小到跨省区层面，并进一步缩小到增长极点层面，推动区域经济发展的精准化，提高区域政策干预的精确度。要统筹东中西，协调南北方，进一步促进区域协调发展。

（六）谋划"十三五"时期区域发展新格局

在"十三五"时期，我国区域发展战略的方向其实已经十分明确，这就是以三大战略为核心，重点打造的国家级经济带。以国家级经济带为骨架，以区域中心增长极为节点，以县域发展为基础，形成覆盖全国的区域发展新战略。目前的国家级经济带主要有以下几个。

环渤海经济带。环渤海经济带处于东部地区，贯通南北、连接陆海，总人口2.5亿，GDP以及投资、消费、进出口等主要指标都约占全国的1/4，作用独特、区位优越、基础雄厚，正处于转型发展的关键阶段，是中国经济最有潜力的新增长极之一。其中，京津冀协同发展是本区域发展的核心，也是打造国家首善之区的关键性战略。

长江经济带。长江是继中国沿海经济带之后最有活力的经济带，依托长三角城市群、长江中游城市群、成渝城市群，做大做强上海、武汉、重庆三大中心城市三大航运中心，推进长江中上游开发，拓展我国经济发展空间。

新丝绸之路经济带。新丝绸之路经济带是在古丝绸之路概念基础上形成的一个新的经济发展区域。东边牵着亚太经济圈，西边系着发达的欧洲经济圈，被认为是"世界上最长、最具有发展潜力的经济大走廊"，是打造西部大开发的"升级版"。随着"一带一路"大战略的提出与实施，新丝绸之路

经济带成为国家大战略的重要支撑。

中国经济带的建设是为了构建中国区域空间的战略格局，形成我们全部国土的科学开发的框架体系。因此，目前还是处在"织网"的阶段。在中国区域空间的战略格局的大网中，至少还将有若干经济带已经或即将形成。

东南沿海经济带。随着沪深高铁的全线贯通，上海自贸区、天津滨海新区、粤港澳合作区等助其提速，一个连接长三角城市群、海峡西岸城市群、珠三角城市群和北部湾城市群的经济带已经呈现。

珠江经济带。与长江经济带平行、支撑我国南方发展的珠江经济带，包括广东、广西、贵州、云南，以珠三角为龙头，涵盖整个西江流域，并将进一步拓展中国的区域经济空间。

东北中部经济带。从黑龙江北部一直到辽东半岛，形成一个纵贯东北平原腹地的经济带。这里有中国最大的平原，有丰富的煤炭、石油、粮食等资源产品。东北中部经济带的建设将有利于本区的东北亚区域中心作用的发挥。

黄河经济带。山东、河南、陕西、甘肃、青海，黄河经济带东到黄海，西接新丝绸之路经济带，是中国的经济脊梁。

长城经济带。在中国的北方，沿长城一线，包括北京、河北、山西、内蒙古、宁夏，在中国的北方内陆形成一个强大的经济地带。这个经济带将承担起中国最大的能源基地的职能。

京津冀一体化构想

"京津冀一体化"顶层设计新思维

王曙光 *

2014 年 2 月 26 日，习近平在北京主持召开座谈会，就推进京津冀协同发展提出七点要求：

一是要着力加强顶层设计，抓紧编制首都经济圈一体化发展的相关规划，明确三地功能定位、产业分工、城市布局、设施配套、综合交通体系等重大问题，并从财政政策、投资政策、项目安排等方面形成具体措施。

二是要着力加大对协同发展的推动，自觉打破自家"一亩三分地"的思维定式，抱成团朝着顶层设计的目标一起做，充分发挥环渤海地区经济合作发展协调机制的作用。

三是要着力加快推进产业对接协作，理顺三地产业发展链条，形成区域间产业合理分布和上下游联动机制，对接产业规划，不搞同构性、同质化发展。

四是要着力调整优化城市布局和空间结构，促进城市分工协作，提高城市群一体化水平，提高其综合承载能力和内涵发展水平。

五是要着力扩大环境容量生态空间，加强生态环境保护合作，在已经启动大气污染防治协作机制的基础上，完善防护林建设、水资源保护、水环境治理、清洁能源使用等领域合作机制。

六是要着力构建现代化交通网络系统，把交通一体化作为先行领域，

---

* 王曙光：中国亚太经济研究中心高级研究员、浙江大学公共管理学院研究员。

加快构建快速、便捷、高效、安全、大容量、低成本的互联互通综合交通网络。

七是要着力加快推进市场一体化进程，下决心破除限制资本、技术、产权、人才、劳动力等生产要素自由流动和优化配置的各种体制机制障碍，推动各种要素按照市场规律在区域内自由流动和优化配置。

习近平总书记在京津冀协同发展座谈会上的七点要求，是迄今为止在最高层级谋划京津冀一体化发展的最新战略。这"两最"具有丰富的内涵，需要用新思维深入解读。

一、顶层设计首先要进行观念的顶层设计

我们必须承认，在区域经济一体化推进中，京津冀落后于长三角和珠三角的发展。这种落后，某种程度上也许正暴露出体制的落后。顶层设计首先需要进行观念的顶层设计，没有相当的共识，顶层设计就无法走到"顶层"的高度。首都经济圈的早日形成，不仅仅是经济的聚焦，更是改革这把利剑在体制胶着中的较量。

"全面深化改革"就要敢于深化到京津冀这样的老大难问题中去，啃了硬骨头，才能产生改革的深度效应。进一步说，"国家治理体系和治理能力现代化"也就看我们能否破除体制机制的壁垒，在能力上展示"设大局、下大棋"的国际水平。而要做到这一切，首当其冲须聚焦一个字——"破"，破除一切阻挡"首都经济圈"形成的障碍。

二、首都经济圈的"障碍清单"

"首都经济圈"究竟被什么阻碍了呢？一是行政区划障碍导致缺乏跨界思维。行政区划天生带有行政的权威性和较为固化的框架，这种权威性和框架便于区域管理，但是不利于要素的流动。当市场经济最宝贵的自由流动要

素遇到行政的壁垒，就犹如大潮遇到堤坝只能折身返退。近在咫尺的北京和天津，一个是首都、一个是直辖市，按理说，北京、天津如此大的两个城市双子座，联动效应至少应该是一加一等于二，或者大于二。然而，现状则是两强相峙，结果不仅没能一加一大于二，反而产生了互相排斥的"物理效应"。因此，京津冀在体制上要保持现有的行政区划，也要在机制上突破行政壁垒。我们必须要有跨界思维，大量植入商业元素，开辟市场经济长驱直入的大通道。

二是骨子里的小农意识。我们必须反思为何京津冀一体化格局十年未实际形成，"靴子"为何迟迟落不了地？当下中国，虽已进入全球化，科技水平突飞猛进，但在行政区划的框架内，各地依然习惯于画地为牢，只要在地域边界处，思想上、制度上就会竖起一道城墙，拒人于城墙之外。"一亩三分地"意识强烈，融入与合作意识必然缺乏。这就导致我们的许多机会失去了，资源被碎片化地流失了。小农意识强化了落后体制的顽固性，而体制的庇佑又使得小农意识在官场很有市场。站在"小圈子"作"大评价"，这就使得"一亩三分地"永远进入不了大格局。以小农意识为根源的狭隘的政绩观，使人坐井观天，既耽误自身发展，也延误了大局。以语言为例，中国的方言之多，既是一种历史和文化，客观上也是一种交流的壁垒或障碍。新中国成立后，为改变交流障碍，我们推广了普通话。而今天，区域经济协同发展又何尝不需要用一种新的"经济普通话"来推翻以往的壁垒呢？农村的改革要将土地集约化使用，放大了看，京津冀一体化也是要将自己的一亩三分自留地交出去，主动融入"集约化"大格局。我们必须要有"转身思维"，把小农转化为"股东"，完成身份的转变。

三是缺乏工业化思维。京津冀一体化的障碍，还在于管理思维的滞后。随着市场经济的推进，我们必须全面导入工业化管理思维。一个社会进入工业化时代，不仅仅是生产和使用工业产品的时代，而且是用工业化思维管理社会的时代。工业化管理思维表现在顶层设计中，就是将社会诸多要素看成一个个齿轮，再将这些齿轮进行最佳排列组合，以产生最优功能。工业化管理思维讲究标准、流程、精确，最终体现的是"逻辑"的力量。而与之相对的"小农管理思维"，更多则是碎片化的随机应变。在京津冀一体化发展中，北京、天津、石家庄、唐山、邯郸、秦皇岛、保定、张家口、承德、廊坊、沧州、衡水、邢台……这些齿轮之间究竟是什么关系，怎样的排列才是最佳组合？在工业设计中，从来不会人为地放大一个小齿轮的作用而放任齿轮组合不合逻辑。换言之，我们必须把原来那种模糊的、概念的、感性的"语文模式"转化为"数学模型"，用坐标和数字清晰地勾画出首都经济圈的确定框架和最优价值。

三、以"底线思维"破解区域经济发展难题

无论是城市化还是城镇化，无论是眼前难以对付的城市病还是将来的发展，京津冀一体化已到了"底线思维"阶段——不是选择不选择的问题，而已经是别无选择。这是北京的不二选择，是天津的不二选择，也是河北的不二选择。环境不可持续，资源不可持续，生产方式甚至生活方式不可持续，必须有一次彻底的变革才能生存。这种严酷的倒逼考试，有可能逼出真正的创新思维。唯有新的切分与重组，才能让这三地相加大于三。北京的"大饼"不能再摊（城市扩容），天津的"麻花"不能再卷（产业重叠），河北的"灯下"不能再黑（方向不明）。该动行政区划的动区划，该产业调整的调产业，该形成链接的形成链接；该靠拢的靠拢，该转移的转移，该合并的合并，该拆分的拆分；该成为领子的成为领子，该成为袖子的成为袖子，该成为衣身的成为衣身。

一件衣服不能领子太大，袖子太短，衣身太破。总之，我们要把这块布重新裁剪，清晰的定位可以是：作为衣领，北京是政治中心、文化中心、国际交流中心、科技创新中心，在工业经济上可以"虚"一点，为自己获得更精确定位和更大空间；作为衣袖，天津可以"长"一点，成为环渤海地区先进制造业中心和物流中心，延长经济手臂，更多外向发展；河北作为衣身，当"实"一点，急需在重要基础工业和先进制造业基地上夯实基础，沉淀经济元素，在拉动内需中保证京津冀一体化稳步发展。如是，棋局已成，棋子之间的关系和价值也就明晰了，规模与产业链效应相得益彰的"大象经济"

便呼之欲出了。

我们希望看到京津冀三地在首都经济圈的统领下，各自进行良好的"自转"，同时进行准确的"公转"。而最终，区域经济的绩效评价，就看自转和公转能否沿着顶层设计的轨道有序进行。

京津冀协同发展愿望清单

赵　弘*

习近平把京津冀协同发展提升为国家战略，在于解决北京城市病和区域环境问题、推进区域和城乡统筹协调发展，更在于加快转变发展方式，打造中国经济第三增长极和世界级城市群

京津冀区域合作历程，从 1986 年天津市提出建立环渤海区域合作市长联席会至今已经近 30 年，特别是 2004 年"廊坊共识"提出很多的设想和思路，但是从目前来看，京津冀区域合作依然没有取得实质性的进展。未来，应认真落实习总书记关于京津冀协同发展的讲话精神，加强顶层设计，抓住核心问题，建立统筹协调机制，积极创造条件，推进京津冀的协同发展。

推进京津冀协同发展应重点实现五个突破。

一、要在构建强有力的京津冀协同发展的领导体制、协调机制上有重大突破

京津冀区域涉及两个直辖市和一个省，尤其是在北京直辖市范围内还有中央部委及其下属的企事业单位。在这样一个主体多元、规格比较高的条件下，如果没有一个强有力的组织领导机制和协调推进机制，即使各个主体都

---

　　*　赵弘：北京市社会科学院副院长、研究员。

有合作发展愿望，也很难有实质性推进。

从国外发展经验来看，为推进东京都市圈的发展，日本在1956年成立了"首都圈整备委员会"，作为日本首相府的下属机构，直接负责首都圈的规划建设，从1958年开始编制第一版规划，通过五次规划的实施，形成了"都心—副都心—郊区卫星城—邻县中心"的多层次、网络化的空间格局，实现了区域功能的合理配置。

建议在国家层面建立一个京津冀协调发展委员会，委员会办公室建议设在国家发改委，成立专门的司，作为具体推进机构，负责京津冀区域协同发展工作。国家有关部委以及三个省市的政府共同参与，构建包括产业对接、交通基础设施、公共服务、生态环境等分领域的跨区域协调联动机制，共同建立各种专业领域的对接平台，统筹推进京津冀区域合作重大事项。

二、要在加快以城际铁路为核心的京津冀交通体系 建设方面有重大突破

从国际大都市圈发展经验来看，中心城市与周边区域的交通联系，一般在15公里以内的核心区以地铁为主，站点密集，一般1公里一站；15—30公里区域，通过大站、快线地铁实现快速联系；30—70公里区域，则通过市郊铁路实现一站到达，形成半小时快速交通圈。

与之相比，北京的轨道交通建设有两方面的不足：

第一，北京市域范围内轨道交通路网密度不足。东京小汽车拥有量达到800万辆，比北京现在的车辆要多出260万辆，但东京的地面交通并没有北京那么拥堵，主要原因就是东京轨道交通系统非常发达，以轨道交通为核心的公共交通成为交通出行的主要方式。东京包括地铁、轻轨、新干线在内的轨道交通达到2800公里，承载公共交通的80%以上。截至2013年年底，北京轨道交通运营线路里程达到465公里，已经成为世界上地铁里程最长的城市，但据统计，2012年北京六环以内轨道交通出行占公共交通出行的38.1%，占全部交通出行的16.8%，如果考虑整个市域范围，这一比例还要

更低。北京的轨道交通覆盖范围、密度和运载能力，都远远满足不了城市发展的需要。

第二，北京的市郊铁路建设严重滞后。伦敦、纽约、东京、巴黎等世界城市的市郊铁路都非常发达，分别达到3650公里、3000公里、2031公里和1867公里，而北京的市郊铁路只有107公里，虽然北京地铁里程是全世界最长的，但是整体轨道交通体系与上述世界城市相比差距还很大。即使北京全部完成2015年规划的660公里轨道交通建设，总里程也仅相当于东京的28%。

京津冀协同发展的一个关键就是要把硬件条件做起来，其中交通基础设施是最基本的。如果这一硬件条件不具备，北京城市功能、人口和产业的疏解，京津冀的协同发展都是很困难的。

一方面，解决北京"城市病"不能完全依靠人口和企事业单位外迁，自身承载能力提高也非常关键。要在北京城区范围内，进行地铁加密，在重点线路规划复线建设。另一方面，要加快市郊铁路建设，创造条件，引导北京城市功能、产业、人口向远郊区县以及河北周边区域疏解。

三、要突出重点，在京津冀区域内加快建设若干个 新一代卫星城方面有重大突破

"卫星城"概念在规划中很早就用到。在全球发展实践中，卫星城经历了附属型、半独立型、独立型和网络型四代的发展。第一代卫星城是附属型卫星城，也就是所谓的"卧城"，主要承担单一的居住功能，类似今天的回龙观、天通苑。卫星城已不断演进到第四代。第四代卫星城距离中心城相对较远，城市的教育、医疗等公共服务较为完善，能够保障居民高质量的公共服务需要，同时也形成一定的产业集聚，能够解决一部分人在卫星城的就业，当然有一部分人可能仍然在主城就业。建设卫星城应抓住三个关键点。

第一，距离。卫星城距离主城不能太近也不能太远。太近就会形成卧城，起不到疏解作用，只能加剧中心城功能集聚和交通拥堵。太远又没有吸

引力，同时不管什么交通方式都很难满足卫星城与主城之间半小时通达的要求。国外卫星城建设经验表明 30—70 公里的距离是比较合适的。

第二，通道。卫星城和主城之间一定是通过大容量、一站式的市郊铁路实现便捷联系。高速公路作为辅助，但不能是单一的公路交通。因为这样的公路联系很难避免交通拥堵。

第三，规模。卫星城规模要控制，不能太大。目前，北京的主城已经太大了，如果卫星城规模也太大，即使两个城市间通过市郊铁路能够在半小时到达，加上两个城市内部的通勤时间，也很难实现 1 小时通勤圈的要求。比如北京和天津就很难彼此互为卫星城。因此，卫星城规模一定要控制，而且要有完善的公共服务和一定的产业支撑。

目前，河北承接北京城市功能和产业疏解的热情很高，但是要认识到北京城市功能和产业转移会遵循一般的梯度规律，由近及远，这是很难违反的规律。河北省有 11 个地级市，172 个县、市区，再加上天津邻近北京的 6 个区县，能够与北京对接的行政区至少有 178 个市县区，如果算上每个市下面的开发区（河北有 11 个国家级开发区，111 个省级开发区），这么多主体都对接北京，是不现实的。

未来，河北与北京进行对接，资源不能太分散，要"点面结合、以点为主"，聚焦重点，建设 4—5 个卫星城，优先考虑燕郊、涿州、武清、宝坻这样区位优势突出的区域，打造一批创新环境最优、生活环境最优、生态环境最优的高地，这样才能对北京的城市功能、人口和产业形成强劲的吸引力。

四、要在京津冀公共服务政策创新、实现公共服务均衡化方面有重大突破

北京对外来人口有很强的吸引力，对周边区域形成一定的"虹吸效应"，俗称"灯下黑"，其中一个重要原因就是区域之间的公共服务水平落差太大。比如，在教育方面，北京和天津的高考一本录取率是 24.33% 和 24.52%，河

北只有 9.03%。再比如，医疗资源方面，河北总人口是北京的 3 倍多，但是河北的三级医院数比北京还少 7 家，特别是优质医疗资源相对较少。据统计北京三级医院的外地患者中河北患者最多，占 1/4。此外，三地的社会保障标准也不一样，河北的保障水平要比北京和天津低不少。

在公共服务资源不均衡的情况下，北京的人口疏解，必然面临着户籍、高考、社会保障等诸多问题。因此，推进京津冀区域协同发展，一定要正视这些深层次矛盾，在公共服务制度创新方面下大力气，逐步缩小区域间的落差，着力解决户籍制度、高考制度、社会保障制度等方面的瓶颈约束，促进公共服务的均衡化、一体化发展。

五、要在深化改革、探索京津冀协同发展的利益共享机制方面有重大突破

在现行财税体制下，一个城市的运行和发展要依靠发展自身经济来提供财力支撑。发展经济就会带来人口的集聚，而人口集聚必然会带来城市基础设施需求增加、公共服务需求增加，这些都会对能源产生消耗，同时带来生态环境的压力。为了维持城市运行建设和环境治理，又需要投入更多的财力，需要发展更大规模的产业，这又会带来更多的人口集聚。财税体制倒逼下的这种城市发展思路，使城市发展陷入循环"怪圈"，而且这种惯性不仅是省市级层面，已经延伸到区县和乡镇，各级政府发展经济的压力很大，动力也很足。

因此，我认为推进京津冀协同发展要在利益问题上下大功夫。前些年北京市为推动郊区县发展，采取城区和郊区"结对子"措施，效果并不理想，其背后就是这种财税体制的约束。长三角地区上海与周边区域的合作也同样面临着财税体制的障碍。

建议把京津冀区域作为国家深化财税体制改革的实验区，积极探索一系列的财税体制改革，比如探索"首都财政"，使北京从繁重的经济压力当中解脱出来，专职做好首都服务，为进一步剥离经济功能创造条件。再比如，

可以探索跨区域的利益共享机制。目前河北各地都在积极探索与中关村科技园区开展"共建园区"合作。未来如何推进这些产业的有序转移和扩散,其中一个关键就是如何建立跨区域的 GDP 分计和税收分成机制。此外,京津冀区域还可以积极探索财政转移支付制度、生态补偿机制等。特别是对于河北西部、北部的生态涵养区域,这些区域创造的生态效益如果能够得到相应的利益补偿,对于解决这些区域的贫困问题会有积极作用。

从市场主体来看,同样需要考虑利益机制问题。在市场经济条件下,北京的医院、学校和企业外迁,难度很大,涉及很多问题,比如住房问题、子女上学问题等。建议国家设立京津冀协同发展的引导资金,一方面,以市场化机制来推动城市功能的疏解,对于疏解出去的企业、机构、人员给予一定的经济补偿。另一方面,积极支持和引导一批区域重大基础设施、重大生态工程项目、重大公共服务项目等建设,创造条件,尽快使得周边区域具备承接北京城市功能疏解的条件,从而推动区域的一体化进程。

京津冀绿色转型的战略意义

齐　晔[*]

经济社会发展与资源环境约束之间的矛盾已成为京津冀区域发展面临的最为尖锐的矛盾。区域协同发展的战略目标就是要破解这个矛盾，这也正是习总书记要求京津冀协同发展要"探索生态文明建设有效路径、促进人口经济资源环境相协调"的含义所在。如果不考虑资源消耗和环境影响，简单地增加或转移产能，只会加剧矛盾。京津冀区域发展必须走循环、低碳的绿色经济之路。

五十多年前，第一代领导人正式提出"四个现代化"的国家战略目标；三十多年前，第二代领导人重新划定实现中国式现代化的"三步走"战略，计划到 21 世纪中叶经济发展达到中等发达国家水平。在京津冀等经济发达地区已经率先实现中国式现代化"三步走"战略目标的今天，探索新时期国家现代化的战略方向、目标和途径，是摆在中国政府和人民面前的重大课题。京津冀协同发展战略不仅可以为优化开发区域发展提供示范和样板，更可为探索中国式现代化 2.0 版提供重要尝试，其意义十分重大。

第一，绿色转型是转变经济发展方式的核心内容。实现京津冀地区的绿色转型将可带动北方腹地的全面转型，为全国作出表率、提供经验；为发展中国家，特别是新兴经济体的现代化建设和可持续发展提供样板。绿色转型的核心标志是资源生产率大幅提高和环境污染大幅下降，直接针对目前发展

---

　　*　齐晔：清华大学公共管理学院教授、公共政策研究所所长。

中的两个"不相称"现象，造福人民，荫及子孙。

第二，绿色转型是区域生态文明建设的重要途径。生态文明建设要求构建节约能源资源、保护生态环境的产业结构、生产方式和消费模式，提高可再生能源和循环经济比例，降低污染物排放，提升环境质量。更重要的是，要转变全社会的文明和发展观念，让节约资源、保护环境、人与自然和谐共生成为主流价值观的核心构成。在现阶段，迫切需要建立有效的制度体系，提升治理能力，促进生态文明建设进程。

第三，绿色转型呼唤区域协同治理创新。改革开放以来，我国形成了一套有效的治理体系，通过行政区之间的竞争激发经济发展动力、创造经济发展活力。这种竞争机制在促进经济快速发展的同时，也带来各行政区块各自为政、缺乏合作、资源配置低效、重复建设严重等问题。公共设施不足、公共服务欠缺、公共事务缺乏协调的现象说明，在健康的竞争之外，更需要合作、协调和协同行动。绿色经济需要不同主体，特别是行政区块之间从竞争走向合作，从并进走向协同，如此方能增进公共利益、提高整体价值。事实证明，在经济、社会和政治领域，自我组织、市场调节和上级协调都可以产生有效的合作机制。在现阶段，中央政府需要发挥权威性的领导和协调作用，有效促进区域一体化规划和协同发展行动。京津冀一体化协同发展需要区域发展体制机制的创新，也为治理创新和全面深化改革提供了得天独厚的机遇。

京津冀崛起十大挑战

张耀军 *

城市的存在与发展，不是孤立的，必须以周围区域为依托，与附近城市互为支撑。只有在加强北京、天津与外围城市的合作交流同时，促进外围城市之间的经济合作交流，加快产业转移，实现商品、生产要素、区域政策的一体化，才能促进京津冀城市群经济结构的不断平衡，最终形成资源共享、优势互补、良性互动的区域经济联合体，达到良性的可持续发展

京津冀城市群以北京市和天津市为中心，包括河北省石家庄、唐山、承德、张家口、保定、廊坊、秦皇岛、沧州、邯郸、邢台、衡水 11 个地级市及 23 座县级市。在过去十年左右的时间里，京津冀城市群在城镇化方面取得了巨大成就。然而，具有突出行政特征的京津冀城市群崛起仍面对许多问题与挑战，主要可归结为以下十个方面。

一、城市群内部发展水平失衡，制约整体竞争力

京津冀城市群包含的 13 座城市中，北京与天津是特大型城市，河北省下属的 11 座地级市，除石家庄与唐山以外均为中小城市，城市群内部经济

* 张耀军：中国人民大学社会与人口学院资源环境经济学研究室主任。中国人民大学社会与人口学院何茜、岑俏对此文亦有贡献。

发展差异悬殊，没有形成有序的梯度。

北京、天津的综合实力最强，成为区域发展的"双核"，其余城市的经济实力相对薄弱，与两大直辖市形成巨大的落差。2012 年，北京市、天津市城镇人口比率分别达到 86.20% 和 81.55%，已达到高度城镇化阶段。而同年河北省的城镇人口比率只有 46.80%，低于全国平均水平。在人均 GDP 方面，河北省不仅远远低于京津两市，更是低于同期全国平均水平。京津冀城市群中，河北省的大中小城市的发展水平远远落后于京津两市。北京、天津两市在京津冀城市群的发展中历来备受瞩目，获得较多的资源支持；而河北省大中小城市的发展得到的支持与引导不足。

由于城市等级结构不合理，大城市缺乏，造成经济联系断裂。一方面，北京和天津与其周围城市的城市区位差距进一步加大，与周边城市不能很好地衔接，导致经济辐射作用弱，产业带动能力差。另一方面，中等和小城市发展不足，也难以承接中心城市所形成的产业集聚和产业规模，对北京、天津的经济支撑力相对不足。因此，京津冀城市群的中心城市经济辐射的范围较小，受中心城市辐射较强的周边城市对其更外围城市的辐射作用则更弱，整个城市群经济扩散效应缓慢，影响整体竞争力。

二、城市群空间结构特殊，城市之间缺乏有机联系

京津冀城市群城市体系呈现出"双核—岛链"结构。其中，北京、天津作为双核，有区域内其他城市没有的政治优势，往往获得优先发展权。京津两大直辖市之间经济联系非常紧密，而与其他城市联系均相对松散，还没有形成发达交通的网状结构。京津两市在城市群中的空间集聚效应大于扩散效应。京津冀城市群中，三地的经济分别自成体系，城市结构很不合理，远未形成资源共享、优势互补、良性互动的区域经济联合体。

与长三角和珠三角相比，京津冀城市群内部各个城市之间联系松散。长三角地区城市体系呈现出"单极—扇面"结构。上海作为中国大陆经济发展第一城，极化区中心地位明显，带动周围苏州、无锡、嘉兴等地的迅速发

展。而二级中心城市南京、杭州则在城市体系中起承上启下的作用，进一步对三级城市形成辐射。长三角整个城市体系布局比较合理，城市间互动良好、效益明显。珠三角地区城市体系呈现出"双核—轴带"结构，城市发展比较均衡，以中小城市为主。广州、深圳作为地区两大核心城市，在其城市发展过程中起到很强的带动作用。广州—东莞—深圳轴线则形成都市走廊，依托港澳台地区，吸纳投资、承接其产业转移，使得经济实力进一步提高。长三角和珠三角的发展经验值得京津冀借鉴，即打破"一亩三分地"思维，实现共同发展，合作共赢。

三、城市首位度指数增大，城市规模体系欠合理

根据我国城市规模等级的划分标准，市区人口在 50 万以下的为小城市，市区人口在 50 万至 100 万之间的属于中等城市，市区人口在 100 万至 500 万之间的属于大城市，市区人口超过 500 万的则为特大城市。按照这一标准，京津冀地区城市体系的规模结构并不是标准的"金字塔"型，且城市金字塔在 2000 年到 2010 年之间发生了较大的变化。大城市和中等城市的发展比较缓慢，从 2000 年到 2010 年，大城市和中等城市在数量上都只增加了一个。以北京和天津两个特大城市为中心，其他城市的规模大体由中心向外围降低，大城市只有石家庄和邯郸两个。从 2000 年到 2010 年，保定由中等城市增长为大城市，承德和沧州由小城市增长为中等城市，它们都与北京或者天津毗邻。相比之下，其他处于更外围的城市在规模等级上则基本没有变化。

同时，21 世纪以来京津冀城市群的城市首位度一直高于 1.4，且有上升趋势。首位度指数在 1.0—2.0 之间的城市体系为双极型，但近年来京津冀城市群的城市首位度上升的趋势，说明首位城市——北京的优势有所加强。通过对 2011 年京津冀城市群的各等级规模城市人口比例计算结果表明，北京和天津容纳了整个京津冀地区 60.82% 的市区人口，远大于大城市和中等城市容纳的市区人口总和。人口分布高度聚集的现实，导致大城市和中等城市的发展能力不够，城市体系不合理，最终导致城市群发展缺

乏支撑力。

四、异地城镇化特点明显，城市管理服务考验政府智慧

由于区域内经济发展的不平衡，京津冀城市群存在着明显的异地城镇化现象，主要表现为人口由经济发展相对落后的中小城市集中涌向北京和天津两个特大城市。据统计，2006—2010 年，河北省向北京输送的劳动力分别为 92.6 万人、105.8 万人、107.7 万人、109.2 万人和 131 万人，向天津输送的劳动力分别为 50.6 万人、53.7 万人、60.5 万人、62.8 万人和 64 万人，呈逐年增加的态势。有数据显示，2009 年河北全省跨省转移就业的 335 万人中，有近六成输出到京津地区。2010 年第六次人口普查数据显示，河北省来京人口为 155.9 万人，占北京常住外来人口的 22.1%。而在天津市的常住外来人口中，来自河北省的人数为 75.45 万人，占天津市常住外来人口的 25.2%。异地城镇化现象不仅进一步拉大区域发展不平衡，延缓中小城镇发展的进程，同时大量人口涌入大城市对大城市造成了沉重的压力，在社会保障、资源环境、电力交通、市政设施建设、社会治安等方面均带来极大挑战。

五、城市群内部无序竞争，产业趋同现象严重

京津冀城市群范围内城市之间不规范竞争，导致了产业结构的严重重复。京津两市的"十二五"规划中都将电子及通信设备制造业、交通运输设备制造业、石油及天然气开采加工等列为主导产业，其中交通运输设备制造业、石油及天然气开采加工产业也是河北省的"十二五"规划主导产业。

各自为政的低水平重复建设和无序竞争，导致地区分工弱化和结构趋同，反过来又引发新的更加激烈的竞争，造成大量的资源浪费，整体经济效益下降。比如，几年前的港口之争导致在环黄渤海的 640 公里长的海岸线上，从南到北出现了天津、秦皇岛、京唐和黄骅港四大港口的扩建，造成了

吞吐能力的闲置，资源的浪费。

京津冀三地各自为政，构筑各自的城市体系，调整各自的产业结构，培育各自的联系腹地，拓展各自的对外联系方向，打造各自的中心城市，建设各自的出海口，仍未摆脱单体城市或行政区经济封闭发展的旧有模式，尚未真正形成区域经济分工合作、共同发展的局面。如习总书记所讲，加快推进产业对接，理顺产业发展链条，实现产业合理分布和上下游联动，的确是未来提升城市群一体化水平，提高其综合承载能力和内涵发展水平的关键。

六、城市群产业结构层次低，城市化水平有待提高

在京津冀、长三角、珠三角三大城市群中，以区域为整体来比较，2012年京津冀第一产业产值占 GDP 的比重基本相同，三者都在 5% 以下。第二产业比重京津冀最大，达到 64%，而长三角和珠三角第二产业分别为48.22% 和 48.54%。京津冀地区第三产业发展程度较低，2012 年第三产业占到 31.10%，低于长三角 46.98% 和珠三角 46.47% 的水平。京津冀第二产业比重高而第三产业比重低的事实，说明该区整体还处于工业化的加速期。

由于第二产业比重高第三产业比重低的产业结构水平，京津冀城市群近十年来的城镇化发展慢于长三角和珠三角，导致城镇化水平在三个增长极中最低。根据 2010 年第六次全国人口普查结果，京津冀城市群城镇人口比例分别比长三角和珠三角低 8 个百分点和 27 个百分点。当然，导致这一结果的原因还由于京津冀城市群城镇化发展失衡，京津已处于城市化后期，而河北尚在城市化中期。

七、经济发展水平相对落后于长三角和珠三角，
　　区域内差距悬殊

与长三角、珠三角经济区相比，京津冀城市群的经济发展水平相对落

后。2012 年京津冀城市群 GDP 总量、人均 GDP、社会消费品零售总额均低于长三角和珠三角，而固定资产投资总额高于珠三角，显示出近年来京津冀城市群投资拉动趋势不断增强。但这很大程度上是由于京津冀三地发展水平差别较大，河北省的经济发展水平低于京津两市，人均 GDP 只有 36940.52元，降低了整个区域的平均水平。

京津冀城市群社会消费品零售总额和全社会固定投资总额占全国的比重分别为 9.93% 和 8.25%，大体与 GDP 所占比重相当。同时，在河北省北部和京津毗邻地区，还存在着环首都贫困带。这种经济差距若得不到遏制，很可能会进一步加剧，必将影响到京津冀城市群一体化发展。

八、经济外向度低于长三角和珠三角，城市群内部市场分割严重

京津冀、长三角、珠三角三大城市群中，京津冀城市群的经济外向度最低。2012 年，京津冀城市群出口总额占 GDP 比重为 15.12%，其中天津市最高为 23.68%，河北省最低为 7.02%，远远低于长三角和珠三角 60.44% 和63.37% 的水平。在实际利用外资方面，京津冀城市群略高于珠三角，远低于长三角，只相当于长三角的 36.95%。由于地方利益的影响，京津冀城市群区域内的市场分割还比较严重，缺乏统一协调的区域性市场体系，这也制约了经济外向度的提升。此外，由于市场严重分割，产权市场、资本市场、人才市场等要素市场发育不够，使得市场配置资源的作用难以得到有效发挥，阻碍了各城市之间经济联系的进一步增强。

九、城市发展与产业发展过程以政府主导为主，市场化发育程度不够

珠三角的产业聚集与发展是改革开放后以市场为导向形成的，长三角的

产业聚集主要是随着改革的进行，政府权力的下放，在地区政府间的合作日益加强、市场联系进一步紧密的情况下发展起来的，它是政府与市场密切结合的结果。因此，长三角和珠三角两个城市群比较充分地利用了市场对资源配置的功能。而京津冀城市群产业聚集与发展更多是政府主导下以行政规划的方式形成的，行政垄断色彩较强，市场发育程度不完善。京津冀城市群内部长期的行政壁垒和市场分割，使要素的自由流动受到各种非市场因素的干扰，严重影响了资源的有效配置，延误了城市群产业层次的提升时间。因此，加强顶层设计，加快推进市场一体化进程，发挥市场对京津冀城市群资源有效配置作用显得十分紧迫和必要。

十、资源环境承载力相对脆弱，制约城市群可持续协调发展

由于地理原因和气候原因，京津冀城市群历来是我国缺水严重的地区之一。同时，京津冀城市群人口稠密，尤其是北京、天津两市，大量人口的涌入造成用水需求不断增长。而水资源的总量急剧减少，加上工业及城镇生活污水的排放，使得该地区地表和地下水污染严重，进一步加剧水资源供需矛盾。由于人口密度不断增大，京津人均用地面积不断减少，土地资源超载严重。不过，与北京与天津相比，河北省在土地承载力方面尚未受到严重制约，还有较大的利用空间。但是，京津冀城市群普遍存在土地利用效率不高、水土流失、土地沙漠化严重等问题。

除了资源制约以外，近年来，京津冀城市群环境污染现象日益引起全社会的广泛关注。京津冀城市群水污染、土地污染严重，进一步加剧水资源、土地资源供给紧张。而严重的大气污染更是对京津冀城市群的区域形象造成深刻的负面影响。

京津冀合作难点

孙久文 *

从协调机制方面看，珠三角的协调只需省政府出面，长三角也有一个22个城市的市长联席会，并且上海市领导的政治地位相对其他地方市长要高出一筹，使得协调起来比较便利。而京津冀协调起来，难度相对较大，因此需要有一个更高层次的领导出面协调。

一、京津冀合作史：从历史遗留到利益争端的难解难分

在清朝时期，京津冀就是一体的，北京城以中轴线分为两部分，东边是大兴，西边是宛平，大兴宛平当时都归通州管，通州当时又归保定管，而且直隶总督又在保定。新中国定都北京，当时的天津作为一个工商业城市，在作为直辖市之前是河北省的省会。现在我们还能看到当时历史遗留下来的一些问题，比如在天津市有一个河北工业大学，属于河北省，却位于天津市。天津直辖之后，河北省就需要一个新的省会，当时其实想设在保定，保定的面积比石家庄要大，但当时处于文革时期，保定的武斗比较严重，革委会考虑设立在相对安静的地方，于是就选择了石家庄。保定从此就一直衰弱下去

＊　孙久文：为中国人民大学区域与城市经济研究所所长、教授。人民论坛记者严俊采访整理。

了，到今天也没有什么大的发展起色。

所以，现在京津冀的这种格局，是新中国成立后的一些行政改革、行政区划的变更所形成的，可以说是一个历史的遗留问题。

研究京津冀合作确实也不是从今天才开始的，20世纪80年代初北京市计委有一个项目叫"首都及周边地区经济发展研究"，当时就开始研究北京和河北省的一些城市之间到底是一个什么样的关系；20世纪80年代末90年代初的时候，全国开始搞第一轮的区域合作，当时叫"横向经济联合"即地区与地区之间的经济联合，北京、天津、河北三地最先启动的是京津冀汽车制造业的联合，以汽车业作为最早的一个切入点。然而，就在刚刚切入的时候，矛盾就出现了，因为汽车生产分为组装和生产配件两大块，河北当时认为北京和天津哪家负责生产都行，率先妥协给京津配套生产配件，但是北京和天津之间开始互不相让，谁给谁配套的问题长期没有得到解决，所以最后形成了京津独自发展汽车工业的局面。

从此京津冀就埋下了产业竞争的"宿怨"。京津一旦谈合作，马上就出现竞争，因为都是直辖市，而且天津是北方的工业中心，北京也是首都，互不妥协。所以，从中可以看到京津冀合作中出现的矛盾和问题。

2000年前后，北京和天津又出现了另外一个矛盾即京津在使用港口时出现了问题。因为20世纪90年代末期的时候全国港口的运输能力普遍比较紧张，北京的货物走天津港的时候经常被压港，导致损失很大。为了解决这个问题，当时北京就和唐山合作，建了一个京唐港。现在来看京唐港的布局肯定是不合理的，但当时也是为了解决货物出港问题不得已而为之。

2005年的时候，国家发改委开始编制京津冀的都市圈规划。在整个"十一五"期间，长三角、珠三角的规划相继出台，唯独京津冀的规划一直没有出台，原因在于京津冀每个省市都有自己的利益诉求，所以即使编完了也无法批复。直到十二五规划开始制定时，京津冀都市圈的规划仍然束之高阁。

所以，制定十二五规划的时候，又提出了一个新的概念"首都圈"，但是这个概念又出现了新的问题，大家对首都圈的范围意见不统一，首都圈到底有多大，谁也说不清楚。当时的北京市常务副市长召集学者商讨，学者观点不一。有学者认为，首都圈的任务是解决北京城市发展中的各种重要的问题，尤其是资源环境问题，从这个角度讲，首都圈就是北京加上北京周边的几个河北的地级市；也有学者认为，还应该像以前的直隶省一样，包括整个京津冀；也有学者认为首都圈还应该更大范围，把内蒙古、山西都包括进去，因为这些地方为首都提供一些上游的能源、水源等。这样就形成内圈、中圈、外圈的首都圈的概念。

这些都没有被承认，后来三地的发改委协商，确定首都圈的范围即后来的"1+8+3"，北京市加上河北省的 8 个地级市，以及天津的北部的 3 个县。后来又有学者质疑，天津只拿北部 3 县参加首都圈毫无诚意。

二、北京、天津、河北三地之间协调发展的条件已经具备

从上述整个过程中可以发现，京津冀三地发展不协调是由来已久的。过去的不协调，体现在产业结构上高度的重叠。原先北京也是一个工业城市，北京有化工，天津也有，北京有钢铁，天津也有，机械、石油产业等两地都有。在市场竞争上，两地针锋相对。然而经过这么多年，产业结构已经发生了很大的变化，如北京现在的第三产业占 78.5%，第二产业现在不到 20%，而且第三产业其中又主要是高新技术产业，与此同时，天津这些年也完全是朝制造业的方向发展的，两地的发展已经是两回事，所以现在说北京和天津的产业结构重叠已经不成立，不存在产业结构上的矛盾。北京、天津、河北三地之间协调发展的条件已经具备了。

现在更多的问题表现在资源环境方面，而这种资源环境问题的解决依赖于地区之间的合作。原先发展产业，自己发展自己可能更好，但现在解决环境问题，靠单独一方解决已经是不可能。同时多年积累下来的区域之间的矛盾，没有一个高层出来对此进行整合协调，让地方自己合作，过程有可能很缓慢。

习近平总书记在北京讲京津冀合作，时机很好，现在环境问题凸显，而且是不分地域的，出现这么大的问题，北京、天津、河北都不能独自解决，

所以要三方协调处理。所以，这其中也有一个倒逼。

最后是北京现在的大城市病。国家首都和中央政府都在北京，北京出现这么多问题，再发展下去，有可能会影响到中央政府的运转，这对于国家政治方面的安全会产生影响，同时首都问题也涉及国家的形象。从这个角度讲，也是必须要解决北京的问题，而北京的问题不是北京一个城市所能解决的，所以需要大家一起合作解决。

三、京津冀合作比珠三角、长三角难度更大的原因所在：协调难度大、资源吸附强、产业阶段跨度大

第一个区别在于协调难度。珠三角在一个省，一个省的事情就会好办得多，省政府说话就算数。长三角是上海、浙江、江苏三个省市，同时浙江、江苏两家对上海也构不成威胁，上海怎么说，浙江、江苏就怎么做。所以珠、长三角在协调发展方面，比京津冀要便利很多。另外，京津冀发展中有两个核心，这一点与珠、长三角不一样，协调起来比较困难。从协调机制方面看，珠三角只要省政府出面，长三角也有一个 22 个城市的市长联席会，上海市的领导政治地位比长三角的地方市长地位要高出一筹，使得协调起来比较便利。北京、天津、河北协调起来，难度相对较大，因此就需要有一个更高层次的领导出面协调。这一点可能是京津冀与珠、长三角之间的一个根本性的区别。

第二个区别在于资源吸附。上海作为一个经济中心，与周边地区的经济关系相对比较密切，对周边产生的辐射带动作用也很强。周边地区可以从与上海的合作中尝到"甜头"，通过与上海的合作促进自身的发展。最典型就是苏州的昆山，昆山紧邻上海，多年来一直排在百强县首位，很大程度上是受益于上海。而在京津冀，存在"环北京贫困带"，北京和天津目前都处在一个对资源进行吸附的阶段，把周边资源往自己身边吸，周边都很穷，只有中间地方很发达，从而造成与周边关系难处。这也是京津冀与长三角区别很大的一个地方。

　　第三个区别在于产业阶段的跨度。从产业的布局看，珠、长三角的布局要更好一点，原先上海也是一个工业中心，但上海的产业结构有了一些很大的变化，一些工业已经向周边辐射，虽然上海本身还有很多工业，但基本上是高端的制造业以及一些生产性的服务业。京津冀在产业上的跨度很大，导致双方之间的合作比较少。比如，中关村每年有很多技术产品需要产业化，但是这些产业化的项目很少在天津、河北实施，相当一部分是在珠、长三角，真正拿到河北去产业化的很少。天津、河北的产业发展很难和中关村合拍。这种情况下，河北与北京形成合作还缺乏一定的基础。同时天津和河北之间也有重叠，如天津滨海新区和河北曹妃甸很多产业项目都是竞争关系。

四、区域发展应避免"比较优势陷阱"

　　中国的产业布局，南方主要是轻工业，发展历史悠久，改革开放以后现代制造业发展也比较快，而北方特别是河北，一直呈现工业结构重型化特征，钢铁、煤矿、发电等多年积累起来的重型化的产业结构短期内很难改变，而这样的重工业又全都环绕在首都旁边，给首都的环境造成很大的影响，这个布局有一些问题。当然这也是市场作出的产业选择，地方根据自身的资源禀赋作出选择。经济学有一个"比较优势陷阱"，河北的比较优势就是发展钢铁，恰恰就是这种比较优势发挥到极致，就会走到它的反面，所以比较优势怎么发挥，发挥到什么程度，还需要进一步的探讨。

　　我对产业布局一直有两个原则，第一是"适当集中与适当分散相结合"，第二是"专业化与综合发展相结合"。按照这两个原则来布局，就不至于出现现在的问题，过度强调大工业忽视综合发展。这一点，珠、长三角的发展相对而言是比较综合的。一个都市圈内部既有专业化发展又有综合发展，问题就会少一些。

　　地区过度专业化就会出现问题，资源会形成一个地区的骨干支柱产业部门，但是也不能把一个地区的发展绑在这唯一的战车上。地区靠一个产业往前走，肯定会有问题，国内国际上都是如此。

五、区域发展的经验和教训：顶层设计与市场同时发挥作用

在一个大的区域范围内，要贯彻专业化与综合化相结合的区域发展思路，产业要适度多样化，地区之间不要造成太多的行政上的不便利。从中央层面来讲，要提早预防地区之间的冲突，通过出台政策避免地方保护主义，以及为了地方利益而损害别人利益等一些现象。在利益协调机制方面，应适当地提前规划，对于一些主要的强势地区和周边的落后地区合作的时候，可以适度地让出一些利益，以获得一些最急需的资源，这样地区之间就有一个相互获利的机制。

这些除了靠顶层设计实现外，也可以让市场发挥作用。如河北实施的"稻改旱"工程，就是按照市场机制的作用实现的，一亩地的产出按照市场价格补偿给农户。这种机制的实现靠的就是市场，本质上就是通过市场来购买资源。

六、京津冀一体化发展 10 个担忧

（一）"缺乏区域整合的治理机制"

京津冀合作发展靠三省协调机制恐难实现。过去的直隶省、华北局等都是一种区域整合的治理机制。产业、环境等问题，单靠地方政府之间协调存在难度。

（二）"京津冀发展缺乏'经济二传手'"

京津冀地区缺乏"二传"作用的中等城市。中小城市不发达，京津冀区域中落后和边缘的地区缺乏引进、吸收、消化发达地区先进生产要素和管理

制度的能力。

（三）"用管控代替市场进行资源配置"

政府的管控补贴可能会扭曲市场的供需关系，行政区划打破市场规律可能导致资源不合理流动。既要政府创造行政条件，同时也需要尊重市场规律。

（四）"污染产业转移引发生态不平等"

首都外迁企业大多为呈现高投入、高能耗、高污染、低效益特征。如此企业外迁，实则也转移了首都的部分污染源，恐成"污染一体化"。

（五）"京津冀房价一体化"

京津冀一体化还没实现，房价率先"一体化"。天津与河北的房地产市场开启了上涨模式，"京津冀一体化"成为当地房地产开发企业重点炒作的卖点。

（六）"过度开发破坏环境"

京津周边以及河北地区的生态资源丰富，大搞基础设施建设、旅游开发，会对生态资源构成潜在威胁，京津冀一体化的过度开发导致可能地区原有的生态资源遭破坏。

（七）"造成新'睡城'或'鬼城'"

京津冀一体化会促使地方盲目推动商品房建设，城市在消化不良的基础上再增负担。如此不仅不能为国民经济的提振贡献力量，反而会为地方经济增长拖后腿。

（八）"将加速北京的膨胀和污染"

现存留北京的企业多半基于北京的市场需求。政府人为用税收优惠把"三高一低"企业吸引到河北，腾出的市场空间可能很快又会有其他企业和人口来填补，造成反弹。

（九）"恐让投机者钻了空子"

资本对政策信息和市场信号的反映具有灵敏性和超前性，京津冀区域未来的长期利好会成为资本短期炒作的对象，导致资源价格的迅速上涨，给居民生活造成不利影响。

（十）"河北人才被'空吸'"

京津冀一体化恐将会更多刺激河北高端人才流向北京、天津。人才的流失对于地区经济的影响不容小觑，挽留高端人才，需要更多创新政策，更完善的高端人才创业和发展环境。

世界级城市群与中国的国家竞争力

——关于京津冀一体化的战略思考

陈秀山　李　逸*

2015 年 4 月 30 日，习近平总书记主持召开中共中央政治局会议，审议并通过了《京津冀协同发展规划纲要》，再次强调了推动京津冀协同发展是一项重大的国家战略。习近平总书记指出，战略的核心及主要任务是有序疏解北京非首都核心功能，调整经济结构和空间结构，坚持协同发展、重点突破、深化改革、有序推进，加快破除体制机制障碍，推动要素市场一体化，构建京津冀协同发展的体制机制，开展试点示范，打造若干先行先示平台。[1]此次规划的亮点在于：强调以北京为一个中心，突出北京的首都功能，疏散其经济中心功能；坚持在交通一体化、生态环境保护以及产业对接、升级等方面作出率先突破；更加注重制度一体化的改革，促进京津冀地区公共服务的均等化。

京津冀是继长三角、珠三角之后我国第三增长极——环渤海地区的核心区域，是我国北方最大的经济核心区。三个地区在地域、文化、经济方面互相联通，是我国政治、文化、经济与科技创新的中心，同时，也是我国参与国际竞争的重要区域中心。有序推进京津冀一体化有利于京津冀地区协调发

---

　　* 陈秀山：中国人民大学公共管理学院教授、中国经济改革与发展研究博士生导师；李逸：中国人民大学经济学院博士研究生。

　　[1]《中共中央政治局召开会议分析研究当前经济形势和经济工作》，中央政府门户网站，2014 年 4 月 30 日，见 http://www.gov.cn/xinwen/2015-04/30/content_2855846.htm。

展、有效发挥北京在全国范围内的首都核心功能以及打造以北京为核心的世界级城市群，进一步增强我国在国际城市群建设中的竞争力。本文围绕京津冀一体化的内涵、京津冀一体化的战略核心、目前存在的问题进行分析，最后提出推进京津冀一体化的动力机制，并对未来京津冀一体化的发展作出展望。

一、京津冀一体化的战略意义

区域一体化发展是世界经济发展的必然趋势，是市场经济体制不断发展和完善的必然结果。同时，区域一体化也是一个渐进的发展过程，根据其发展历程可以总结为区域合作、区域协同发展以及区域一体化发展三个阶段。"京津冀协同发展战略"作为我国的重大国家战略，其终极目标应该是实现京津冀一体化。

"京津冀一体化"的概念，早在十多年前就已经提出。[①] 党的十八大以来，京津冀一体化战略得到快速推进。2014 年 2 月 26 日，习近平总书记在北京主持召开的座谈会上提出了关于京津冀协同发展的七点要求，并强调为了早日实现京津冀一体化，各地政府必须自觉打破"一亩三分地"的思维定式，抱成团朝着顶层设计的目标一起做，真正实现"一加一大于二，一加二大于三"的效果。[②]

近年来，就京津冀一体化的内涵，我国学者分别从交通一体化、金融一体化、产业一体化、市场一体化、空间一体化等方面作了深入研究。其中，交通一体化是京津冀一体化进程中首先要解决的问题，2014 年 2 月 27 日，习近平总书记主持召开京津冀协同发展专题座谈会，在会上强调"要着力构建现代化交通网络系统，把交通一体化作为先行领域，加快构建快

---

① 2001 年，两院院士、清华大学教授吴良镛主持"大北京规划"——《京津冀地区城乡空间发展规划研究》；2004 年 11 月，国家发改委正式提出京津冀都市圈区域规划。

② 《习近平在听取京津冀协同发展专题汇报时强调：优势互补互利共赢扎实推进，努力实现京津冀一体化发展》，《光明日报》2014 年 2 月 28 日。

速、便捷、高效、安全、大容量、低成本的互联互通综合交通网络"。交通一体化建设是京津冀协同发展的核心内容之一，跨区域的轨道交通建设有利于加强三个地区之间经济活动的联动发展及有效融合，应当全力打造"轨道上的京津冀"。[①] 金融一体化的建设是完善京津冀地区资源配置渠道的重要保障，安虎森（2008）认为加强金融一体化的建设有利于促进金融资源在京津冀地区的优化配置，进一步推动京津冀地区产业结构的优化。[②] 产业一体化是区域经济一体化的核心内容，目前京津冀地区资源禀赋差异较大，产业结构互补性不强，陈耀（2014）认为应该按照"两维四化"的基本思想，发挥各自的比较优势，优化产业结构，塑造京津冀地区的产业链，进一步推动京津冀一体化的发展。[③] 肖金成（2014）认为未来京津冀一体化建设应该打破市场分割，引导产业合理布局，优化空间布局，变"双城记"为"三城记"，形成"一轴两带三城四区"的空间格局。[④] 京津冀一体化发展的根本动力在于市场的推动，李志勇（2010）认为要实现京津冀一体化，必须进一步转换政府职能，通过建立协调机制推动京津冀地区市场一体化的建设。[⑤]

可见，京津冀一体化是全面的一体化建设，是一个循序渐进的发展过程。京津冀一体化的战略高度不能仅仅限于京津冀三个地区的经济发展，而是要上升到国家战略的高度，积极参与国际区域发展的竞争。其根本目的在于打破行政壁垒，健全市场机制，促进生产要素自由流动，充分发挥市场在资源配置中的决定性作用，进一步提升企业创新能力，优化产业结构，协调区域发展，缩小区域差距，建设以首都为核心的国际大城市群，提升我国在

---

① 程世东：《京津冀交通一体化》，《综合运输》2015 年第 1 期；沈培钧：《京津冀交通一体化之路怎么走》，《综合运输》2014 年第 7 期。

② 安虎森、彭桂娥：《区域金融一体化战略研究：以京津冀为例》，《天津社会科学》2008 年第 6 期。

③ 陈耀、陈梓、侯小菲：《京津冀一体化背景下的产业格局重塑》，《天津师范大学学报》（社会科学版）2014 年第 6 期。

④ 肖金成：《京津冀一体化与空间布局优化研究》，《天津师范大学学报》（社会科学版）2014 年第 6 期。

⑤ 李志勇：《基于政府适应市场化的京津冀一体化研究》，《商业研究》2010 年第 3 期。

世界区域发展中的竞争力。

二、京津冀一体化战略需要解决的核心问题

目前，在京津冀一体化进程中，必须淡化行政区划的传统思想，从区域协调发展的角度对其科学规划。不但要继续发展北京、天津两个大型城市，而且要更加注重周边地区与之协调发展，在京津冀一体化的空间范围内培育更多的二级城市以及三级城市，进而形成城市规模、产业结构都比较合理的城市体系。但京津冀作为三个独立的行政区，协同发展仍面临着区域内部发展不平衡、产业格局分散、资源环境约束日益加强等困境，行政体制分割成为京津冀协同发展的最大障碍。

京津冀一体化目前存在的问题。京津冀各地区的资源禀赋有较大差异、经济互补性还有待加强，且人均 GDP 水平和产业结构有较大差异。因此，如何发挥各自优势，对现有产业进行调整和转型升级，形成分工合理、布局优化的空间格局，对于京津冀一体化有着重要的推动作用。

（一）河北省与京津两市的经济差距不断拉大

改革开放以来，京津冀地区的经济增长都取得了较快的发展，2000—2013 年期间，北京、天津、河北的年均 GDP 增长率分别为 10.76%、14.54%、10.94%，基本与全国在近十多年间的经济增长水平相近，甚至高于全国平均水平。从三个地区的经济增长速度来看，京津冀地区在 2000 年的经济增长率比值为 1.158：1.137：1（以河北省为标量 1 计算，下同），在 2013 年为 0.939：1.524：1，可以看出，近年来，河北省的经济增长速度已经逐步超过北京；从人均 GDP 的绝对值来看，三个地区之间的差距由 2000 年的 3.178：2.286：1 进一步缩小到了 2013 年的 2.41：2.57：1，似乎三个地区的经济差距有缩小，且经济发展有趋同的态势，但是三个地区经济发展的绝对差距却在不断拉大。在 2000 年，北京、天津、河北的人均 GDP 分别为 24122 元、17353 元、7591 元，但是在 2013 年，北京的

人均 GDP 高达 93213 元，天津为 99607 元，河北仅为 38716 元。与两市的人均 GDP 绝对差额由 2000 年的 16530 元、9761 元扩大到 2013 年的 54497 元、60891 元，与两市的绝对差距分别扩大了 3.29 倍、6.24 倍。在城镇居民人均可支配收入方面，河北与京津两市的绝对差距在 2000 年到 2013 年间分别扩大了 3.78 倍和 3.92 倍。此外，2005 年亚洲银行提出的"环京津贫困带"概念已经说明在京津冀地区存在严重的经济发展失衡问题。

目前，京津冀还处于典型的中心—外围模式，京津两市依靠集聚效应和循环累积效应从周边地区吸引了大量的资源和人口。特别是北京，根据 2014 年 3 月发布的北京人口普查报告，目前，北京的常住人口已经突破 2000 万大关，多达 2114 万人，其中外来人口比例高达 38%，已经超出了《北京城市总体规划（2004—2020 年)》在 2020 年将人口规模控制在 1800 万人的上限。

（二）内部城镇化发展失衡，人口与产业转移不同步

在 2013 年，北京、天津、河北的城镇化率分别达到了 86%、82%、48%。显然，京津两市的城镇化率远远高于我国的平均水平（2013 年我国的城镇化率为 53.7%），已经达到了国际发达国家的水平，但是河北省的城镇化率水平却低于全国平均水平，还处于城镇化的中期发展阶段。根据《京津冀发展报告 2014》的研究，2010 年，京津冀的城镇化率分别比长三角和珠三角地区低 8.69%、27.69%，这说明京津冀在城镇化发展方面还有很大的上升空间。

此外，报告指出，从 2012 年起，京津两市新城区的常住人口超过中心城区。说明新城区已经成为吸纳外来常住人口的重要载体，但是，北京市中心区功能过于集中的问题并没有得到根本解决。尽管不少工业企业已经逐步转移到了远城区，但是大量的服务业及贸易中心都还集中在中心区。根据北京市第六次人口普查的资料，在 2010 年，北京服务业吸纳的就业人数占北京全市就业量的 70%。也就是说，虽然远郊区的常住人口增长较快，但是基本都在中心区就业，而这种典型的"职住分离"模式

导致了北京市的交通拥堵。因此，要解决目前北京交通拥挤、环境污染严重等大城市病问题，在转移北京的非核心功能时，不仅仅要转移不适于北京发展的低端制造业，而且也要适当地转移部分符合远城区发展的服务业。

（三）整体经济水平与长三角、珠三角地区存在一定差距

与长三角、珠三角地区相比，京津冀地区的经济发展水平相对落后，从2012 年三个地区的各个经济指标来看（见表 2-1），在占地面积基本相仿的前提下，GDP 总量、人均 GDP、城镇化率以及进出口总额占比都低于长三角和珠三角地区，这与京津冀地区内部发展失衡现象是分不开的。北京作为京津冀地区核心城市，其首位度还有待加强。京津冀地区第三产业发展程度还较低，虽然京津两市的第三产业都已趋于主导地位，但是，河北地区的第三产业发展水平还较低，总体上，京津冀地区仍然处于工业化加速发展期。

表 2-1　2012 年三大城市群经济发展情况

	京津冀	长三角	珠三角
占国土面积比重（%）	1.90	2.10	1.88
GDP 占全国比重（%）	11.04	20.96	10.99
固定资产投资总额占全国比重（%）	8.25	14.53	5.15
人均 GDP(元)	59833.3	76942	66082
首位度	1.46	2.26	1.22
进出口总额（亿元）	8665.4	65785	36165.72
进出口总额占 GDP 比重（%）	15.12	60.44	63.37
第二产业产值占 GDP 比重（%）	64	48.22	48.54
第三产业产值占 GDP 比重（%）	31.10	46.98	46.67
城镇化率（%）	58.93	67.04	83.84

数据来源：中经网统计数据库。

三、推进京津冀一体化的优化路径，明确京津冀 各地区的功能定位

张高丽副总理在 2014 年 9 月于北京召开的京津冀协同发展领导小组第三次会议上提出，要深化研究论证京津冀区域和三省市功能定位，科学合理确定在国家和区域发展大局中的"角色"和"职责"。

经过多年的发展和努力，北京已经成功转向第三产业主导的产业结构，不仅仅是京津冀地区的服务业发展中心，而且也是全国最重要的现代服务业引领者。从三个地区的产业结构来看，2000 年京津冀地区的产业结构分别为 3.63：38.06：58.31，4.49：50.03：45.48，16.2：50.3：33.49；而到 2013 年产业结构为 0.8：22.3：76.9，1.3：50.6：48.1，12.4：52.2：35.5。从三个地区近年来的产业发展来看，目前，可以基本将北京定位为"四个中心"城市。北京作为首都，是我国的国际交往、政治、文化以及科技创新中心，由于首都功能的优势，北京聚集了大量的人才、科研单位、一流院校以及大型企业研发总部，在京津冀一体化过程中，北京应当充分发挥这一资源的聚集优势，大力打造高端服务业、高新技术产业，逐渐转移类似于低端制造业以及劳动密集型产业的首都非核心功能，有效地对周边地区发挥其经济和知识的辐射效应，带动周边地区协调发展。对于天津，产业结构已经逐步转向三超二的趋势，可将其定位为"一个基地三个区"，分别是全国先进制造研发基地、国际航运核心区、金融创新示范区、改革开放先行区。天津可以充分利用其世界第四大港口的贸易优势，大力发展高端制造业和创新性服务业，在产业链的发展方面与北京合理分工，形成两大城市的良性互动发展。此外，河北省目前还属于"资源型＋加工型"地区。当地的传统重型加工业对于资源开发的依赖性较大，且产业结构较为单一，服务业还有很大的发展空间，经济发展方式亟须转型。可以将河北定位为四个重要基地，主要内容包括产业转型升级、商贸物流、环保和生态涵养、科技成果转化、承载产业转移等。在京津冀一体化建设过程中，河北省应该充分利用低劳动力成本、廉价土地以及丰富的生产资源等比较优势，在国家政策的引导和

京津两市的辐射效应下，充分利用两地转移的产业大力发展现代制造业、材料加工业、现代农业以及服务业。同时，通过政策引导与市场配置的渠道，加大对京津两市的人才吸引来促进当地的研发和创新功能。

在京津冀一体化的建设中，北京作为国家首都以及我国的政治、国际交往、文化和科技创新中心，应当承担起核心城市的引领作用。三个地区的政府要以京津冀协同发展领导小组部署的顶层设计为指导，努力克服行政区划带来的行政壁垒，把思想统一到中央的决策部署，积极推进京津冀在交通网络、贸易、公共服务、社会福利、环境治理、产业、市场机制等方面的一体化建设。京津冀一体化应该以北京为一个中心，进一步突出北京的首都功能，不断向周边疏散经济功能，且天津应当在经济辐射方面辅助北京一起带动周边地区协调发展。

在更高层次上提升北京的首都功能。北京作为我国首都具有双重身份，不仅拥有城市功能，而且具有首都功能。不仅仅是京津冀地区的中心，也是我国的政治、国际交往、文化以及科技创新中心。过去，北京在承担首都功能的同时，承担了过多的经济功能，从而导致城市规模过度扩大，超出了资源及环境的承载范围，产生了较为严重的环境污染问题和大城市病。在今后的京津冀一体化建设当中，北京作为首都在政治、文化、经济发展和科技创新方面应该在全国范围内起到引领作用。在首都核心功能优化方面，党中央和政府都十分关注并给予了很大的支持。2014 年 2 月 10 日，习近平总书记在中央财经领导小组第九次会议中明确指出：疏解北京非首都功能、推进京津冀协同发展是一项巨大的系统工程。目标要明确，通过疏解北京非首都功能，调整经济结构和空间结构，走出一条内涵集约发展的新路子，探索出一种人口经济密集地区优化开发的模式，促进区域协调发展，形成新增长极。2014 年 2 月 25 日习近平总书记在北京考察时，就完善首都功能提出了五点要求。其中有两点是关于如何完善首都功能的具体要求，一点是要明确北京市的战略地位，坚持和强化北京在全国政治、文化、国际交往和科技创新中心的首都核心功能；另一点是要有效疏解首都的非核心功能，优化三大产业结构，优化产业特别是工业项目选择，突出高端化、服务化、集聚化、融合化、低碳化，有效控制人口规模，增强区域人口均衡分布，促进区域均衡发展。

　　相比美国的华盛顿，北京作为我国的首都，属于多功能的首都城市。作为一个拥有十三亿人口大国的首都，北京要协调好城市功能与首都功能，优先发展首都功能。科学合理地向周边地区进行产业转移并与之配套的人口转移以及公共服务和交通建设。着重建设并发展跨国公司研发总部、创新性高端产业以及现代服务业。

　　将京津冀打造为世界一流城市群，提升中国的大国地位。京津冀地区作为我国三大城市群之一，区域土地面积占全国的 1.9%，人口数量占全国的 8%，2013 年 GDP 为 6.217 万亿元，占全国生产总值的 11.04%。未来，"京津冀"将是我国最具增长潜力的新兴增长极。京津冀城市群拥有首都北京作为核心城市，不仅具有全国独有的首都优势，而且具有总部经济优势、全国核心市场优势以及全国科学教育中心优势等。按照中央关于经济社会发展的整体战略要求，京津冀城市群应当建成首都大型都市经济圈，成为有较大影响力的国际化大型城市群。①

　　从国际经验来看，首都城市在发展过程中，首先带来的是首都城市的集聚效应。由于首都功能的优势，会吸引来自四面八方的生产要素、企业及人才。当首都经济集聚达到某一临界点之后，便会发挥其辐射效应，带动周边地区协同发展，进而通过与周边地区的一体化建设形成世界级的首都经济圈。这不仅可以有效解决首都城市的拥挤问题，有序疏解首都城市的非首都功能，而且可以充分发挥首都功能，通过跨行政区划的资源整合与周边地区联动发展。在世界六大城市群中有三个是围绕首都城市建设的首都城市群。具体有英国的伦敦首都城市群、法国的巴黎首都城市群以及日本的东京首都城市群。

　　由表 2-2 可见，三大国际首都城市群都在全国范围内发挥着举足轻重的作用，都是高聚集、高密度、高产出的地区。相比国际三大首都城市群，京津冀城市群的总体人口集聚程度和经济贡献能力还较低，在未来京津冀一体化建设进程中还有很大的发展空间。

---

　　①　谭维克：《专家圆桌：打造京津冀世界级城市群》，《人民论坛》2014 年第 13 期。

表 2-2　京津冀城市群与三大国际首都城市群的比较

	伦敦首都 城市群	巴黎首都 城市群	东京首都 城市群	京津冀 城市群
占地面积占国土面积比重（%）	18.4	2.2	3.5	1.9
人口数占全国比重（%）	60	20	27.5	8
人口密度（人/平方公里）	5320	5781	1179	475.4
地区生产总值占全国比重（%）	80	30	31.7	11.04

资料来源：引自：http://www.chinairn.com/news/20140515/133747415.shtml（中研网数据中心）。

从历史发展的角度来看，伦敦、巴黎、东京都是由单一的首都城市逐步发展为以首都为核心的世界级城市群。三大国际首都城市群都有如下几点特征：都以首都城市为核心，且每个地区的功能定位明确；均已形成三、二、一的产业结构，尤其是作为核心城市的首都均以发展高端服务业、绿色经济和创新性产业为主；首都城市均聚集了大量的总部经济和科研机构。而这也是未来京津冀一体化建设中的努力方向。目前需要解决的主要问题是优化空间结构和产业结构，通过建立完善的市场机制及科学的制度设计，大力发展创新经济、绿色经济，实现京津冀地区的协调发展，缩小区域之间的经济差距和居民福利差距，将京津冀城市群建设为具有较大影响力的世界级城市群，从而带动我国的区域经济发展，参与国际竞争，提升我国在国际区域经济中的整体实力。

四、推进京津冀一体化的动力机制

2015 年 4 月 30 日，中央政治局审议通过了《京津冀协同发展规划纲要》，这意味着京津冀一体化战略的顶层设计已经明朗，战略的指导思路已经明确。那么接下来的主要任务即是探索推进京津冀协同发展战略的动力机制。

京津冀协调发展涉及的范围广泛，包括消除地区之间的行政壁垒、资源要素的整合、产业结构的调整及优化多个方面。具体可以概括为"硬件"和"软件"两个层面的一体化建设，硬件一体化主要有交通一体化、产业一体化；软件一体化主要有制度一体化、市场一体化、公共服务一体化、居民福利一体化等。这种整合的一体化建设仅仅依靠政府规划和行政的力量是不够的，更加需要建立并完善京津冀地区一体化的市场机制，尊重市场在资源配置中的决定性作用，协调好政府与市场的作用。因此，统筹政府的行政指令和市场规律是推进京津冀协同发展的主要动力机制，二者不可或缺。可以将推动机制分别从纵向和横向两个层面同时进行。在纵向层面可以分为三个步骤：由中央政府成立的位于三个省市之上的"京津冀协同发展领导小组"制定战略的顶层设计和规划目标，提供科学的规划方案，利用行政指令的力量推动和督促三个地区的政府积极参与京津冀一体化建设；地方政府以京津冀协同发展领导协调小组的顶层设计为指导，通过地方政府之间建立协调、合作机制，进行具体项目的实施，完善京津冀地区的基础设施建设、交通一体化建设、环境污染治理以及生态环境的保护，引导产业及人口的合理转移；最后，通过建立完善的市场体制，形成公平的市场竞争环境，保证生产要素及人才在市场配置作用下突破行政区划的限制进行自由的流动。在横向层面，即要考虑推进京津冀一体化建设的时序衔接问题，制定科学合理的短、中、长期目标。在短期内，保证基本完成非首都核心功能的疏解，确立京津冀协同发展的顶层设计和规划内容；在中期，合理控制北京的人口规模，首都功能得到完善，区域之间的协调机制得到完善，交通一体化及产业转移基本完成，环境污染得到有效治理，形成有效的生态环境保护机制；在长期，京津冀一体化格局基本形成，市场一体化机制得到完善，产业结构和空间结构得到优化，公共服务及居民福利水平实现均等化，京津冀城市群成为具有国际影响力的首都大城市群。

协调政府与市场的关系，完善制度建设，保证动力机制从纵向与横向层面联动进行。与此同时，政府需要在京津冀一体化建设的过程中逐步转变政府职能，逐步由规划制定功能转变为适应市场行为的政府功能。尤其是地方政府，要打破"一亩三分地"的固守思想，其适应市场化的行为不仅仅局限于行政区划范围内，而应该放眼于整个京津冀一体化地区，促进市场作用范围突破行政区限，进而形成一体化的市场机制。

五、结论与展望：大国的核心竞争力

京津冀协同发展战略的最终目标是市场、公共服务、空间、制度、交通、产业等全面的一体化建设。作为区域合作的成熟阶段，京津冀协同发展是在打破行政贸易壁垒的前提下，通过政府行政手段与市场作用的结合，基本实现京津冀交通、产业、居民福利、生态环境保护等硬件方面的一体化建设。核心任务是要有序疏解首都非核心功能，优化各地产业结构，做好产业转移和衔接，发挥京津两市的辐射效应以及最大限度地挖掘河北的后发优势，进一步缩小区域差距，实现均衡发展。为了达到京津冀全面的一体化建设，进而达到市场一体化、制度一体化等软件方面的一体化建设，还需要十分完善的市场体制和制度设计，需要不断转变政府职能以适应市场规律。虽然目前京津冀地区在经济发展中还存在较多不足，国内的制度环境和经济环境还没有达到全面一体化建设的要求，但是通过京津冀协同发展的不断探索以及京津冀地区本身在首都功能、总部经济，以及人文地理等方面的独特优势，未来，京津冀一体化建设方面仍有巨大的潜力。

一般而言，国家越大，首位城市越大，且首位城市均是该国的政治、文化、国际交往以及科技创新中心。比如，2012 年，纽约人口占美国的 2.7%，伦敦人口占英国的 13.1%，东京人口占日本的 10.3%，首尔人口占韩国的 20.9%，而北京的常住人口数仅占全国的 1.54%。虽然目前北京出现较为严重的大城市问题，但是在未来京津冀一体化的进程中，通过有序疏解首都非核心功能，逐步优化北京的空间结构，可以通过展都的方式，依托天津和河北部分地区建立以北京为核心的大都市区。进一步将北京发展为我国的首都核心功能区以及国际大都市区。进一步强化北京在全国范围内的首都核心功能，提升我国在国际竞争中的大国地位。

首都"单中心集聚"效应破解良方

李国平 *

习近平总书记在 2014 年 2 月视察北京工作时强调，要明确北京的城市战略定位，疏解首都非核心功能，实现京津冀协同发展。为更好地落实北京城市战略定位和推进京津冀地区协同发展，打造优势互补的城市功能格局和优化人口与产业的空间布局，迫切需要在京津冀地区加快建设城市副中心和区域功能中心城市，而不是所谓的"政治副中心"，使之成为推动京津冀协同发展的主要枢纽或重要节点。

一、加快建设城市副中心和区域功能中心城市的必要性

北京城市功能的不断集中，带动了北京产业的不断发展和集聚，也包括一些与北京城市战略定位不协调的产业扩张。在制造业领域，北京市仍然存在着一批"能耗高、工业污染排放量大、扰民严重"的粗放型中小企业；在服务业领域，区域性物流、区域性批发产业布局存在较大的不合理性。这些与城市战略定位不协调的产业为城市健康发展带来了很多问题，集中表现为城市拥挤与环境恶化，表现最为明显的则是中心城区。

因此，有必要在京津冀地区通过建设城市副中心以及区域功能中心城市

---

　* 李国平：北京大学首都发展研究院院长、教授。

来疏解首都城市功能，缓解首都的人口、资源与环境压力。

二、加快建设城市副中心和区域功能中心城市的出发点

从服务于北京城市战略定位出发，建设北京城市副中心和区域功能中心城市需要服务于北京，坚持和强化首都核心功能，支撑北京城市战略实施，结合城市副中心和区域功能城市所在地的发展现状基础，致力于打造首都核心功能新节点，补充首都核心区域的主要功能。

从承担优化北京城市功能的任务出发，建设北京城市副中心和区域功能中心城市应致力于解决北京城市功能与产业发展不协调的问题，承担首都核心区过于拥挤的城市及产业功能，着力打造宜居宜业的综合型新城市，疏解中心城区人口。

从有利于疏解北京中心城区功能出发，建设北京城市副中心和区域功能中心城市应立足于有选择性地承接北京中心城区部分"拥堵"的城市功能，确立特色鲜明的区域功能。特别是承接中心城区疏解的教育、医疗、文化等公共服务功能以及商业和商务功能。

从缓解首都人口、资源与环境压力出发，建设北京城市副中心和区域功能中心城市应促进产城平衡，避免"卧城化"发展。北京部分远郊区县以及河北省临近北京的一些市县，承担着以居住功能为核心、以生活型服务业为主体的城市功能，已经表现出明显的"卧城化"的迹象。因此需要积极推动和实现产城平衡，避免"卧城化"发展。

三、建设城市副中心和区域功能中心城市的国际经验

伴随着大城市和区域发展，人口和经济活动向特大城市特别是中心城区集聚，出现了人口和城市功能过度集中所导致的"大城市病"，这一现象在日本首都圈尤为突出。为解决功能过度集中所导致的大城市病问题，日本首

都圈就采取了建设城市副中心以及区域功能中心城市，来疏解东京都中心城区过密的城市功能。

自 20 世纪 50 年代后期东京都先后建设了新宿等 7 个副中心，这些副中心在功能上以高端服务业、城市商业和面向全球的金融、咨询、管理功能为主，主要目的在于疏散原 CBD 中心三区（千代田区、港区和中央区）过密的城市功能。在东京大都市圈设定了 15 个业务核心城市，这些业务核心城市与城市中心的距离一般在 15—55 公里，主要接纳可以转移的首都功能（包括中心区过于密集的教育、医疗、公共管理等功能），公司总部的部分功能，承载非必要在中心区布局的部分居住、文化、旅游、科研、会展功能，或依托特定港口、空港的区位而承担国际交往、临港工业等功能，是服务东京大都市圈、日本全国乃至全球市场的重要节点。

区域功能中心城市一方面分担了城市中心、城市副中心的居住、行政管理、文化教育、医疗服务功能，承接了大量的城市功能。另一方面相对宜居宜业，既没有城市中心区的交通拥堵、空气污染，也能够吸引一些企业集中，形成特色鲜明、分工明确的产业集中地。区域功能中心城市是新的经济增长动力，是城市功能网络的关键节点。

副中心、区域功能中心城市共同分散了城市中心区过度集中的功能，推动了日本首都圈城市功能的优化布局，也分散了东京都过于集中的城市职能。以区域功能中心城市形成多个自立性强的都市圈，并进行明确的职能分工，从而在日本首都圈内形成职能分散、各司其职并有机联系的城市网络。

四、优化北京城市功能布局，加快副中心和新城建设，形成市域多中心网络化空间结构

为疏解过密的城市功能，需要在市域范围内建设多个新城和副中心城市，促进城市空间的多中心化发展。北京现有的城市空间结构表现为"两轴—两带—多中心"。延伸发展两轴，集中体现首都服务功能以及现代服务业功能。特别是东西轴（长安街及其延长线）要形成从通州新城到石景山之

间的金融、商贸、政务服务等在内的高端服务业发展轴带。强化建设"两带"，特别是东部发展带，应使之成为北京市知识经济发展的新重心。加强外围新城的建设，拓展中心区的发展空间，促进中心城、新城多点协同发展。

改变北京市职能高度集中在中心城区的状况，加速中心城区城市职能向外转移，不仅有利于建立起更为合理的城市空间结构，也是缓解北京各类由于"单中心集聚"所带来的诸多城市问题的良方。加速生产职能特别是物质生产职能从中心城区向外围区县的转移，将更多的城市职能特别是产业职能由中心城区向东部和东南部的城市发展新区转移，部分产业职能应该跨越北京市行政区域转移到河北和天津等周边地区。

五、优化京津冀地区的功能中心城市布局及其职能分工

根据京津冀地区资源环境条件、经济社会联系、城镇空间分布格局、交通体系现状以及各城市发展定位等，京津冀地区应努力构筑"一主一副、三轴、四区、多中心、网络化"的空间发展格局。

具体地，"一主"为北京，"一副"为天津，"三轴"即形成沿京广铁路和京石高速沿线的北京—保定—石家庄城市带轴线、沿京津塘高速的北京—天津城市轴线和沿京哈线、京山线和京沈高速沿线的北京—唐山—秦皇岛城市带轴线，"三轴"是京津冀地区内的城镇密集发展轴，是人流、物流等主要集聚的地带，是京津冀地区具有发展基础和潜力的地带，也是该区域与周边联系的主要通道。"四区"即以环渤海湾的秦皇岛、唐山、天津滨海新区、沧州等为核心的滨海临港发展区，以北京为起点向东南延伸的京津廊发展区（主要包括北京、天津、廊坊），沿京广线向西南方向延伸的京保石—邯郸衡发展区，以及以环京津燕山和太行山区的承德、张家口等地区为核心的张—承发展区。"多中心"即在京津冀地区未来的发展中，应避免以某一个或几个城市为绝对中心的单一区域主导型格局，重视不同规模等级城镇体系的培育，引导各城市立足自然资源、交通地理条件和经济基础，统筹规划发

展,突出各自的特色和重点,形成以北京、天津、石家庄、唐山、保定等为中心的多中心发展格局。"网络化"即借助区域人流、物流、信息流、资金流的流动,将区域发展的多中心特征从形态上延伸到功能上,突出以联系京津与河北各市间的放射状城际快速交通通道为纽带的京津冀综合交通网络的建设。

京津冀产业优化症结破解

王小广 *

京津冀经济一体化的一个重要标志是产业与市场合理分工的形成。在一个大区域发展空间内，产业与市场合理分工包含三重意义：一是资源配置在区域内不存在市场壁垒，各种生产要素（特别是土地、自然资源、人、资本）在区域内自由流动与配置，各地通过充分竞争和比较优势来确定自己的产业结构，从而使区域内资源配置效率最大化。二是区域内的产业发展由梯度发展向上下游供应链分工合作转变。三是不存在影响区域内产业升级与质量升级的重大产业结构问题。

一、京津冀产业与市场分工存在的问题

就京津冀地区来讲，以上三个方面的问题都很突出。首先，京津冀地区存在明显的产业梯度性，而缺乏有效的区内分工，资源配置不是根据高度的供应链相关性而形成的垂直或水平分工。北京的产业优势在科技与服务业，处于产业的高端，天津在制造业上也处于较高的一端，而河北除个别地区外各市县在制造业和服务业上几乎均处于较低的位置，产业分布按大城市、中等城市、县域而呈现明显的梯度性，但产业之间的联系很不紧密，各自独

---

* 王小广：国家行政学院决策咨询部研究员。

立，大多数产业的选择或发展并不是按产业链分工展开的。据我们研究，要想提高一个大经济区的资源配置效率，最好是形成区域内大分工，各大区域间则是小分工，要素在各大区域内流动占比很高，而在大区域间流动占比较小；物流、资金流、贸易流在各大区域内充分高效有序流动，就像欧盟或欧元区一样，欧元区内的贸易占全部经济体贸易的比重高达80%以上，区外贸易仅占全部贸易的20%不到。但我们的情况相反，像京津冀地区，区域内的贸易占比明显偏低，不到一半，甚至只占到1/3，这也说明三地经济的内在联系或市场分工程度并不高。河北钢铁占全国的比重很高，但它主要不是满足北京、天津的市场需要，北京的科技和服务业与天津、河北的经济发展的关联性也很弱。

其次是区域内产业结构问题。一个产业做大，但技术水平不高，不仅带来许多负效应，而且阻碍整个区域的产业升级，这可以说是"尾大不掉"的问题。一个产业做大了，肯定是要为全国、全球生产的，但就资源性产业（一般都是运输量很大，运输成本很高）而言，要努力减少向外的运输量，而增加区内的运输量，这会大大地降低交易成本。河北的钢铁行业占全国的比重过大，不仅是导致京津冀地区环境问题（雾霾）严重的最重要原因，而且对大区域的产业升级优化形成重大障碍。北京为解决自身的污染问题，将首钢搬迁，当时认为只要把首钢迁走就解决了"北京的污染源问题"，但从更长时间、更广的视野看，这实际并未解决问题，将它搬迁到河北唐山，只是把污染源从核心区迁到外围区而已，更是增加了现在已严重的雾霾问题。因为首钢搬迁到唐山，极大地刺激了河北钢铁业的膨胀，而雾霾正源于钢铁产能的过度扩张，以及与周边地区（内蒙古、山西）是我国最重要的煤炭生产基地及产业结构过于重型化有关。我国能源结构中过度依赖煤炭是个极不易解决的问题，但可以在产业选择上减轻其影响，遗憾的是，河北在产业发展上过度依赖钢铁，使这种影响得到放大。钢铁业过度发展不仅导致华北地区雾霾，而且影响了河北的产业升级和整个京津冀地区的产业优化升级，资本、资金过度集中于一个技术水平不高的产业，必将影响其他产业的发展和升级。

二、市场分割或市场壁垒是阻碍区域产业一体化最主要原因

以上两个问题的产生，主要有两大原因，一是在产业选择和规划上缺乏长远考虑。二是产业发展被市场壁垒所分割，导致区域内无法形成有效的产业链分工。以钢铁为例，河北钢铁产业本来规模就大，而在发展中，经不住房地产的诱惑，强上加强，大上加大，最后不能自拔。钢铁行业的定位和产能发展规划显然不是从竞争力和产业升级优化的角度考虑的，要使钢铁业本身健康发展并对一个区域产业转型升级形成良好的影响，其发展规划应该着力于两点，一是自动的抑制规模扩张，作为一种资源型产业，考虑到交易成本和环境问题，其产能规划主要是满足本区内的需求。二是钢铁产品也有高端和低端的问题，看是为满足哪类需求。为满足房地产需求，那么产业定位必须是低端，而为一个很具成长性、更多附加值的产业——汽车行业而生产，那么它的定位就比较高，应该把提高钢铁板材比例作为产业规划的重点，这样的话，河北钢铁产业结构将大不一样。

这里，我更关注的问题是市场分割或市场壁垒对区域产业一体化的影响问题，这是导致以上问题的最主要原因。京津冀三地之间生产要素流动和配置仍受到行政区划的严格限制。在各种要素流入和配置中，人的流动受限制较小，但资本、资源的流动却受到基础设施体系分割、地区保护政策的巨大障碍。这种要素市场化差异导致了这样的一个明显问题：各类资源过度向核心区集中。按市场自然法则，人力资源存在内在的由外围向核心区集中的倾向，但由于劳动力市场是一体化的，不存在流动障碍，因此，人口集中成为一种长期而自然趋势。但要避免人口过度地向核心区集中，主要是使要素集中的效应与扩散的效应取得平衡。很遗憾，地区保护主义或市场壁垒的存在以及一些特定的产业制度安排，使我国的区域发展出现要素集中的趋势远远超过扩散的趋势。地区保护主义和市场壁垒在京津冀地区广泛存在。如北京、天津及河北的大城市对住房用地采取高价政策而对工业用地采取低价政策，这对产业按市场成本的转移构成巨大障碍，不少产业如果不是优惠政策，很难在北京、天津、河北的大城市生存。还有，河北在吸引资金、资

本、技术等方面长期处于不利地位，但基础设施一体化的障碍则使其处境更加不利，如三河市等地修了很好的高速路，准备与北京的路对接，但剩下二三公里的路就是接不上，因为北京不让接，这对各要素按市场竞争、合理流动形成了明显的障碍。再比如，为收费而特制的高速公路制度有利于大城市，而不利于小城市和农村。为了更快地发展高速公路，国家制定了高速公路的高收费政策，这对促进高速公路发展起到了巨大的作用，但也产生一个严重问题，高速公路都是封闭式的，"开口"很少，物流、人流经常在许多小地方都是"穿肠"过，从而大大地降低了中心城市对外围地方的扩散作用，相反则强化了资源要素的集中效应。如果不存在以上各种市场壁垒，那么，北京、天津、河北的产业在区内的转移就会顺畅、有效，真正的产业合理分工就会出现，否则，在现有的市场分割和地区保护不变的情况下，要实现习总书记讲的"形成区域间产业合理分布和上下游联动机制，对接产业规划，不搞同构性、同质化发展"的要求是不可能的。

把好京津冀协同发展的"准入"关

王建华 *

自 2014 年年初京津冀协同发展上升到国家战略层面后，2014 年 9 月天津夏季达沃斯论坛又提出了创新驱动战略。2015 年 3 月全国两会召开后，"互联网 +"的创新浪潮开始席卷大江南北，地处华北平原中北部的京津冀地区引领中国经济发展的第三增长极作用初见端倪。一时间，业态颠覆与转型、技术创新、金融资本潮等齐聚京津冀地区。就地区发展而言，人才、技术、产业、资金是核心要素，而统领这四个要素的灵魂是发展思想与发展理念。因此，无论是产业融合还是新技术引进，金融与产业落地"准入"是首要环节。

一、从思维方式上把握"准入"策略

首先，"多规融合"把握"准入"的系统性。既要从政治、经济、社会、系统性区域发展要素层面，又要从国际、全国层面，分析"准入"的相关领域及要素，在自上而下和自下而上两个反向作用中综合把握各类"准入"。拿天津来说，它既是"一带一路"战略的起点，又是"京津冀"协同发展连接东北亚的起点。"一带一路""京津冀发展"两大战略都要兼顾。再如河北

---

* 王建华：中关村发展集团房山区挂职干部。

正定、保定，它们既是石家庄北上京津、京津南下的发展轴的重要节点，同时又是京津南下联系中原地区城市群的核心地区。

其次，"要素优化"是"准入"的必要承载。各地区有很好的传统产业，如天津的自行车，邯郸的钢铁、纺织、陶瓷等，在协同发展的政策优势和市场环境下，推进传统行业不断融合与创新，不仅有利于区域人才、技术等优势的充分发挥，更有利于行业老品牌的传承与新品牌的培育。在永葆传统行业生命力的同时，不断激活其创新力。

再次，"创新驱动"是实行"准入"的推动力。用"创新"去催生新业态、新技术，从而提升发展动力。例如，随着"一带一路"战略铺开，自天津至欧洲的高铁已经建成，新航线也已然开通，在贸易领域新的增长点和业态要适应这一变化，就必须在思想、观念、产品、资源整合与创新上有所突破。京津冀一体化催生的"北软（件）南东硬（件）"布局逐渐形成，产业、园区也应随之作出相应的调整。

最后，"金融布局"是"准入"的必要保证。从全国范围来看，国家示范区中关村、上海自贸区、珠三角、长三角之所以被称为国家经济的增长极，与金融布局、金融资本的聚集是密不可分的。

二、从实现路径上把握"准入"精准化

《易经》讲求"元、亨、利、贞"，"准入"就是起点，是整个流程的"元"，只有"元"做好了才能保障整个流程的"亨"通。无论是区域发展、园区发展，还是产业发展、企业落地，"准入"是门槛，是行业转型、新行业标准化的先决条件。由此，我们既要把好"准入"关，同时又要秉持包容开放的思想观念，积极放开准入，营造宽松的市场环境。

第一，从专业化角度把握"准入"的前提。"准入"一般涉及技术、业态、人才、发展环境等要素，有时是单一的，有时是多项复合的。就技术而言，某项技术在国内外及行业中是否处于领先地位，有无试点与成功案例，是否具有发明专利等都必须加以考虑。

第二，从差异化角度把握"准入"的方向。首先要研究技术、业态、产业发展等的差异，然后在把握技术发展阶段性与地区发展、产业发展差异性基础上，进一步确定"准入"的方向。例如，在河北张家口涿鹿地区，考虑地理环境（多山区）、科技文化（多农村地区）、人口（多为农业人口）等因素，如果将众创空间引入该地区显然不能发挥众创职能，而将高科技制造业引入该地区则易于实现既定目标。

第三，以科技化提升"准入"的水平。科技创新是地区发展的内在驱动力，科技成果转化为商业或其他业态，必然带动结构优化。科技要素的驱动作用逐渐凸显。以北京良乡城乡统筹项目为例，该地将新型城镇化的两个重要驱动——城镇建设和新农村建设，与新能源地热利用、农光互补太阳能、生物质和生活垃圾处理转化成新能源等结合，实现了新能源、现代农业、新材料等行业的综合发展，打造了城乡统筹的国家级典范。

第四，以品牌化打造"准入"的亮点。品牌是标准，是规划，是心理暗示，是资源整合形成合力的重要载体。就国内而言，"中关村"已经成为高科技的代名词，是创新创业的摇篮。"上海自贸区"是优化金融市场的品牌摇篮。在各类"准入"中坚持品牌化优先，是"准入"的首要考量，它关系到"准入"后产业落地、企业发展的连贯性。

三、从流程标准化提升"准入"水平

用流程规范"准入"的科学性、可操作性。通过政策、时空、技术、资本、人才、团队、产业、综合评定等对需"准入"的产业和项目进行"准入"科学化、精准化把控。

一是用大数据、互联网技术，建立"准入"数据平台。按照行业划分，建立起行业政策、行业风险评估等数据库，运用大数据对行业发展趋势、技术创新走向等进行分析，为"准入"提供依据。

二是建立专业的行业、技术、运行智库。针对地区发展、园区发展、企业转型升级等所涉及的行业、技术、发展特点建立起分行业、分业态的专家团队，对"准入"的内容进行综合评定。

三是建立"准入"风控机制。将"准入"后可能出现的区域性、项目性风险的产生原因以及致其产生的核心要素进行分析，找准风险控制抓手，建立风险防控数据指标体系，及时控制"准入"后的动态趋势，保证"准入"一旦偏离发展目标能得到及时纠正。

在京津冀区域协同发展中，地区发展，项目产业落地，技术引进，企业转型等方面无不涉及"准入"问题，"准入"在发展中扮演着"成也萧何败也萧何"的"萧何"这一角色。因此，必须要提高"准入"的科学性、精准性，要避免"长官意识"和"感觉决策"，以保证"准入"的理性化、科学化。

长江经济带透析

长江经济带建设的战略地位和重大举措

刘应杰 *

依托长江黄金水道，建设长江经济带，是我国区域发展的一个大战略。
2014 年 9 月，国务院制定了《关于依托黄金水道推动长江经济带发展的指
导意见》，提出要高起点高水平建设综合交通运输体系，推动上中下游地区
协调发展、沿海沿江沿边全面开放，构建横贯东西、辐射南北、通江达海、
经济高效、生态良好的长江经济带。长江经济带的战略定位是：具有全球影
响力的内河经济带，东中西互动合作的协调发展带，沿海沿江沿边全面推进
的对内对外开放带，生态文明建设的先行示范带。

长江经济带在我国经济发展全局中具有重要的战略地位。长江全长
6300 公里，是我国第一大河、世界第三大河，货运量位居全球内河第一，
约为美国密西西比河的 4 倍、欧洲莱茵河的 10 倍。长江干线航道长 2838 公
里，整个流域拥有内河航道近 9 万公里。长江经济带覆盖上海、江苏、浙
江、安徽、江西、湖北、湖南、重庆、四川、云南、贵州 11 个省市，面积
205 万平方公里，超过全国的 1/5；人口有 6 亿人，占到全国的 40%，经济
总量也占到全国的 40%。在国家总体发展战略中具有举足轻重的地位。

从我国区域发展总体布局来看，长江经济带起到了贯通东中西的战略作
用。我国区域发展总体布局有"四大板块"，这就是"四大战略"——东部
率先发展，西部大开发，中部地区崛起，东北地区老工业基地振兴。这"四

---

　　* 刘应杰：国务院研究室信息研究司司长、博士、研究员。

大板块"是东、中、西、东北"切块式"的区域划分。而长江经济带则是一条贯通东西的横向经济带，有利于统筹东中西部地区协调发展。

从我国城镇化发展总体布局来看，长江经济带起到一条横向轴心作用。国家提出"两横三纵"的城镇化战略布局，这就是："两横"——一横是长江经济带，另一横是陇海兰新线"陆路大通道"；"三纵"——一纵是东部沿海一线，另一纵是京广、京哈线，还有一纵是包昆线，包头经过西安、重庆（成都）、贵阳到昆明。这其中长江经济带是一条横向大通道，在这一框架中起着重要的支撑作用。

从我国区域经济增长极来看，长江经济带起到了连接上中下游三大城市群的作用。珠三角、长三角、环渤海，是我国三大区域增长极。现在已经有了泛珠三角经济区，从广东延伸到周边广西、湖南、江西、福建，直到云南、贵州，这形成一个大区域。环渤海，主要以北京、天津两个直辖市为中心，向周边辐射到河北、山东、辽宁、山西、内蒙古等地。现在提出推进京津冀一体化，这恰如一个"双黄蛋"，河北包着两个直辖市——北京和天津。长三角，主要是上海、江苏、浙江三省市。建设长江经济带，把长三角与上游的成渝城市群连接起来，中间还有一个长江中游城市群。这样一头一尾两个直辖市：头是上海，尾是重庆。长江经济带沿线城市群，是我们最有实力的城市群，在世界城市群中也占有重要地位。推动长江经济带发展，必将进一步培育和发展起一条具有强大经济影响力的城市带和新的城市群。

从我国提出的"一带一路"战略来看，长江经济带起到了连接纽带和桥梁的作用。"一带一路"是一个跨越国内外的经济发展大战略。国内，丝绸之路经济带，沿陇海兰新线——我国横贯东中西的陆路大通道，从东到西直接涉及以江苏、山东、安徽、河南、陕西、甘肃、青海、宁夏、新疆9个省区，广泛辐射到更大区域。21世纪海上丝绸之路，涉及我国整个沿海一线，带动内陆广大地区。国外，"一带一路"分别从陆上、海上两个方向，通往亚、欧、非各大洲。国外评价，这就像对外开放的"两翼"，为中国开放型经济发展插上两只腾飞的翅膀。而长江经济带，可以起到连接"一带一路"的重要作用，向东通江达海，向西通过渝新欧直达欧洲，向西南可以连接东南亚、南亚，贯通孟中印缅经济走廊。

通过上面的分析，可以说，长江经济带在我国经济全局中有着重要的战略地位，是继中国沿海经济带之后最有活力的经济带，横跨我国东中西三大区域，有望成为"中国经济的脊梁"。有人形容，中国的沿海像一把弓，广袤且资源富集的西部像一根弦，长江就是搭在弦上的一支箭，上海是箭首，重庆是箭羽，现在弓已拉满，是发力放箭的时候了。中国经济发展将似离弦之箭射向海洋、走向世界。还有人比喻，长江是一条龙，长三角是龙头，上海是龙珠，武汉等中游地区是龙身，重庆、四川是龙尾。三者协调联动，摇头摆尾舞动龙身，就能够让长江经济带这条巨龙腾飞，带动整个中国经济的更大发展。

建设长江经济带，依托长三角城市群、长江中游城市群、成渝城市群，做大上海、武汉、重庆三大航运中心，连接贯通我国东中西"三大板块"，推进长江中上游腹地开发，扩大内陆及沿边对外开放，实现"长江龙起"，形成我国东中西贯通的经济大动脉，拓展经济发展新空间，打造中国经济更强有力的新支撑带。

建设长江经济带是一项宏图伟业，是一个国家工程，需要上下配合、多方协调、区域联动，重点是实施五大举措：

第一，构建现代化综合交通运输体系。长江是一条黄金水道，同时长江上游西部地区山川阻隔、交通不便。建设长江经济带，最重要的基础性工程就是建设现代化综合交通运输体系。总的任务是，建设以长江为依托、以长江干线航道和快速铁路为主体、以综合运输枢纽为核心、以区域骨干公路网络为支撑的大能力、快速化、广覆盖的综合性运输大通道。首先是建设长江黄金水道。充分发挥长江运能大、成本低、能耗少等优势，加快推进长江干线航道系统治理，整治浚深下游航道，有效缓解中上游瓶颈，提高长江的航运能力。同时，还要疏通长江的支流金沙江、岷江、嘉陵江、乌江、汉江、湘江、沅水、赣江、信江等支流航道，连接洞庭湖、鄱阳湖、巢湖、太湖、淮河水系航道，以及连通京杭大运河航道，形成四通八达、高效便利的水运网络。改扩建港口、码头，加强集疏运体系建设，实现江河联运、江海联运、通江达海。这其中一个"卡脖子"瓶颈，就是三峡大坝的通航能力，如何提高过坝能力，是一个关键性工程。除了长江黄金水道之外，还有铁路、公路，如沿江高铁、沪昆高铁、高速公路网等，还有航空运输、机场建设等，都需要统筹布局。建设综合交通运输体系的一个关键点，就是建设综合交通枢纽和物流中心。建设上海、武汉、重庆三大航运物流中心，同时建设杭州、南京、合肥、南昌、成都、昆明、贵阳等区域综合性交通枢纽和物流中心。总之，要围绕长江黄金水道，建设一条贯通东西的快捷高效的综合性立体交通运输体系。

第二，建设现代综合产业体系。长江经济带是我国重要的产业聚集带，形成全国的农业主产区和工业大走廊。这里粮食产量、农业增加值、工业增加值都占到全国的40%，初步形成了以上海为龙头，苏州、南京、合肥、武汉、成都、重庆等中心城市为主要载体的世界级电子信息产业带，上海、湖北、重庆三大汽车生产基地，以高端装备制造、新能源新材料等为代表的战略性新兴产业集群，以金融、物流、旅游等为代表的现代服务业。长江经济带拥有雄厚的产业基础，完全可以建设发展成为现代化的发达产业带。要顺应全球新一轮科技革命和产业变革趋势，推动沿江产业由要素驱动向创新驱动转变，大力发展战略性新兴产业，加快改造提升传统产业，大幅提高服务业比重，引导产业合理布局和有序转移，培育形成具有国际水平的产业集群，增强长江经济带产业竞争力。长江经济带产业发展可以走在全国前列，特别是在新型工业化、农业现代化与信息化融合发展方面，发挥示范和引导作用。国家提出一个很高的标准，就是要打造世界级产业集群。这需要各地方发挥比较优势，错位发展，集中力量实现重点突破，发展具有国际竞争力的优势产业。比如，重庆这些年建起了新的电子信息产业，生产的笔记本电脑、平板电脑已接近占到全世界的1/3，通过渝新欧铁路出口到欧洲等地。杭州正在倾力打造世界互联网产业基地，武汉光谷也有良好的发展基础。除了现代制造业、高技术产业之外，还有物流、金融等现代服务业。长江经济带一个重要的产业是物流，应该加快建设现代化的物流体系。重庆提出建设西部金融中心。还有旅游业的发展，长江流域风景名胜众多，文化底蕴深厚，完全可以打造成互联互通的世界级旅游线路，让人们从东到西饱览这里的无限风光。

第三，建设新型城镇化体系。长江经济带城镇密集，不仅具有上中下游三大城市群，还有江淮、黔中和滇中三个区域性城市群，更有星罗棋布的大批小城镇。特别是东部江苏、浙江的城镇化率都达到65%左右，城市实力在全国名列前茅。要按照沿江集聚、组团发展、互动协作、因地制宜的思路，推进以人为核心的新型城镇化，优化城镇化布局和形态，增强城市可持续发展能力，创新城镇化发展体制机制，推进创新城市、绿色城市、智慧城市、人文城市建设。长江经济带要有一个科学完善的城镇体系的发展规划。首先是城市带和城市群。国家提出要培育具有国际竞争力的城市群。长江经济带本身就是一条城市带，在这个带上，要突出建设好三大城市群：以上海为中心的长三角城市群，以武汉为中心的长江中游城市群，西部成渝城市群，更大程度地发挥城市群的集聚力、辐射力和带动力。长江经济带共有125个地级以上城市，都具备发展成为区域性中心城市的基础。要以三大城市群为依托、以区域性中心城市为支撑、加快构建大中小城市和小城镇形成的城镇网络体系，带动整个区域经济发展。

第四，建设改革开放的新高地。长江经济带东部沿海地区始终走在我国改革开放前列，发挥了示范和带动作用。长江经济带对外贸易占到全国的40%以上，利用外资占到近50%，拥有东西海陆双向开放优势，已成为我国开放型经济最高的地区之一。长江经济带建设本身就是一个重大改革举措，需要通过进一步深化改革，更大程度激发市场活力和社会创造力。原先重庆不如武汉，无论从地理条件、工业基础、经济实力来看都是这样；现在重庆大大超过武汉，关键还在于体制改革。长江经济带从东到西，正在掀起新一轮改革大潮。上海正在进行自贸区改革试点，探索准入前国民待遇＋负面清单的管理模式。武汉和长株潭设立建设"两型社会"试验区。重庆和成都开展统筹城乡改革发展综合试验。重庆在推进新型城镇化方面，做了许多改革探索，如提出农民工城镇化"双转换"模式——承包地换社保，宅基地换住房；还有城市保障房建设模式，实行"两不限政策"：不限户口、不限收入，只要有就业、没房住，就可以申请保障房。这些改革经验都值得总结推广。在对外开放方面，要按照构建开放型经济新体制的要求，加快建设海陆并进、东西双向、内外辐射的沿海沿江沿边内陆全方位开放大格局，打造内陆对外开放新高地。东部以上海为龙头，发挥长江三角洲地区对外开放引领作用，与 21 世纪海上丝绸之路相衔接，带动长江流域内陆腹地对外开放。西部以云南为桥头堡，以重庆为长江上游的战略枢纽，扩大向西南开放，加快与东南亚、南亚互联互通步伐，推进区域经济一体化。中部以武汉为中心，发挥长江中游承上启下、贯通东西的连接作用，推进长江全流域对外开放。构建长江大通关体制，建设对外开放口岸，形成与国际投资、贸易通行规则相衔接的制度体系，全面提升长江经济带开放型经济水平。

第五，建设生态环保的示范带。长江流域水资源丰富，矿产资源占到全国的一半左右，生物物种多样，自然生态环境相对较好。随着经济建设发展，长江流域出现了生态功能总体退化的趋势，上游水土流失，中下游水质污染，城镇空气质量下降，环境问题突出。建设长江经济带，必须切实保护好长江流域的生态环境。国家提出，要把长江经济带建设成为绿色生态走廊。这涉及长江沿岸和上游以及整个流域的生态建设、水资源保护、污染治理，需要探索建立全流域上中下游的生态环境补偿机制，加强生态环保的综合治理。统筹考虑长江防洪、生态、供水、航运和发电等需求，切实保护和利用好长江水资源，严格控制和治理水污染，加大重点生态功能区保护力度，加强流域生态系统修复和环境综合治理，显著改善长江生态环境。总之，要保护好长江——中华民族的母亲河，让"一江春水向东流"，为子孙后代留下青山绿水、碧海蓝天。

长江经济带建设已经有了一个良好的开端，制定出台了一系列政策措施，从中央到地方都表现出了很高的积极性，社会各界也都有很高的期待。下一步，要按照到 2020 年全面建成小康社会的目标，与制定实施"十三五"规划相衔接，尽快出台《长江经济带发展规划纲要》，并建立长江经济带联动和一体化协调机制，进一步丰富和完善政策体系，推进重点任务和项目的落实，稳步推动长江经济带建设向前发展。

全局视野下的长三角协调发展机制研究

陈建军 *

长三角的区域协调发展起步早，推进稳步有序，形成了以完善市场主导的资源要素配置机制，构建区域统一市场、降低要素和产品空间移动的广义运输成本，以及实现区域和城市间互联互通、共治共享为目标的区域一体化发展战略的主体思路和行动计划。形成了包括决策、协调、执行等多个层面的相对完整的区域合作体制。在长江经济带国家战略的背景下，长三角城市群需要进一步加快协调发展的体制机制创新。长三角城市群应该成为长江经济带的引领区和中国城市群协调发展的示范区，并在推动"一带一路"建设、参与全球合作与交流中发挥引领性主体作用，在我国区域统筹发展中发挥辐射性整合作用。

长江经济带涵盖长江流域的上海、浙江、江苏、安徽、江西、湖南、湖北、四川、重庆、贵州和云南。2014 年，长江经济带 11 省市共计人口58425 万，国内生产总值 284643.26 亿元，分别占中国总人口和国内生产总值的 42.6% 和 44.7%。长江经济带发展是我国国民经济和社会发展第十三个五年规划的三大国家区域战略之一（另外两个分别是"一带一路"和京津冀协同发展战略）。长江经济带发展的基本战略格局就是以长江为纽带，以长三角都市群、长江中游都市群和长江上游三大都市群为主要支撑，联动长江流域东中西三大经济板块，进而带动全流域的协同发

---

* 陈建军：浙江大学区域与城市发展研究中心教授、博士生导师。

展和一体化发展，为中国的城市化和产业转型升级提供强大动力和成功保障。

聚焦长江经济带发展，无论是打造贯通全流域的交通运输网络，还是推进城市化和产业转型升级，关键是区域协调发展，而在这方面，长三角都市群无疑是走在前面的，且具有示范和标杆作用。深化长三角一体化和城市群协调发展，对于推动长江经济带的协调发展具有重要意义。2014年，长江三角洲沪苏浙皖三省一市的国内生产总值为149646.51亿元人民币，占长江经济带国内生产总值的53%。特别是苏浙沪二省一市，2014年的人均GDP已经达到1.35万美元，是长江经济带11省市平均值0.8万美元的1.7倍，按世界银行的评价标准，已经进入了经济发达地区的行列。在谋划长江经济带的发展过程中，有必要对长三角都市群的一体化发展和协调发展给予特别的关注。从某种意义上可以说，长三角一体化发展这篇文章做好了，长江经济带的发展就有了坚实的基础和动力保证。

长三角区域一体化和城市群协调发展的进程可以追溯到20世纪80年代。2010年，国务院正式颁布了长江三角洲区域发展规划，将长三角一体化发展纳入了国家战略，由此开创了我国跨省大区域协调发展和一体化发展的新时期。近年来，随着国内外形势的变化，特别是在美国大力推进以跨太平洋伙伴关系协定（Trans-Pacific Partnership Agreement，以下简称TPP）为代表的旨在以抢夺全球自由贸易主导权为目的的区域一体化的背景下，中国有必要进一步强化国内区域一体化和协调发展，推动国内统一市场的进一步形成和完善，加快要素自由流动和优化配置，推动产业升级和扩大内外市场的整合，以对冲国际竞争的压力。在这种背景下，长三角的一体化发展和协调发展就有了更加重要的意义。

一、长三角城市群协调发展的体制机制研究

（一）长三角一体化和城市群协调发展的体制机制架构

基于长江经济带国家发展战略的背景，长三角城市群应该将自己的发展定位确定为：长江经济带发展的先行区和中国城市群协调发展的示范区，并在推动"一带一路"建设、参与全球合作与交流中发挥引领性主体作用，在我国区域统筹发展中发挥辐射性整合作用。

为了实现以上目标，长江三角洲应该首先在城市群协调体制机制的创新上作出贡献。长三角的区域协调发展起步早，推进稳步有序，形成了以完善市场主导的资源要素配置机制，构建区域统一市场、降低要素和产品空间移动的广义运输成本，以及实现区域和城市间互联互通、共治共享为目标的区域一体化发展战略的主体思路和行动计划。已经形成了比较成熟的框架，即一个包括决策层、协调层和执行层在内的三级运作协调机制，运行机理相对完整。决策层是沪苏浙皖三省一市主要领导座谈会（又称"八巨头会议"），由此构建起长三角"协商和决策"的高层制度构架。其主要议题是策应国家重大发展战略，围绕长三角重点合作领域进行省级层面的决策。协调层有两个组织架构：长三角地区合作与发展联席会议和长三角城市经济协调会（市长联席会议）。联席会议的参加者主要是各省市的常务副省长或副省长，其工作内容主要为：总结交流长三角合作与发展工作进展的年度情况，协调推进重点合作事项，部署下一年度区域合作发展有关工作（联席会议）和策应国家重大区域战略，围绕长三角城市合作，进行交流讨论，并部署下一年度的城市合作工作（市长联席会议）。执行层也有两个系统，其一是各省发展和委员会主导的合作专题协调推进制度，负责将"八巨头会议"决定的工作进行推进和落实；其二是各市政府系统的经济合作办公室主导的常态化的城市间经济合作工作。（见表3-1）

表 3-1　长三角城市群跨区域协调机制

层次	会议及频率	工作内容
次策层	三省一市主要领导座谈会（"八巨头会议"），每年一次	策应国家重大发展战略，围绕长三角重点合作领域进行省级层面的决策。
协调层	长三角地区合作与发展联席会议，每年一次	总结交流长三角合作与发展工作进展的年度情况，协调推进重点合作事项，部署下一年度区域合作发展有关工作。
	长三角城市经济协调会（市长联席会议），协调会按城市笔画每两年在执行主席方城市举行一次市长会议	常务主席方为上海市，长三角城市轮流主办，各城市市长或副市长参加，会议内容：策应国家重大区域战略，围绕长三角城市合作，进行交流讨论和工作部署，并有常设机构。
执行层	合作专题协调推进制度	各省发展和改革委员会地区处组织的合作交流常态化工作；长三角合作交流基金工作的展开；各城市政府经济合作机构（国内合作办公室等）的常态化工作。

但应该看到，尽管如此，长三角区域合作和城市群协调发展依旧存在着一系列的问题，主要表现为区域与城市群协调机制的行政色彩相对浓厚，由此形成两个方面的短板：一是缺乏立法保障和相关法律体系支撑，区域合作和协调发展在很大程度上取决于各省市领导者对区域合作和一体化理念的偏好程度，区域协调发展的政策方面和重大战略指向缺乏连续性；二是缺乏包含行业组织、企业个体等市场力量的协调机制，由此造成产业空间分布优化指向和区域价值间难以无缝耦合，使得不同行政区域的区分依然会产生无形的市场壁垒，阻碍要素资源跨区域流动，影响产业转型升级和城市化的健康发展。显然，进一步完善长三角一体化和城市群协调发展机制，并将其成功经验拓展到整个长江经济带，是区域协调发展的重要任务。

（二）发达国家城市群协调机制的代表模式

在形成区域、特别是城市群内部的合作机制方面，发达国家已经有一些比较成功的模式和经验。如英国的大伦敦城市群行政架构的一体化协调模式，该模式特点的关键词是立法、高层协调和战略规划。在立法保护的前提下，建立更高层次的大伦敦城市群协调机构，运用政府行政力量进行具有整体性和长远性的战略规划和一体化协调。又如美国的城市协调会、政府协议会和特设机构模式，主要是通过建立大都市区政府，或进行县市合并，设立地方政府议会，以及设立单一功能特别区或专门协调机构，就重大公共设施建设、社会治安及环境等领域的问题签订地方政府间专项协议，共同应对。在法国则有市镇联合体协调模式，主要是通过颁布《城市（市镇）联合体法》，规定相关城市间就重大问题在调查研究、征求各方意见和建议的基础上酝酿协商起草方案和讨论修改，然后共同签署并共同行动。该法律还规定了市镇联合体有关专项税源和第三方评估监督的内容。亚洲的日本是一种核心城市主导的城市间协调模式，以京滨都市圈为例，东京以中心城市综合实力、超级实力为后盾主导了城市群一体化发展，利用产业政策、区域功能分工、大交通、自然环境等许多专项规划与政策协调，主导了包括东京、横滨，以及神奈川、千叶、群马等在内的东京都市圈的发展，而国家层面则给予强有力的法律支持。（见表 3-2）

表 3-2　国际城市群协调机制比较

城市群	协调机制	做法及效果
英国	大伦敦城市群行政架构的一体化协调模式	新建更高层次的行政协调机构，并进行立法保护，直接运用高层次政府的行政力量，着眼于总体全局和长远发展战略规划的一体化协调。
美国	城市协调会、政府协议会和特设机构模式	建立大都市区政府，县市合并，设地方政府议会，设立单一功能特别区或专门协调机构，就重大公共设施建设、社会治安及环境等领域签订地方政府间专项协议。
日本	核心城市主导协调模式	东京以中心城市超级综合实力主导城市群的一体化发展，利用产业政策、区域功能分工、大交通、自然环境等许多专项的规划与政策。国家层面上给予强有力的法律保障。
法国	市镇联合体协调模式	颁布《城市（市镇）联合体法》，通过调查研究、征求各方意见和建议，按照"酝酿协商—起草方案和讨论修改—共同签署—共同行动"路线图进行城市合作。该法律还规定了市镇联合体有专项税源和第三方评估监督机制等。

续表

城市群	协调机制	做法及效果
长三角	三级动作协调机制	包括：决策层：三省一市主要领导座谈会（"八巨头会议"）；协调层：长三角地区合作与发展联席会议等；执行层：合作专题协调推进制度等。

比较发达国家的城市群协调发展的体制机制，长三角在组织体系的架构上显得更加严整和具有体系感，但是有两个方面的薄弱环节是显而易见的，第一是法律的支持，第二是重点的把握。发达国家的城市群协调体制基本是在有法律依据的框架中运行的，有法律的保护，有的还设置第三方监督的机制，大大提高了城市群协调的发展体制机制的运行效率；其次，由于有完善的市场机制，在发达国家由政府或城市自治机构运作的城市群协调机制主要集中在有关城市发展的规划、公共设施建设、社会安全保护、环境保护、产业政策协调以及有关税收方面的协调，而不是面面俱到的行政整合，在能够由市场机制发挥作用的领域，主要依靠市场机制来推进城市群的协调发展，这对长三角乃至长江经济带各大城市群协调发展机制的完善具有重要的借鉴意义。

（三）完善长三角一体化和城市群协调发展的体制机制

长三角地区应该成为长江经济带发展的引领区和中国城市群协调发展的示范区，为此需要在总结自身和借鉴国内外城市群协调发展经验的基础上，进一步完善长三角一体化和城市群协调发展的体制机制，当前可以考虑从四个方面入手进行功能强化：一是从法律层面入手，对区域一体化和城市群的协调发展进行立法，从而使得一体化和城市群协调发展的体制机制有一个坚实的法律基础，保持进程的规范性、连续性、稳定性，提高运营效率。二是推动中央部门的参与，可以借鉴京津冀协同发展模式，构建由中央决策层参与的决策机构。三是强化第三方咨询和监督机制，如目前长三角城市经济协调会设有专家咨询委员会，可以在此基础上，通过立法形式进一步完善其功能。四是推动企业参与，通过重大项目的跨行政区的协调运营，将市场主体（企业）导入长三角一体化和城市群协调发展的体制机制框架内。

在具体的组织架构安排上，在第一层面可以将目前的三省一市主要领导人会议，上升为有国家领导层参加的战略协调和决策会议，成为长三角一体化发展和城市群协调发展的最高决策会议，每一年或两年一次例会。第二层面是"长三角城市协调委员会"（即目前的长三角市长会议）和"长三角地区合作与发展联席会议"，前者主要针对城市之间的合作，负责长三角城市群协调发展经常性工作的决策和领导，是常设机构；后者注重贯彻决策层的指导意见，将其落实为项目和工作安排，推进区域一体化发展。随着长三角城市化进程的推进，这两个区域合作组织体系需要在决策层的指导之下进行协调整合，与此同时，要使第三方咨询和监督机制参与其中。第三层面是职能机构，负责不同事务的执行、监督、规划和研究咨询等。执行层要吸收行业同业协会、企业主体等各区域的市场力量，结合公共服务架构，考虑设置产业项目平台、智慧城市发展平台、综合交通协调平台、公共服务均等合作平台以及城市群开发银行等机构，以促进项目合作、智慧城市建设、交通治理、公共服务均等化推进等。

二、长江经济带背景下创新长三角城市群协调发展的主要任务

（一）以国家战略为出发点构建长三角城市群战略协调机制

在新的历史背景下，特别是在国家社会经济发展进入新常态，国家重大区域战略有了重大调整和创新的情况下，长三角和长三角城市群必须以国家重大区域战略为出发点构建战略协调机制：

首先，呼应长江经济带国家战略，进一步完善长三角城市群的战略协调机制，扩大城市群的开放，加强长三角城市群与长江经济带其他城市群之间的耦合联动。长江经济带除了长江三角洲城市群之外，还有以武汉为中心的长江中游城市群、以重庆为中心的成渝城市群、黔中和滇中区域性城市群。它们分别被定位为世界级城市群、引领中部崛起的核心增长极、西部地区重要经济中心、西部地区新增长极和面向西南开放重要桥头堡的核心区等。具

有差异化功能的各个城市群之间的协调和协同发展要求长三角城市群在战略上发挥领头和示范作用：（1）总结和实践城市群协调发展的战略方针和政策理论，形成可借鉴可复制的操作规程，如以长三角先行经验为模板，梳理政府和市场在区域一体化和区域合作中的功能边界，总结政府合作和统一市场构建的双通道区域协调发展的整体战略并将其用于长江经济带的协调发展；（2）在诸如打造黄金水道、推动产业转移等长江经济带的重大战略问题上，克服长三角各城市各自为战、互不协调的问题，形成城市群对城市群的合作框架等。

其次，整合长江经济带资源，策应"一带一路"战略。中国的全球战略所涉及的广阔半径要求长三角进一步加强其在区域合作和一体化发展方面的引领辐射和整合作用：整合长三角和长江经济带的产业和城市功能的辐射能力，加快国际间的产业转移，拓展对"一带一路"沿线国家和地区的产业链空间布局；加快以上海港、浙江宁波港、舟山港等长三角港口的整合和协同发展，共同打造上海国际航运中心和江海联运中心，推动长三角、长江经济带和海上丝绸之路的联动发展；联动发挥上海中国自由贸易区和浙江网上跨境自由贸易区功能，从实体空间和虚拟空间的结合上拓展长三角、长江经济带对一带一路沿线国家和地区的互通互联能力。

最后，完善长三角的战略协调机制，增强对长江经济带的带动能力，还包括强化长三角区域内部的战略协调机制。例如，浙江海洋经济示范区战略和江苏沿海地区发展战略以及建设上海国际航运中心的协调，上海建设国际贸易中心和浙江义乌国际贸易试验点的协调，上海建设国际金融中心和浙江的互联网金融发展的协调，等等。

（二）以产业转型升级为核心，构建长三角带动长江经济带发展的功能协调机制

基于产城融合，城市化带动产业转型升级的理念，有必要以产业转型升级为核心来构建长三角城市间的功能协调及带动长江经济带发展的体制机制。具体包括：（1）基于战略机遇和禀赋特征，培育世界级的先进制造业和现代服务业产业集群。以长三角各类国家级、省级开发区为载体，以大型企

业为骨干，打造电子信息、高端装备、汽车、家电、纺织服装等世界级制造业集群，建设具有国际先进水平的船舶基地、新能源汽车研发制造基地、商用飞机基地，突破核心关键技术，培育知名自主品牌，并以此推动整个长江经济带的战略性新兴产业集聚区、国家高技术产业基地和国家新型工业化产业示范基地以及国家自主创新示范区的整合发展。推动纺织、石化、钢铁、有色金属等产业转型升级，加快钢铁、有色金属产品结构调整，淘汰落后产能。（2）结合产业链发展和升级战略，制定以长三角的先行示范发展带动长江经济带产业转型升级的新方案。前瞻性布局世界级创新链和产业链，强化企业的技术创新主体地位，形成"大众创业、万众创新"的创业环境，引导创新资源向创新型企业集聚，培育产业转型升级的领军企业；同时，在统筹考虑发展的路径依赖和优化整合科技资源的前提下，布局一批国家级创新中心和企业研发科技中心，运用市场化机制和整合国家支撑探索建立新型产学研一体的研发和推广机构，打造以我国为主的世界级创新产业链的核心环节和支撑环节，进而为在长江经济带和"一带一路"沿线国家和地区实施产业链空间布局再调整夯实基础。（3）着眼长江经济带，构建完善产业空间平台为支撑的产业转移空间架构，完善产业转移跨区域合作机制，推动产业协同合作、联动发展。按照区域资源禀赋条件、生态环境容量和主体功能定位，推动产业布局调整和集聚发展。以长三角城市群和长江经济带内国家级、省级开发区为载体，建设承接产业转移示范区和产业转移承接示范区，支持和鼓励开展产业园区战略合作，积极推进联合开发区和异地共建开发区的建设。（4）积极推进"互联网+"，推进信息化与工业化的深度融合，大力发展智能制造，充分利用互联网、物联网、大数据、云计算、人工智能等新一代信息技术改造提升传统产业，培育形成新兴产业，推动生产组织、企业管理、商业运营的模式创新。支持加快新一代信息基础设施建设，推进互联网示范城市建设，打造上海全球创新中心和杭州全球互联网创新中心和长三角国家电子商务示范城市建设，实施长三角智慧城市群的联动发展并将其推广到长江经济带各大城市群。

（三）以"综合交通网"为载体构建长三角城市群空间协调机制，并将其移植到整个长江经济带

首先，建立综合交通与城镇空间形态结合的整体发展模式。要利用长江城市带加快建设高速铁路、航运、航空、公路、铁路立体化交通的契机，将综合交通网络与城镇空间形态结合，平衡城市空间结构和城市交通多目标优化，形成交通网络融合城市空间结构的有机状态，在有效解决城市交通问题的同时形成良好的城市结构。其次，在交通设施硬件建设基础上，加快城市交通一体化的软件建设，尤其是处理好城市内外交通接驳（地铁、高铁、城市间短途轨道客运）的衔接。城市群交通一体化关键在于城市内交通和城市间交通的一体化，形成所谓的点对点或门对门的交通网络，而不只是城市对城市的交通网络，在今后若干年内，长三角主要城市之间，将形成这样一种交通线路格局：在主要区域中心城市之间，高铁成为骨干线路；在区域中心城市为中心的区域都市圈中，以轨道交通或城市间短途轨道客运为骨干线路；而在城市内部，地铁成为主要骨干公共交通工具，这三者之间形成无缝对接的换乘网络，从而成为有效和快速推进长三角区域城市化的硬件基础和网络化大城市的现实架构（见图3-1）。

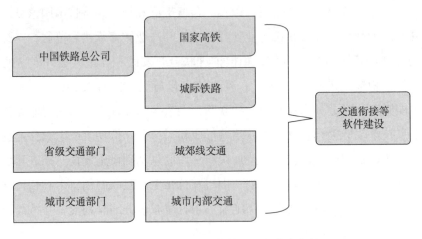

图3-1　综合交通网络的体制机制整合衔接

（四）建设"智慧型城市群"，强化城市群功能协调机制

利用先进智能手段提升城市群管理水平，加快推进智慧城市建设，在此基础上，推进智慧城市的"联网"和"接轨"，建设智慧城市群，以此作为长三角城市群功能协调的主要抓手，并将其推展到整个长江经济带。首先，通过"互联网＋"城市基础设施来实现城市智慧化，为城市运行和城市群各城市之间的联动运行提供完整的信息图谱，鼓励政府、企业和创业者个体利用城市智慧基础设施进行创业创新和从事各项事业，促进城市运营系统和城市居民之间的协同高效运作，达成城市管理和运行的最佳状态。其次，以建设"智慧城市群"提升城市群内部各城市间的公共安全、市政管理、办公商务、电子教育以及其他公共服务的智能协调；通过建设高带宽、高可靠性、全覆盖的无线接入网络，为城市群内部的企业、市民和广大客商提供方便快捷的智慧网络接入服务，满足区域一体化发展过程中各个城市在电子政务、城市管理、公共事业发展上的智慧网络应用的服务需求。最后，通过智慧城市群建设优化资源要素的空间分布格局，增强城市的集聚和扩散功能，提升城市群运行效率以及创新能力，在智慧城市群的发展框架下，城市群中各城市充分利用各自的资源优势，实现差异化发展和互补发展，围绕建设世界级城市群的目标，推动城市之间的融合，完善长三角城市群的战略、功能和空间的协调发展机制。

（五）推进长三角环境协同治理，并将其推展到整个长江经济带

一是开展对城市化带来的环境问题的协同治理。城市化将是长三角和长江经济带社会经济发展主旋律之一，而城市化导致的生态环境问题，是长三角和长江经济带各省市所面临的共同挑战。比如城市化带来的人口和产业的高度集聚，虽然有集约利用土地等自然资源的一面，但也有在有限的空间里形成过高的环境荷载、破坏生态环境的平衡，甚至形成环境灾难的一面。此外，由于城市化带来的生活方式的改变，如果不加以正确引导，也会造成严重的环境问题，最典型的如在城市中无节制地使用私家车，而不是集中精力发展公共交通工具，这些最终会导致城市交通的瘫痪和严重的空气污染。这

些都需要长三角和长江经济带各省市共同应对和协同治理。

二是共同应对发展流域经济和海洋经济所带来的环境问题。长江和海洋是长三角和长江经济带发展的主要依托，江苏有沿江产业带发展规划和沿海地区发展规划，浙江有海洋经济示范区规划和舟山群岛新区规划，上海有包括建设航运中心在内的"四个中心"的战略，这些规划和战略中几乎都存在水资源保护和生态环境保护的问题。长三角各省市在协调国家区域发展战略和构建城市群协调发展机制过程中，必须把共同应对发展流域经济和海洋经济所带来的生态环境问题作为其中的主要内容，在此基础上形成长江经济带流域水环境治理的协调机制。

三是共同应对和协同治理新兴产业的环境治理问题。长三角就其发展阶段来说，整体处于工业化后期和后工业化时期，新兴战略性产业、高科技产业和现代服务业成为经济发展的主要动力，但是高端设备制造业、新能源汽车制造业以及其他战略性新兴产业的发展，就其本质来说，依旧会产生众多的环境问题，有的还是过去未曾遇到的新的生态环境问题。面对这些伴随着新兴产业发展而来的新的生态环境问题，需要长三角城市群通过协调机制共同应对。

四是共同应对环境突发事件发生几率增大的体制机制问题。长三角各城市以及长江经济带各省市还必须在区域和城市群合作的框架下，形成环境突发事件的危机处理共同应对平台，特别是关系到跨境环境突发事件的时候，如跨境水污染事件和大气污染事件以及其他牵涉大区域公共安全的环境污染事件等，需要这样的平台来迅速发挥作用，将危机的危害限制在最小范围内。此外，长三角和长江经济带各区域还可以互相学习和借鉴彼此在处理环境突发事件中的经验和教训，提高区域整体的应对能力。

长江中游城市群创新发展深度解析

张建清　陈　婷*

受国际金融危机影响，我国周边地缘政治和经济格局变动日益复杂化，国内经济也进入经济增速换挡、结构调整阵痛期和前期刺激政策消化期的"三期叠加"阶段。随着国际经济环境和国内经济支撑条件的改变，我国全球经济战略布局调整为以促进双向投资为重点的新一轮对外开放战略、以构筑全球贸易网络为重点的自贸区战略、以转型升级为重点的全球价值链战略、以利益共同体为重点的互联互通战略，提出了"一带一路""上海自贸区"等国家战略。与此同时，长江经济带作为依托长江黄金水道绵延形成的横跨我国东中西三大不同类型区域、覆盖沿江11个省市的巨型经济带，凭借自然禀赋优势及经济带内以长三角城市群、长江中游城市群和成渝城市群为中心的集聚发展，已成为目前世界上人口最多、产业规模最大、城市体系最完整的流域，以及我国综合实力最强、战略支撑作用最大的区域之一，战略地位逐渐凸显。在此背景下，长江经济带将肩负重塑区域经济格局、支撑经济转型升级、推动区域协调发展、促进新型城镇化、完善区域开放格局和综合交通运输体系的重任。因此，"长江经济带"战略目标的实现，必须依托长江下游地区的三角城市群、中部地区的长江中游城市群以及上游地区的成渝城市群的一体化发展。而从长江经济带的全局发展来看，中游城市群的

---

　　*　张建清：武汉大学经济与管理学院世界经济系教授、博士生导师，武汉大学中国中部发展研究院常务副院长；陈婷：武汉大学中国中部研究院区域经济学博士研究生。

战略价值，主要体现在协调东中西发展、新型城镇化先行示范作用以及助力"一带一路"全面开放格局等多个层面。

一、长江经济带战略对长江中游城市群协同发展的诉求

（一）长江中游城市群是长江经济带一体化发展的重要支点

根据陆大道的"点—轴开发"理论，当经济要素遵循"点—轴"理论集聚并发展到"点—轴—集聚区（城市集聚区或城市群）"时，会因集聚区更大的对外作用力沿"轴"向低级别的"点"和"轴"扩散，形成新的生产力，从而在"基础设施束"上形成产业集聚带。这是一个从区域不平衡向区域平衡发展的过程，亦是一体化的过程。分析当前长江经济带上的三大集聚区（城市群）可见：长三角城市群拥有资金、技术和人才优势；成渝城市群受西部大开发政策支持，经济增速近十年来长期远超全国经济总体增速；中游城市则相对松散，仍处于城市群发展的初期阶段，严重制约了长江经济带全流域一体化开发建设。按照"长江经济带"战略总体构想，长江经济带将建设成为具有全球影响力的内河经济带、东中西互动合作的协调发展带、沿海沿江沿边全面推进的对内对外开放带以及生态文明建设的先行示范带。要实现这一构想，其核心既是三大城市群强化区域互动合作畅通经济廊道的问题，也是长江经济带互联互通后反过来沿轴形成经济要素扩散刺激中部地区形成新的生产力和产业集聚带、加速崛起从而缩小区域差距的问题。由此看来，发展相对滞后且发展潜力最大的长江中游城市群是整个战略的重要支点。

（二）长江中游城市群是国家区域战略布局的关键板块

从区域战略布局来看，长江经济带之所以能成为我国"T"型国土开发和区域经济布局中的一级重点经济带，一方面，其具有除海岸经济带以外的其他经济带所不能比拟的巨大发展潜力：其腹地几乎包括半个中国，其范围

内资源丰富，农业、经济和技术基础雄厚，已经形成世界上最大的以水运为主的，包括铁路、高速公路、管道以及超高压输电等组成的具有超大能力的综合运输通道，而这很大程度上得益于深处内陆腹地尚未充分开发的中游城市群。长江中游城市群内三大城市圈呈品状分布，区位条件优越、资源禀赋充裕、水运交通发达、劳动力充足、产业基础雄厚、科教资源丰富、高新技术集聚，因此，在我国未来空间开发格局中具有举足轻重的战略地位和意义。另一方面，当前经济全球化过程中区域化趋势日益明显，发达国家和地区的区域战略（新贸易规则、新型贸易壁垒、人民币打压、自由贸易协定等）对长江经济带下游长三角地区发展形成的战略挤压逐渐加强，使得长三角地区不得不寻求更大区域范围内的资源统筹配置和市场诉求，这就内生要求长江中游城市群加快有序承接长三角地区产业转移，提升要素配置效率，激发内需市场和发展活力。

从区域规划内容来看，《关于依托黄金水道推动长江经济带发展的指导意见》和《长江中游城市群发展规划》等国家规划先后出台，着重强调了"长江经济带"战略下中游城市群协同发展的重点任务，从城乡统筹发展、基础设施互联互通、产业协调发展、生态文明共建、公共服务共享、深化对外开放等各个方面对实施促进中部地区崛起、全面深化改革开放和推进新型城镇化进行重点部署，实现了与长江经济带"沪汉蓉""沪昆"两条发展主轴线的无缝对接（见图3-2）。长江中游城市群作为近年来我国重大区域战略叠加板块，成为助推长江经济带战略，以及协同"一带一路"战略和"走出去"战略的重要战场。

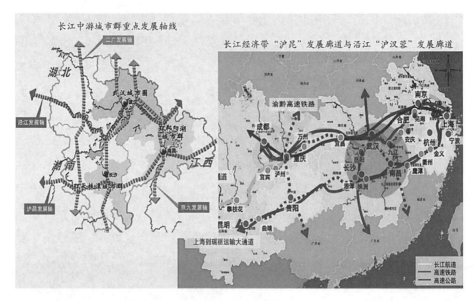

图 3-2　长江中游城市群"两横三纵"发展轴线与长江经济带两条发展廊道

（三）长江中游城市群是推进新型城镇化的战略抓手

长江经济带约20%的国土面积承载了约占全国42%的人口，因此，承担着沿江生态环境防治及新型城镇化建设的重任。中游城市群与下游长三角区域面积相当、人口密度相对较低，但经济规模体量和对外作用力与后者相比差距明显（见表3-3），这一方面表明中游城市群发育尚不成熟、人口向城镇集中相对滞后，另一方面也反映出长江中游城市群平均土地利用潜力和城镇空间优化的可能性大。长江中游城市群是全国主体功能区规划和新型城镇化规划所确定的重点区域，按照国家关于新型城镇化的指导意见，通过逐步消除城乡区域间户籍壁垒，促进人口有序流动、合理分布和社会融合，中游城市群常住人口城镇化率和户籍人口城镇化率预计到2020年将分别提高到60%和45%。因此，长江中游城市群作为国家全方位深化改革开放和推进新型城镇化的试点，将走在战略前沿发挥先发优势：探索我国以往推行的以土地财政为主逐步推进的城镇化只注重城市建设而忽略产业支撑、公共服务和社会管理的配套建设而积累和暴露的一系列问题的合理解决方案，并在农业资源保护与开发、生态文明建设、城镇体系完善、农业转移人口市民化以及城乡一体化体制机制创新等方面先行改革，催生区域合作动力，带动巨大消费和投资需求，创造更多就业机会，同时分享改革释放的潜在红利。

表 3-3　长江中游城市群与长三角人口密度及规模体量对比（2014 年）

指标	面积	人口	人口密度	城镇化率	GDP 占比全国
单位	万平方公里	亿	人/平方公里	%	%
长三角城市群	35.03	2.19	625	62	24.3
长江中游城市群	31.7	1.47	463	55.5	9.52

注：人口按城市群下辖地区计算，安徽省纳入长三角城市群下辖地区。

数据来源：中经网统计数据库，数据截至 2014 年 12 月。

二、长江经济带战略下的长江中游城市群发展现状及问题

2014 年 9 月，国务院发布的《关于依托黄金水道推动长江经济带发展的指导意见》中指出，长江中游城市群要"增强武汉、长沙、南昌中心城市功能，促进三大城市组团之间的资源优势互补、产业分工协作、城市互动合作"。对长江经济带中游省市发展现状进行考察，不仅能深化对中游地区经济社会的动态认识，也有助于探索与上下游城市群形成区域一体化新体系、产业沿江集聚带和区域协调发展格局的实现路径。

（一）人口与规模现状

长江中游①城市群广义上涵盖湖北、湖南、江西三省，规划范围内含 31 个市及部分县（区），土地面积约 31.7 万平方公里，分别占长江经济带和全

---

①　长江中游从湖北宜昌至江西湖口，流经湖南洞庭湖和江西鄱阳湖，是世界上淡水湖泊最多的地区之一。

国的 15.5％和 3.3％，人口约 1.47 亿，分别占长江经济带和全国的 25.3％和 10.9％。城镇化率 55.5％，略高于长江经济带的 53％，与全国水平基本持平。[①]长江中游城市群地处长江经济带中段，覆盖江汉平原、洞庭湖平原和鄱阳湖平原，地域相近、文化亲缘、区位交通优越、工农业发达、人口城镇密集、城市承载能力强，已分别形成武汉城市圈、环长株潭城市群和环鄱阳湖城市群等核心圈，但各省局限于各自的行政区划范围，发展方向和重点各自为政，省域空间布局缺乏统筹协调。

（二）经济发展现状

从经济总量来看，2014 年，长江经济带中部三省 GDP 超过 7 万亿元，人均 GDP 达 41221 元，其中长江中游城市群经济总量约 6.06 万亿元，分别约占长江经济带和全国的 21.2％和 9.52％，长江经济带中部省份对整个经济带及全国经济的拉动作用在逐步凸显。

从产业结构来看，2011—2014 年，三省均保持第三产业比例上升、第二产业比重下降的产业结构优化升级趋势，但与下游省份相比升级速度较慢（见表 3—2）。具体来看，湖北、湖南、江西第一产业比重小幅微降，稳定在 11％—13％的区间内；江西省产业结构优化后劲尚显不足，第三产业占比增幅提高 1.14 个百分点后回落并表现出低迷；湖北、湖南两省产业结构优化速度大于江西省，其中湖北省 2012 年工业比重小幅上涨后快速下降，2014 年环比下降达 2.42 个百分点，经历了一段时期的快速工业化进程后重点转向调结构，表现出强劲的经济发展动力。这可能得益于湖北先进制造业、现代服务业和战略性新兴产业基础和近年来的强势发展（见表 3-4）。

表 3-4 2011—2014 年长江经济带中部三省三次产业结构变化

年份	三次产业结构			三次产业增幅								
	江西	湖北	湖南	江西			湖北			湖南		
				一产	二产	三产	一产	二产	三产	一产	二产	三产
2011	12:55:33	13:50:37	14:48:38									

年份	三次产业结构			三次产业增幅								
	江西	湖北	湖南	江西			湖北			湖南		
				一产	二产	三产	一产	二产	三产	一产	二产	三产
2012	12:54:34	13:50:37	14:47:39	-0.15	-0.99	1.14	-0.28	0.31	-0.02	-0.51	-0.17	0.68
2013	11:54:35	13:49:38	13:47:40	-0.33	-0.11	0.44	-0.24	-0.96	1.21	-0.91	-0.42	1.33
2014	11:53:36	12:47:41	12:46:42	-0.69	-0.10	0.80	-0.95	-2.42	3.37	-1.01	-0.86	1.87

从产业空间布局来看，长江经济带中部省份已初步形成以武汉城市圈、环长株潭城市群和环鄱阳湖城市群为主体，以武汉、长沙、南昌为中心的产业和市场一体化发展态势，且通过产业分工和中心城市辐射带动作用，围绕三大中心城市形成梯级产业集群。具体到城市群内部，分析三大城市圈的泰尔指数发现，三大城市圈均从差距扩大迈向逐渐均衡阶段，环鄱阳湖城市群的泰尔指数维持在相对较高水平，表明江西省工业基础相对薄弱，仍处于各类要素向中心城市集聚的过程，经济增长对邻近珠三角地区产业转移的依赖度较高，经济增长的内生动力不足。此外，与长三角城市群相比，长江中游城市群对外市场分割程度明显高于长三角城市群，进而阻碍了各类资源要素的自由流入，这是抑制长江中游城市群经济快速发展的重要原因，因此，未来应加快长江下游长三角地区与中部省份之间的市场一体化进程。

（三）城市体系建设现状

基础设施建设在加速推进。总体来看，各行政区划内基础设施建设总体水平较高、布局日趋合理、网络日益完善，但跨地区对接和共享程度较低，目前正加快建设省际铁路、高速公路、高等级航道、港口等区域一体化运输通道，未来将依托"沿江、沪昆和京广、京九、二七"两横三纵轴线，打造形成多中心、网路化发展的区域互联互通格局。沿江发展轴以长江黄金水道为依托，重点是增强武汉的辐射带动功能，提升宜昌、荆州、岳阳、鄂州、黄冈、咸宁、黄石、九江等沿江城市综合经济实力，优化产业分工协作，形成沿江产业转移和集聚带，助推与长三角和成渝等地区的联动发展。"沪昆"发展轴以"沪昆"高铁为依托，以长沙、南昌为中心，以上饶、鹰潭、景德镇、新余、宜春、萍乡、株洲、湘潭、娄底等城市为节点，重点发展和培育形成城镇集聚区，打通中游城市群东部和西南地区，成为连接上中下游地区的重要通道。"二广"发展轴以"二广"高速、焦柳铁路及蒙华铁路为依托，以襄阳、荆门、宜昌、荆州、常德、益阳、娄底等重要城市为节点，以各类高新区、开发区和承接产业转移园区为载体，重点发展特色产业和劳动密集型产业，深化区域合作，成为沟通北部湾经济区和中原经济区、关中—天水经济区等地区的纽带。京广发展轴以武汉、长沙为龙头，依托沿线孝感、咸宁、岳阳、株洲、衡阳等重要节点城市人力资源优势和产业基础，重点发展原材料、装备制造、高技术产业，培育形成我国重要的制造业基地，构建沟通京津冀、珠三角、中原经济区等地的重要通道。京九发展轴依托京九通道，发挥南昌、九江辐射带动作用，提升沿线麻城、蕲春、武穴、黄梅、德安、共青城、永修、丰城、樟树、新干、峡江等中小城镇的综合经济实力，立足特色资源优势，共同建设赣北、鄂东等地区的资源性产品生产及加工基地，成为联系京津冀、珠三角和海峡两岸等地区的重要通道。

基本公共服务差距不断扩大。受经济基础和财政保障水平等因素影响，长江中游城市群基本公共服务供给总体水平较低，群内三大城市圈之间相差较大：武汉城市圈的财政能力最强，其地方政府财政一般预算收入和支出均居于首位，分别比排名第三的环鄱阳湖城市群高出 27.91 和 16.01 个百分点。此外，三大城市圈的基本公共服务财政支出占比普遍不高，且对基本公共服务重视程度不一，武汉城市圈的基本公共服务占比财政支出比例最高，达60.92%，环长株潭城市群比例最低，仅 41.34%。①

生态污染防治任重道远。2007 年，国家批准成立长株潭城市群和武汉城市圈两个全国资源节约型、环境友好型社会建设综合配套改革试验区；2009 年，《促进中部崛起规划》和《国家新型城镇化》再次对中部地区确保流域生态安全和粮食生产安全作出指示。2015 年，《长江中游城市群发展规划》再次强调长江经济带中部省份发挥区位优势，加快转变经济发展方式、提升经济质量和竞争力，为推动全国体制改革和生态文明建设发挥示范和带动作用。近年来，三省利用政策契机，在优化国土空间开发格局、推行绿色

---

① 数据源自《城市统计年鉴》，2013 年。

循环低碳生产、生态文化建设、生态补偿机制、生态文明制度建设方面已取得实质性进展。总体来看，三省当前正处于工业化进程的中后期，工业化加速推进与资源环境约束的矛盾较为突出。前期投资拉动型、资源消耗型和传统工业主导的格局短期内难以改变，经济的外向度不高、科技创新能力不强、农业产业化较慢的问题没有突破，要素供给紧缺局面日益严峻，环境质量问题日益突出。中游城市群湖泊交织，沿江城镇繁多，生态污染防治面临的主要压力一是长江沿线环境压力，饮用水源区保护和工业用水区布局错乱，城市取水与排污矛盾突出；二是生态安全风险在加大，中游城市群作为打造沿江集聚产业带的重点地区，重化工业过度集聚和粗放低效的资源利用，一方面加大了生态环境治理难度、成本和周期，另一方面也人为增加了生态敏感区的保护难度。

三、长江中游城市群融入长江经济带一体化发展的主要问题

总体来看，长江中游地区经济活力远不及上、下游地区省份，区域间缺乏纵深经济合作；武汉、长沙、南昌等龙头城市的经济辐射和带动作用有限，城市群内经济联系不够紧密，除武汉城市圈与环长株潭城市群经济联系较为频繁和密切外，环鄱阳湖城市群与其他城市群相对薄弱；长江中游城市群内部各城市圈结构松散、行政分割严重，城市群内各城市间的竞争大于合作，没有真正形成合力。基础设施建设滞后、资源整合不充分、产业竞争力不足、环境保护不到位、制度创新滞后、地方政府"利己主义"严重等，是目前长江中游城市群区域内各省份之间协同发展存在的主要问题，也是长江中游城市群融入长江经济带一体化发展的主要障碍。究其原因，主要包括三个方面。

首先，刚性行政区划加剧了区域分割和产业同构。刚性行政区划加剧了中游城市群各省市在公共资源、招商引资项目、交通枢纽地位的过度竞争，强化了武汉、长沙、南昌等经济基础较好、竞争力较强地区的虹吸效应，进而提升了该地区的产业升级速度和就业水平，拉大了地区间经济差距。与此

同时，不良竞争强化了行政干预和区域利益保护动机，加剧了地方封锁和市场垄断，造成三省之间彼此产品、资本、劳动力和信息资源市场分割，导致严重的产业同构和资源浪费现象。

其次，现有财政分权体制、户籍制度和政绩考核制度，加剧了地方政府在跨区域外溢性公共产品供给及生态治理等方面的投机心理，财政支出倾向于选择策略替代模式——即"搭便车"行为，导致长江中游城市群内跨区域公共品供给结构失衡和供给不足，沿江生态环境监管与治理效率低下；此外，管理制度差异和缺乏自觉履行共同治理协议的契约精神，强化了中游城市群在承接长三角土地密集和污染密集型产业转移过程中生态破坏和环境污染的负外部性，加剧了生态破坏与环境污染的泛区域化蔓延趋势，严重影响经济发展的可持续性。

再次，区域一体化合作和协调机制缺失。区域一体化合作机制的缺失，限制了要素资源的统筹规划、互补利用和自由流动，降低了要素效率；区域利益共享机制的缺失，则难以营造平等竞争的市场机制，无法建立全区域统一开放、公平竞争的共同市场，也就无法有效保障区域经济合作的可持续性和公平性，限制了区域一体化发展。

四、长江中游城市群融入长江经济带一体化发展的对策

作为内陆型城市群，崛起动力一是产业增长与城市分工，二是对外开放与区域合作。而在新时期创新驱动与全面开放背景下，资本动力弱化、政策红利减弱，中游城市群经济规模和质量的提升，重点应转向依靠开放和区域合作，先围绕"武汉—长沙—南昌"三大核心点，通过同城化路径形成"点—圈—面"的协同和交互作用格局，打破传统城市之间的行政分割和保护主义限制，促进区域市场、产业、基础设施建设一体化，实现地域空间、产业结构、基础设施、管理制度等深度融合，将长江中游城市群打造成为功能突出、布局合理、结构优化、适度超前、平安绿色的增长极，与上下游城市群形成错位发展，再凭借区域发展轴线发挥增长极的"集聚—扩散"作

用，有效减缓区域差距，形成与上下游互动发展的良性格局。

（一）完善长江中游城市群协调发展机制

完善的体制机制可以为长江中游城市群与上下游城市群跨区域交流、谈判及仲裁提供平台，在保证各区域行使行政权力情况下，通过部分权利的让渡，实现区域性组织机构的统一调控，催生跨越行政壁垒的多元化合作，推动整个长江经济带一体化向更高层次发展。具体来说，在国家级区域层面，成立统筹对外开放和跨区域城市群合作的综合管理机构，建立区域协商议事机制以及与之匹配的法律保障体系和区域协同发展基金，统筹跨区域协同发展的税收政策、信息共享、争议处理等重大事项；在省际层面，构建跨省市城市分工合作机制和利益共享机制，解决经济一体化与行政区划冲突问题，处理地方政府无法解决的诸如基础设施建设、产业整合、生态环境保护、市场分割等问题，完善城市功能对接。在生态治理方面，学者秦尊文建议建立生态文明理念下的政绩考核机制、生态文明建设转移支付制度，建立并完善主要污染物排污权交易制度，推进政府绿色采购制度，将环境准则纳入采购模式。①

（二）促进邻近区域城市同城化发展

完善基础设施建设并构建多样化交通网络，增加主线与干线之间联系度，加快构建城际交通网络和交通航道疏浚，重点是对跨行政区划的路线进行规划整合，实现国家、城际、城郊及城市内部各种交通方式的无缝对接；在交通设施硬件建设基础上，加快推进如通信体系等配套软件建设，构建区域信息一体化交通网络管理和共享平台，逐步推进长江中游城市群31个县市交通、旅游、社保、医保等一卡通用，促进邻近区域城市同城化发展。

---

① 转引自《权威专家解读〈长江中游城市群发展规划〉》，中国行政区划网，http://www.xzqh.org.cn。

（三）开展多层次跨区域产业合作

依照《长江中游城市群发展规划》的指导意见，基于比较优势和共同发展原则，打破行政区划，统筹规划三大城市圈的先进制造业和现代服务业产业集群，形成层次清晰、布局合理、功能定位明确的城市群形态；根据各地区资源禀赋、产业基础、资源环境承载能力和主体功能定位，建立区域内三大城市群的产业分工合作体系，分类整合周边城市资源，减少无序竞争，推动错位发展，形成产业互补和集约发展模式；通过政府政策制定、引导和协调，打破市场封锁和区域壁垒，培育形成市场一体化格局，优化区域投资环境，激发多层次跨区域合作，创造规模经济，提升区域整体社会福利和竞争力。

新型城镇化的战略、思路与方法

——长江经济带的束簇状城镇体系构想

方创琳　王振波 *

长江经济带城镇体系等级规模结构形成了"顶端小、底端大"的金字塔形格局；下游地区城市职能分工互补性强，中上游地区尚未形成体系；城镇体系空间分布不均衡，空间运行成本高；对流域资源环境产生了越来越大的压力。建议以流域一体化为主线，构建"水轴串城"的串珠状城镇体系；以交通一体化为主轴，构建"陆轴连城"的轴辐式城镇体系；以产业布局一体化为主导，构建"产业链城"的产城融合式城镇体系；以生态环保一体化为先导，构建生态型城镇体系；以江海联动为主出口，构建江海联动的双向开放型城镇体系；形成束簇状城镇体系。

一、长江经济带的新型城镇化在国家新型城镇化发展中的战略地位与作用

长江经济带的空间范围东起上海、西至云南，涵盖上海、江苏、浙江、安徽、江西、湖北、湖南、重庆、四川、云南和贵州9省2市，面积205.7万平方公里，占全国总面积的21.27%。长江经济带是中国横跨东中西不同

---

　　* 方创琳：中国科学院地理科学与资源研究所区域与城市规划研究中心主任、教授、博士生导师；王振波：中国科学院地理科学与资源研究所助理研究员。

类型区域的巨型经济带，也是世界上人口最多、产业规模最大、城市体系最为完整的流域经济带，在国家发展中发挥着十分重要的作用[①]。

长江经济带是国家新型城镇化发展的主体带。2012 年长江经济带总人口 5.79 亿，占全国的 42.72%，其中城镇人口 2.99 亿，占全国的 42.11%，是国家新型城镇化发展的主体带。长江经济带新型城镇化的成败直接决定着国家新型城镇化的安全与成败。

长江经济带是国家经济增长的主撑带。从经济总量分析，2014 年长江经济带 GDP 总量 28.46 万亿元，占全国的 44.71%；第一产业增加值 2.38 万亿元，占全国的 40.8%；第二产业增加值 13.35 万亿元，占全国的 49.18%；第三产业增加值 12.74 万亿元，占全国的 41.53%；固定资产投资 21.04 万亿元，占全国的 41.03%；社会消费品零售总额 10.71 万亿元，占全国的 40.83%；外商投资总额 1.6 万亿美元，占全国的 48.92%。从经济增长速度分析，2014 年全国经济增长速度为 7.3，其中东部地区平均经济增长速度为 8%，中部地区为 7.92%，西部地区为 8.76%，东北地区为 5.96%，而长江经济带平均经济增长速度为 8.77%（见表 3-5），是各大板块中经济增长速度最快的。可见，长江经济带是继中国沿海经济带之后最有活力的经济带，是中国经济转型升级的新支撑带，是中华民族全面复兴的战略脊梁带[②]，是疏通黄金水道大动脉的战略通道带。长江经济带的发展直接影响着国家全面建成小康社会和实现现代化的大局。

表 3-5　2014 年全国和不同地区平均经济增长速度对比分析表

地区	全国	东部地区	中部地区	西部地区	东北地区	长江经济带
空间范围	31 个省市自治区	10 个省市	6 省	12 省市区	3 省	11 省市
平均经济增长速度(%)	7.3	8.0	7.92	8.76	5.96	8.77

资料来源：根据全国及各省 2014 年国民经济和社会发展统计公报计算得出。

---

① 曾刚等：《长江经济带协同发展的基础与策略》，经济科学出版社 2014 年版，第 1—3 页。

② 方创琳等：《中国新型城镇化发展报告》，科学出版社 2014 年版，第 23—25 页。

　　长江经济带是国家城乡发展"H"型新格局的主轴带。在由西部丝路轴线、中部沿江轴线和东部沿海轴线三条主轴线组成的中国城乡发展"H"型空间格局[1]中,长江经济带作为唯一一条东西向的横轴线,成为推动我国区域发展格局由"T"字形长期主导的战略格局转变为适应新常态的"H"型战略格局的重要支撑带。

　　长江经济带是国家东中西合作的主纽带。长江经济带横贯我国东中西部地区,是国家发展战略重心内推的主力承载带,也是联动东中西部地区协调发展的战略扁担带。长江经济带的开放开发将有效解决我国东西部区域发展不协调、不平衡等诸多问题,对于充分发挥经济带的核心竞争力、推动中部崛起和西部大发展具有重要的战略意义。

二、长江经济带新型城镇化发展与城镇体系的现状与问题

　　长江经济带城镇化水平略低于全国平均水平,城镇密度远高于全国平均水平。从1978—2014年的35年间,长江经济带总人口由4.38亿增加到5.84亿,增长了33.35%。同期全国总人口由9.63亿增加到13.68亿,增长了42.10%。长江经济带总人口在全国的比重由45.52%下降至42.71%。从城镇人口来看,长江经济带城镇人口由6488万人增加到31715万人,增长了388.85%,占全国城镇人口比重由37.62%提升至42.33%(见表3-6)。

---

[1]　方创琳:《"十三五"期间构建中国城乡发展"H"型格局的建议》,《改革内参》2015年第8期。

表 3-6 长江经济带历年主要城镇化发展指标在全国的地位分析表

年份	经济带GDP占全国比重（%）	经济带总人口占全国比重（%）	经济带城镇人口占全国比重（%）	全国城镇化水平（%）	经济带城镇化水平（%）	全国城镇密度（个/万平方公里）	经济带城镇密度（个/万平方公里）
1978	41.54	45.52	37.62	17.92	14.81	2.27	—
1980	42.23	45.40	38.74	19.39	16.54	—	—
1985	40.99	44.86	37.81	23.71	19.98	9.69	18.72
1990	41.01	44.87	39.59	26.41	23.3	12.59	23.59
1995	39.07	44.37	41.33	29.04	27.05	18.26	43.20
2000	40.48	43.83	41.38	36.22	34.19	21.16	46.42
2005	43.38	42.84	41.05	42.99	41.2	20.34	44.74
2010	44.10	42.95	41.92	49.95	48.74	20.22	43.70
2011	44.93	42.74	41.93	51.27	50.29	20.50	43.31
2012	45.46	42.73	42.12	52.57	51.83	20.71	44.00
2013	45.62	42.74	42.17	53.73	53.01	20.96	44.25
2014	44.72	42.71	42.33	54.77	54.28	20.96	44.25

从城镇化水平来看，1978 年长江经济带城镇化水平为 14.81%，低于全国平均水平 3.11 个百分点，之后二者的差距不断缩小，至 2014 年长江经济带城镇化水平达到 54.28%，同期全国城镇化率为 54.77%，二者之间的差距缩小至 0.49 个百分点（见图 3-3）。根据城镇化发展的阶段性规律判断，长江经济带目前处于城镇化快速成长阶段。从城市密度分析，长江经济带现有 247 个城市（包含 2 个直辖市、107 个地级市与 138 个县级市），城市密度 1.2 个/万平方公里，比全国城市密度（0.69 个/万平方公里）高将近 1 倍。从城镇密度分析，长江经济带现有 9071 个城镇，城镇密度高达 44.25 个/万平方公里，超出全国城镇密度（20.96 个/万平方公里）1 倍多（见图 3-4）。可见长江经济带是一个城市与城镇高度密集带，也是未来高密度城镇化集聚地区。

（单位：%）

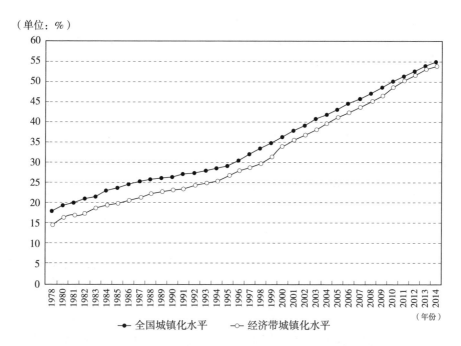

图 3-3　长江经济带城镇化水平与全国城镇化水平比较示意图

（单位：个/万平方公里）

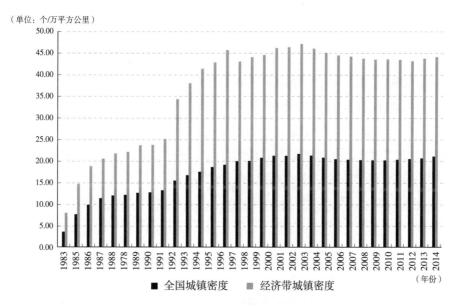

图 3-4　长江经济带城镇密度与全国城镇密度对比示意图

经济带城镇体系等级规模结构形成了"顶端小、底端大"的金字塔形格局。根据国务院《关于调整城市规模划分标准的通知》中的城市规模划分标准，长江经济带247个城市中，超大城市2个（上海和重庆）、特大城市4个（武汉、成都、南京与杭州）、大城市25个（其中Ⅰ型大城市包括苏州、昆明与合肥3个，Ⅱ型大城市包括长沙、无锡等22个），中等城市65个，小城市151个（其中Ⅰ型小城市119个、Ⅱ型小城市32个），城镇体系形成了"顶端小、底端大"的金字塔形合理规模等级格局，成为长江经济带串珠状城镇体系的重要组成部分。从经济带上、中、下游地区分析，长江经济带上、中、下游地区表现出不同的城市等级规模结构，其中下游地区城市等级规模结构相对完善，呈现出稳定的"金字塔"型结构，中游地区城市表现出高等级城市缺失的"断金字塔"结构，特大城市和超大城市的引领作用不突出，而上游地区城市则表现出一定的"倒金字塔"形结构，县级市发育较为薄弱。

经济带下游地区城市职能分工互补性强，中上游地区尚未形成互补的职能分工体系。为探讨长江经济带城镇职能体系结构，根据2010年各城市人口普查就业结构数据（重庆市为主城区数据），借助SPSS统计软件，采用聚类分析方法探讨各城市职能结构，结果表明：目前长江经济带服务型城市仅有上海市1个，表现为服务业极为发达；制造型城市也仅有苏州市1个，表现为制造业极为发达；制造服务型城市有15个，主要集中于长三角地区，中西部地区仅有重庆市、武汉市与成都市3个城市，表现为制造业和服务业相对突出；其余229个城市均为综合职能、分工不明确、互补性差的综合性城市，即三次产业从业比重相对均衡，尚未分化出优势行业。根据城市职能分工体系可见，长江下游地区的城市发展职能分工与互补性较强，各城市之间职能分工体系逐步形成，典型表现为上海市与苏州市之间的互补，而长江中游和上游地区产业层次较低，高附加值产业比重较小，则尚未形成相对紧密的产业职能分工和互补合作体系。

城镇体系空间分布不均衡，空间运行成本高，城镇化发展质量下游高于中上游。城镇人口过于集中于下游地区加大了下游城镇化压力，削弱了上中游的城镇化动力。以2010年第六次人口普查为例，下游地区三省（上海、

江苏、浙江）以占整个经济带 10.3%的土地承载了 36.4%的城镇人口（1.01
亿），中部四省（湖南、湖北、江西、安徽）以 34.3%的土地承载了 36.6%
的城镇人口（1.02 亿），西部四省（重庆、四川、贵州、云南）以 55.4%的
土地仅承载了 27.0%的城镇人口（0.75 亿）。城镇人口过于集中于东部地区
给其造成了严重的资源环境压力。中上游地区的物流有 70%以上要通过长
距离运输到下游地区出海，这样加大了空间运行成本。由于人才、技术外流
也减弱了西部地区经济持续发展的能力，长远来看不利于长江流域城镇化持
续健康发展。亟须采取相应措施，扭转目前东强西弱的城镇化格局，促进城
镇化在全经济带的均衡发展。

经济带城镇化发展对流域资源环境产生了越来越大的压力。长江经济带
占据全国近一半的能源消费总量，排放出超一半的废水和 1/3 的废气废物，
城镇化发展与资源环境之间的矛盾日益凸显。从经济带能源消费分析，2013
年长江经济带能源消费总量达到了 16.90 亿吨标准煤，占全国的 45.08%，
自 2000 年以后年均增长 9.2%；从环境污染状况分析，长江经济带废水排
放量达 376.54 亿吨，占全国的 54.14%；二氧化硫、氮氧化物、粉尘的排
放量分别达到了 706.45 万吨、717.34 万吨与 356.91 万吨，分别占全国的
34.56%、32.20%与 27.92%；固体废弃物产生量达到 98053.6 万吨，占全国
29.92%。可见，长江经济带的发展对资源环境产生了较大压力，需采取相
应措施，促进经济社会发展与资源环境相适应，以推动长江经济带城镇化的
可持续发展。

三、建设以流域一体化和交通一体化为主导的束簇状城镇体系

长江经济带在国家新型城镇化发展的重要战略地位和自身作为流域经济
带的属性，决定了未来发展需要走以流域一体化和交通一体化为主导的束簇
状城镇体系建设的新型城镇化发展之路。

（一）以流域一体化为主线，构建"水轴串城"的串珠状城镇体系，优化经济带城镇等级规模结构体系

针对长江经济带城镇体系等级规模结构的"金字塔"形结构特点，以长江黄金水道为水轴，以长江流域一体化为主线，构建"水轴串城"的串珠状城镇体系。一是进一步强化"塔尖"上的两个超大城市上海、重庆分别对长江下游和长江上游地区的辐射带动作用，确保龙头龙尾同时崛起；二是下大力气建设"塔身"地带的特大城市武汉和大城市长沙、南昌等长江中游地区城市。目前长江中游地区整体上处在"塔腰地带"，中游地区中心城市的辐射带动能力较弱，对长江经济带一体化发展具有"拖后腿效应"，亟须将武汉等中部地区特大城市培育成为长江经济带中游地区的战略支撑点；三是夯实"塔底"数量众多的中小城市，这些城市作为特大城市和大城市的卫星城市和组合城市，构成了长江经济带上"水轴串城"的串珠状城镇体系，是长江经济带城乡一体化发展的主体和新型城镇化的重要组成部分。通过"塔尖—塔身—塔底"不同等级规模城市的培育和强化，优化形成长江经济带由超大城市—特大城市—大城市—中等城市—小城市—小城镇等不同等级规模城市构成的新金字塔形城镇等级规模结构体系。

与此同时，把城市群作为长江经济带新型城镇化的主体，在长江经济带上重点建设1个世界级城市群（长江三角洲城市群）、2个国家级城市群（长江中游城市群、成渝城市群）、3个地区性城市群（江淮城市群、滇中城市群和黔中城市群），形成"1+2+3"梯度发展的长江经济带城市群建设新格局。

（二）以交通一体化为主轴，构建"陆轴连城"的轴辐式城镇体系，优化经济带城镇体系空间结构体系

针对长江经济带城镇体系空间分布不均衡，空间运行成本高，上中下游地区跨度很大的自然特点，建议以长江黄金水道为依托，以水路、铁路、公路、民航、管道等多种运输方式协同发展的综合交通一体化为主轴，构建"陆轴连城"的轴辐式城镇体系，优化经济带城镇体系空间结构体系。伴随着长江经济带交通网络的不断完善，区域城镇化发展也不断加速。2013年，长江经济带中内河航道里程 8.9 万公里，其中高等级航道里程 0.67 万公里里程；铁路营业里程 2.96 万公里，其中高速铁路里程 4000 公里，复线率 49.8%，电化率 69.7%；公路通车里程 188.8 万公里，国家高速公路里程 3.2 万公里，乡镇通沥青（水泥）路率 97.9%，建制村通沥青（水泥）路率 84.9%；输油（气）管道里程 4.4 万公里，城市轨道交通营业里程 1089 公里，民用运输机场 74 个，长江干线过江桥梁（含隧道）89 座，长江经济带已经形成了基于流域一体化和交通一体化的带状城镇体系。未来发展要重点解决长江中游地区黄金水道"肠梗阻"问题和下游出海口"堵塞"问题，在现有交通一体化建设的基础上，一是加快建设沿江高速铁路通道，包括上海经南京、合肥、武汉、重庆至成都的沿江高速铁路和上海经杭州、南昌、长沙、贵阳至昆明的沪昆高速铁路，连通南北高速铁路和快速铁路；二是加快建设沿江高速公路通道，包括建设以上海至成都、上海至重庆、上海至昆明、杭州至瑞丽等国家高速公路为重点，建成连通重点区域、中心城市、主要港口和重要边境口岸的束簇状高速公路通道，提高国省干线公路技术等级，普通国道二级及以上公路比重达到 80% 以上；三是研究在三峡大坝地区建设三峡翻坝体系或三峡水运新船闸的可能性，目前三峡大坝过货量已经超过设计能力 1 亿吨，平均过船时间超过 43 小时，严重制约了黄金水道优势功能的发挥；四是完善油气运输管道，合理布局沿江管网设施，加强长江三角洲向内陆地区、沿江地区向腹地辐射的原油和成品油输送管道建设，完善区域性油气管网，加快互联互通，形成以沿江干线管道为主轴，连接沿江城市群的油气供应保障通道；五是建设综合交通枢纽。按照"零距离换乘、无缝化衔接"要求，加快建设上海、南京、连云港、徐州、合肥、杭州、宁波、武汉、长沙、南昌、重庆、成都、昆明、贵阳 14 个全国性综合交通枢纽，提高综合交通运输体系的运行效率，增强对产业布局的引导和城镇发展的支撑作用。通过交通一体化的发展，将长江经济带上的大中小城市、港口、城市群、产业园区、国家高新区和国家级新区等不同空间尺度的城市节点有机连成一体，形成"陆轴连城"的轴辐式城镇体系。

（三）以产业布局一体化为主导，构建"产业链城"的产城融合式城镇体系，优化经济带城市职能分工体系

针对长江经济带下游地区城市职能分工互补性较强，而中上游地区尚未形成互补的职能分工体系、同质化竞争大于合作的现实，为顺应全球新一轮科技革命和产业变革趋势，推动沿江产业由要素驱动向创新驱动转变，建议推进长江经济带上中下游地区产业发展与布局的一体化，形成链式联动的产业升级体系、产业梯度转移体系、物流产业体系和产业通关一体化体系等。一是依靠科技创新推动经济带产业升级转型。据统计，长江经济带 R&D 投入占全国的 43.93%，专利申请数占全国的 54.02%，高等院校数量和在校学生数均占全国的 42% 以上，拥有丰富的科技创新资源。因此，应充分发挥上海张江、武汉东湖自主创新示范区和合芜蚌（合肥、芜湖、蚌埠）自主创新综合试验区的引领示范作用，推进长株潭自主创新示范区建设，通过自主创新，把长江经济带建成为产业创新集聚带。

二是依托沿江国家级及省级高新技术产业开发区和经济技术开发区，以电子信息、高端装备、汽车、家电、纺织服装等世界级产业集群为主导，重点沿江布局一批战略性新兴产业集聚区、国家高技术产业基地和国家新型工业化产业示范基地，推进长江经济带成为中国迈向 2025 年的先进制造业基地。

三是科学建设沿江国家及省级新区，把新区建成为长江经济带创新发展的新产业空间和创新空间。

四是大力发展滨江旅游业。充分发挥长江沿线各地独具特色的历史文化、自然山水和民俗风情等优势，构建由精品旅游城市、精品旅游线路、精品旅游景区、精品旅游度假休闲区和生态旅游目的地构成的长江黄金旅游通道，把长江经济带建成为国际黄金旅游带。

五是推动流域上中下游的产业梯度转移与合作。在着力推动下游地区产业转型升级的同时，依托中上游地区广阔腹地，增强基础设施和产业配套能力，引导具有成本优势的资源加工型、劳动密集型产业和具有市场需求的资本、技术密集型产业向中上游地区转移，建设上下联动的产业承接转移示范

区和加工贸易梯度转移承接地，推动产业协同合作、上下联动、江海联动、产城联动、链式联动发展，逐步构建"产业链城"的产城融合式有链有群型城镇体系，优化长江经济带上中下游地区的城市职能分工体系，把长江经济带建设成为产业创新与经济发展的经济共同体和利益共同体。

（四）以生态环保一体化为先导，构建生态型城镇体系，缓解经济带城镇化的资源环境压力

针对长江经济带新型城镇化面临的资源与生态环境保障压力，推进流域生态建设、环境保护与治理的一体化，构建生态环保型城镇体系。一是强化长江水资源保护和合理利用，落实最严格的水资源管理制度，明确长江水资源开发利用红线、用水效率红线，建设沿江、沿河、环湖水资源保护带、生态隔离带，增强水源涵养和水土保持能力。

二是严格控制和治理长江水污染，明确水功能区限制纳污红线，完善水功能区监督管理制度，科学核定水域纳污容量，大幅削减化学需氧量、氨氮排放量，加大总磷、总氮排放等污染物控制力度。加大沿江化工、造纸、印染、有色等排污行业环境隐患排查和集中治理力度，加强三峡库区、丹江口库区、洞庭湖、鄱阳湖、长江口及长江源头等水体的水质监测和综合治理。

三是划定沿江生态保护红线，加大重点生态功能区建设和保护力度，构建中上游地区生态屏障。推进太湖、巢湖、滇池、草海等全流域湿地生态保护与修复工程，加强金沙江、乌江、嘉陵江、三峡库区、汉江、洞庭湖和鄱阳湖水系等重点区域水土流失治理和地质灾害防治。

四是探索建立长江流域上中下游地区生态补偿机制。按照"谁受益谁补偿"的原则，探索上中下游开发地区、受益地区与生态保护地区试点的横向生态补偿机制，依托重点生态功能区开展生态补偿示范区建设，最终把长江经济带建设成为资源节约型和环境友好型的流域生态经济带，建成生态环保共同体。[1]

---

[1]　方创琳：《中国西部生态经济走廊》，商务印书馆 2007 年版，第36—48 页。

（五）以江海联动为主出口，构建江海联动的双向开放型城镇体系，提升长江经济带对外开放度

按照《国务院关于依托黄金水道推动长江经济带发展的指导意见》的要求和国家全面实施"一带一路"战略的总体部署，加快推进长江经济带双向对外开放力度，以江海联动为主出口，构建江海联动的双向开放型城镇体系。一是继续向东开放。加快建设中国（上海）自由贸易试验区，发挥上海对沿江开放的引领带动作用，通过先行先试、经验推广和开放合作，充分发挥上海对外开放的辐射效应、枢纽功能和示范引领作用，带动长江经济带向更高水平开放，增强国际竞争力。

二是打通西南出口向南开放。推进孟中印缅、中老泰等国际运输通道建设，实现基础设施互联互通。推动孟中印缅经济走廊合作，深化参与中国—东盟湄公河流域开发、大湄公河次区域经济合作。

三是打通陆路西向开放通道向西开放。加强与丝绸之路经济带的战略互动，把四川、重庆培育成为连接丝绸之路经济带的重要纽带，增强对中亚、欧洲等地区进出口货物的吸引能力。

四是推动长江通关一体化。加强内陆海关与沿海沿边口岸海关的协作配合，加强口岸与内陆检验检疫机构的合作，全面推进"一次申报、一次查验、一次放行"模式，实现长江经济带海关区域通关一体化和检验检疫一体化。

五是优化长江沿江港口功能布局，大力发展现代航运服务业，加快上海国际航运中心、武汉长江中游航运中心、重庆长江上游航运中心和南京区域性航运物流中心建设，加快发展多式联运及集疏运体系，增强沿江物流园区综合服务功能，培育壮大现代物流企业，形成若干区域性物流中心，构建形成长江江海联动的国际物流体系。

（六）形成流域—交通—产业—生态—开放"五位一体"的束簇状城镇体系，提升城镇化发展质量

通过构建以流域一体化为主线的"水轴串城"的串珠状城镇体系，以交通一体化为主轴的"陆轴连城"的轴辐式城镇体系，以城市群为主体的"1+2+3"梯度发展的城市群结构体系，以产业布局一体化为主导的"产业链城"的产城融合型城镇体系，以生态环保一体化为先导的生态型城镇体系，以江海联动为主出口的双向开放型城镇体系，形成流域—交通—产业—生态—开放"五位一体"的长江经济带束簇状城镇体系，不断优化长江经济带城镇等级规模结构体系、城市职能分工体系和空间结构体系，缓解经济带城镇化的资源环境压力，提升长江经济带对外开放度，提升城镇化发展质量，实现长江经济带产业发展与布局一体化、流域上中下游一体化、基础设施建设一体化、生态建设与环境保护一体化、城乡发展与城乡统筹一体化、区域市场一体化、社会发展和基本公共服务一体化，把长江经济建设成为上下协同、江海联动、多式联运、人水和谐、经济共荣的命运共同体和利益共同体，为国家新型城镇化发展作出重大贡献。

生态涵养区怎样实现可持续发展

——基于长江生态安全的渝东北区域战略

刘治彦 *

作为长江流域的咽喉地带，渝东北地区的健康发展关乎三峡库区和长江中下游生态安全。生态经济是渝东北发展的基本路径，渝东北生态涵养区应突出发展理念和发展方式的转变，坚持三峡移民后续发展和连片特困地区扶贫开发并举，把生态文明建设放在更加突出的地位，引导人口相对聚集和超载人口梯度转移，着力涵养保护三峡库区腹地的青山绿水，提高基本公共服务水平。

我国正在实施"一带一路"建设、京津冀协同发展和长江流域经济带建设三大新区域发展战略，在长江流域经济带建设过程中，作为长江流域的咽喉地带，渝东北地区的健康发展关乎三峡库区和长江中下游生态安全。渝东北系指万州区、开县、云阳县、奉节县、巫山县、巫溪县、梁平县、城口县、丰都县、垫江县、忠县共 11 个区县组成的重庆东北部区域，面积为3.39 万平方公里，"六普"人口为 837 万，比"五普"减少了 150 万，是秦巴山地连片特困地区和长江三峡库区核心腹地，是长江流域重要生态屏障和国家重点生态功能区、农产品主产区，是长江三峡国际黄金旅游带和特色资源加工基地。在国家主体功能区规划中，渝东北被列为生态涵养区，如何发展特色型生态经济，促进环保与经济社会发展互动共赢，对于区域

---

* 刘治彦：中国社会科学院城市发展与环境研究所研究员、博士生导师。

脱贫致富、确保三峡工程生态安全与长江流域经济带的健康发展均具有重大现实意义。

一、渝东北生态涵养区发展背景

两百多年来，传统工业革命导致了全球资源环境危机，改革开放三十多年来，我国工业化付出了巨大的资源环境代价。20世纪60年代后，人类环境意识逐步觉醒，绿色革命迅速崛起，特别是后金融危机时代以新能源革命为首的全球绿色发展成为了主流，今后一段时期，我国经济结构必须进行战略调整，推进绿色发展，才能确保国家实现现代化。

从地域单元来讲，绿色发展要求按照生态环境承载力划分各主体功能区，并进行分类管理。我国现行四类主体功能区包括：优化开发地区、重点开发地区、限制开发地区和禁止开发地区。一般来说，前两个地区主要是城市地区；限制开发地区主要是农业保护区和生态功能区；禁止开发地区为重要文物保护地和重要生态功能区。

渝东北地区地形复杂、山高谷深，山地面积较大。这一地区生物多样，生态保护任务艰巨。其中，国家级保护动物、保护植物就有数十种。农业资源较丰富，适合农林牧副渔综合发展，但水土流失、农业面源污染也较为严重。近年来，随着地区工业化推进，化石能源的大量消耗，城市"三废"逐年增多，对三峡库区及长江中下游生态安全构成较大威胁。

作为国家生态涵养发展区，渝东北必须按照国家主体功能区定位来发展，其中有两层含义必须明确，一是何谓生态？所谓生态是一切生物的生存状态，包括生物之间以及生物与环境之间的相互关系；二是何谓"涵养"？涵养有多种含义，但是这里主要是指积蓄、保持水分，可见生态涵养区是指能够保护生物多样性、保持水土和净化空气的一些功能区域。在主体功能区域中应该属于限制或者禁止开发地区，是生态功能区，其主体功能应是提供生态产品和服务。渝东北生态涵养发展区由于地处连接长江上游与长江中下游经济带的咽喉要道，属三峡库区上游腹地，生态地位极为重要。其主要发展方向为保障长江生态安全，修复区域生态和保护库区环境。环保优先、点状开发，因地制宜地发展资源环境可承载的特色产业。在开发原则上，要明确开发强度、主导产业、控制领域和活动，以及构建生态廊道等；在发展目标上，要考虑到区域功能、生态退化面积比重、人口密度、贫困人口比重、财政支出等。

渝东北生态涵养区的水源涵养和生态保护事关长江流域经济带的生态安全，同时区内人口众多，面临的发展压力也较大。三峡移民靠后安置，大量人口聚集在沿江狭长地带，导致过度开发，生态破坏严重。一些研究数据显示，从1992—2009年，这期间经济发展与农业面源污染之间呈正相关关系，农业面源污染非常严重。主要是种植业、养殖业、农村生活活动中形成的溶解或固体的污染物，如农田中的土粒、氮素、磷素、农药重金属、农村禽畜粪便与生活垃圾等有机或无机物质，从非特定的地域，在降水和径流冲刷作用下，通过农田地表径流、农田排水和地下渗漏，使大量污染物进入受纳水体所引起的污染。矿产资源开发造成的水土流失也较严重，同时资源开采过程中重金属侵入江中，最后汇入三峡库区，并通过食物链影响人体健康。近年来，随着库区城镇化和工业化推进，工业污染日趋严重。另外还有交通污染，比如船舶运输形成的油污等。如何还下游一江清水，这是渝东北地区肩负的重要使命。近年来，由于加大了治理力度，水质得到明显改善，从2004年的四类、五类水质占比近70%，到2010年主要水体为二类和三类水质。即便如此，城镇生活"三废"、沿线水土流失仍对库区有较大威胁。因此必须高度重视环境治理和生态建设，寻求一条经济发展与生态环境保护相协调的发展路径，实现可持续发展。

二、渝东北生态涵养区发展战略

（一）发展理论

渝东北生态涵养区发展要以可持续发展为目标，以生态经济学理论为指导，充分考虑环境承载力，以及生态经济系统的循环规律，实现绿色发展、循环发展和低碳发展。循环经济规律是生态经济系统的重要规律，生态经济系统健康发展必须遵循各子系统之间的可持续性循环。生态经济学始于20世纪60年代，美国学者蕾切尔·卡森在1962年出版了《寂静的春天》一书，该书提醒人类大量使用农药的危害。美国的另一位学者肯尼斯·鲍尔丁专门以生态经济学作为一个主题来进行系统阐述。生态经济学理论主要是研究社会经济发展同自然资源和生态环境之间的关系，该理论认为人类生存发展条件要与生态需求、生态价值理论、生态经济效益、生态经济协同发展，并提出生态产业发展这一核心问题。渝东北地区经济社会可持续发展，要考虑生态经济学的这些理论，特别是生态产业发展。

生态产业是基于生态经济学的理念，利用先进科技和管理手段，以资源节约、清洁生产、资源再生为特征，将产品生产和消费过程中对人和生态环境的损害降到最低程度的新模式产业。可见，生态产业并不是一种新的产业，而是一种新的发展模式。它包括生态农业、生态工业和生态服务业。生态产业中的生态包括两层含义，一是指产品生产过程是生态友好的，二是指产品消费过程也是生态友好的。但并不是所有地区都可以发展生态产业，其发展需要一定条件，其中包括环境基础、消费市场、技术和工业发展水平、现代化的管理等。渝东北地区作为生态涵养区，具备了发展生态产业的条件：区域植被覆盖率现已达60%，具有较强的保持水土、固碳释氧、吸尘杀菌、净化空气的作用，成为区域"绿肺"。水库则如同区域的"肾脏"，能蒸腾水分、稀释氮磷、降解污染、调节湿度、清爽空气。

（二）发展思路

我们要以十八届三中全会提出的深化改革方案为统领，以国家和重庆市的主体功能区的规划方案为指导，转变发展方式，优化经济结构，促进产业转型升级，按照主体功能区，实行分类发展。生态涵养区可以再细分为四个子功能区，具体包括：

第一，保护核心区。这类地区主要是国家和省级的资源保护区，包括一级水源保护区、重点风景名胜区、森林公园、地质遗迹公园、历史文化遗产保护区、生态修复重点区等。这些地区一般海拔地势较高、生态脆弱性较大，不宜发展一般产业，其中的人口宜于转移搬迁，尽量减少对环境的影响。

第二，保护缓冲区。保护缓冲区是指生态环境的承载能力较弱，人口与产业活动大规模聚集条件还不是很成熟的地区。比如二级水源保护地、河流上游流域、生态修复区等。这类地区海拔较高，生态敏感度也比较高。相对保护核心区来说，可适度开发。但主要还是逐步引导人口转移，有选择地发展一些特色生态产业，实行散点式布局。

第三，发展储备区。这类地区具有一定的资源承载能力，空间和区域等资源优势比较明显，具备了一定产业和人口发展条件。大部分是在一些浅山，生态保育水平也较高，具有一定的产业布局和开发潜力，社会经济发展水平相对较高。如一些废弃的工矿、新城拓展的城区、一些浅山地区的重点镇，这些都可以作为远期产业发展的储备区，实行点带式梯度开发。

第四，优化发展区。这类地区具有较好的区位优势和相对完善的基础设施水平，人口的密度和经济发展水平比较高，这些区域主要是在平原地区、面积较大的地方，可以适度加强产业和人口的聚集，承接保护核心区和缓冲区转移出来的人口，加快推进城镇化，成为生态涵养发展区经济发展的重要增长极。

（三）发展战略

把握大势，借鉴国内外发展的先进经验，对于谋划渝东北地区发展尤为重要。以北京为例，北京作为首都，大量外来人口涌入，近二十年来人口增长了大约八百万，建成区面积由 1991 年的 171 平方公里，扩展到 20 年后的 739 平方公里。生态涵养区面积不断受到侵蚀，导致生态环境恶化，雾霾频繁。同时，北京的饮用水也很紧张，仅有三十多亿立方的水。虽然南水北调工程能解燃眉之急，但仍要考虑后备水源问题，比如海水淡化。北京用地空间也几乎到了极限，平原比较稀缺，北部和西部是近一万平方公里的山区，属于生态涵养区，与渝东北相似，不适合承载大量人口。但是由于建成区面积已扩展到生态涵养区，如房山、门头沟、延庆、密云、怀柔、平谷等，并有继续大规模扩展趋势，导致人口对生态环境造成的压力非常大，因此国家提出要推进京津冀协同发展，期望从更广阔的区域范围解决北京大都市病问题，从而更好地保护好生态涵养区。

再以浙江为例，浙西南地区是长三角的生态涵养区。浙西南地区的丽水市面积为 1.6 万平方公里，有 9 个区、市（县级）、县，与北京市面积相当。该市立足生态优势，大力发展生态休闲养生养老经济，各区县根据特色资源确定各自重点发展的生态产业。经过几年来的努力，丽水市生态环境不但没有被破坏，反而通过生态休闲旅游，增强了全体市民保护生态环境的自觉性，为生态涵养区发展找到了一条新出路，实现了生态保护与经济发展共赢。

渝东北地区的发展，要从全国，特别是从长江流域经济带发展视角来考虑。我们可以将全国分成三大板块，北方经济带、长江流域经济带以及南岭以南的南方经济带。长江经济带作为纽带，既连接了长三角、长江中游城市群和成渝经济区三个“板块”，又与其他两大经济带形成呼应：一方面与“新丝绸之路经济带”平行并进，另一方面与南方沿海经济带形成“三带并举”的新格局。今后要高度重视长江经济带的骨干作用，做大做强长江流域这一国家经济脊梁。而这种脊梁作用能否得到有效发挥，取决于上中下游之间能否合理分工协作。长江下游主要发展一些面向国际的高端产业，比如现代服务业和高新技术产业；长江中游应该发展先进制造业，如电子信息产业、交通设备制造、生物制药等；对长江上游来说，既要发展一些战略新兴产业，同时也可以进一步发展传统产业，特别是电子信息、轨道交通设备、农业机械装备等。但是更主要的是发展保护环境的生态产业，承接长江下游转移来的生态友好产业，包括大农业、生态休闲旅游业。渝东北地区应进行择业发展。长江流域是国家经济命脉，是最大的流域经济带，流域经济带的一个最大的特点是，上中下游要联动发展。长江流域经济带发展是非均衡的，东部和中西部之间发展的差距非常大，长江流域经济带发展成为国家战略以后，就要考虑如何能够使长江的上游和中下游之间形成互补。要统筹好重庆市各个功能区之间的关系，其中包括如何发挥渝东北地区在经济发展和生态保护方面的双重作用。

结合上述分析，渝东北生态涵养区发展应该是从全国发展格局、长江流域经济带和重庆市的高度来谋划。渝东北发展必须走生态经济路径，也就是要以生态农业为基础，跨越传统重化工业发展阶段，发展生态休闲养生旅游、物流业等服务业，适当发展劳动密集型的组装产业、服装加工业等，从综合型发展逐步转到特色化发展路径上来。产业组织可考虑以"互联网＋"的方式，将分散的产业组织单元整合成规模集群。从城镇布局来看，渝东北作为重庆"一圈两翼"中的一翼，应着重培育万州为区域中心，开县、云阳为两翼，建设依从自然生态的山水城市，成为以生态文明建设为核心，加快经济社会发展和生态环境保护并重，打造三峡库区后续发展与连片贫困地区扶贫开发并重的可持续发展示范区。在不超出城市承载能力的情况下，引导人口相对聚集，建成天蓝地绿水净的美好家园。

这个任务主要分成三部分：

第一是要把万州作为开发重点，依托国家级的万州经济开发区，根据资源环境承载能力，培育壮大有资源依托、有环保设施、吸纳就业多的特色产业。重点发展特色资源加工、机械加工、有机食品、生物医药、清洁能源、商贸物流等产业。加快淘汰污染严重、技术落后的传统产业，承接生态转移人口和城镇化人口，建成重庆市东北翼的中心城市、三峡库区的经济中心。带动万州—开县—云阳特色经济板块发展，该板块"六普"人口为364万，要发挥这一经济板块对东西两翼的带动作用。开县是人口大县、劳务输出大县，要发挥返乡劳务人员回乡创业的积极性，发展城市经济，加大与万州中心城区的联系，形成万州的卫星城。云阳应在生态移民、生产移民、生活移民的"三生移民"基础上，做好城镇和人口合理布局，建成万州中心城区的后花园。

第二是垫江、梁平、忠县、丰都等国家农产品主产县，"六普"人口为279万，这些地区主要是需要提升农业综合生产能力，推进县城及市级工业园区的发展，可以构建农产品特色经济板块，大力发展特色效益农业。着力发展优质柑橘、中草药、优质水产品、香料等种植业，以及吸纳就业能力较强的现代农业。同时，也可以发展绿色食品加工业、中药及生物医药加工业、丝麻纺织业、服装加工业、天然气化工、盐化工。垫江主要通过发展农业示范区，培育渝东北地区产业增长极、川渝东部陆上交通枢纽，以及都市休闲旅游产业。争取建成重庆粮仓、都市农业产业园，成为花卉之乡、果品之乡、食品加工基地、劳务输出基地、休闲度假乐园。梁平作为一个农业大县，要抓好城市新区建设、工业园区建设、旅游景区建设、统筹城乡示范区的建设。忠县在加快发展生态工业、生态农业、生态旅游业的基础上，要成为库区工业高地、重庆品牌小城、中国橘乡。丰都要充分利用传统文化资源发展旅游，以旅游业带动文化创意产业发展和轻工业发展。

第三是城口县、奉节、巫溪、巫山等国家重点生态功能区内各县，这一板块"六普"人口为194万，其功能主要是生态产品供应。这一功能实现好，那么渝东北生态涵养发展区的任务就可完成80%。渝东北生态涵养区的任务主要集中在东部这几个县上，其任务是极为艰巨的，做好这项工作也是最有亮点的。这一板块要突出水源涵养、水土保持、维护生物多样性、防治地质灾害和石漠化、提供生态产品等任务。当然，也包括库区消落带（区）治理问题，库区季节性水位涨落形成的消落带湿地细菌丛生，其污染防治任务非常艰巨。作为渝东北门户，这一地区要建成重要的生态文明示范区、生态产品基地、特色产业基地和历史文化旅游名区。

渝东北属于秦巴山区特困扶贫开发地区，要转变扶贫开发模式，加大扶贫开发力度，加快实施高山生态扶贫搬迁。加强三峡后续工作规划，大力发展生态休闲养生旅游、体验观光旅游、科考教育游等现代旅游项目。加快建设长江三峡国际黄金旅游带，将黄金旅游带打造成国家走向世界的主流品牌。充分发挥"长江三峡国际黄金旅游带"品牌作用，发展库区特色经济。具体来看，万州应充分发挥好渝东北地区中心城市的职能，充分利用万州国家级经济开发区平台，发展一批环境污染小的先进制造业。加快特色产业发展，加强基础设施建设，在清洁能源使用、污水净化、垃圾处理方面建设全覆盖的环保设施。妥善安置高山生态扶贫移民，对住房、就业、教育培训、社会保障问题予以优先解决。

三、渝东北生态涵养区发展措施

渝东北生态涵养区应突出发展理念和发展方式的转变，坚持三峡移民后续发展和连片特困地区扶贫开发并举，把生态文明建设放在更加突出的地位，引导人口相对聚集和超载人口梯度转移，着力涵养保护三峡库区腹地的青山绿水，提高基本公共服务水平，争取用十年左右时间，引导转移人口130万，常住人口减少到700万左右，森林覆盖率达到50%以上。

从总体措施来看，要强调"面上保护、点上开发"，就是因地制宜发展产业，实现科学发展、特色发展和差异发展。关键是调整发展路径，转变发展方式，走绿色、低碳、循环发展之路。在发展中加强生态涵养与保护功能，遵循人口跟着产业走，建设用地跟着人口和产业走的原则，将城镇规划、产业和人口布局协调起来，实行"多规合一"。重视对外开发，特别加强与湖北、陕西等周边省份的合作，也包括整个长江流域经济带和其他地区的合作，整体提升渝东北地区发展能力。

（一）加强组织领导和统筹协调

渝东北作为国家重要生态涵养区和连片扶贫攻坚开发区，应列为国家重点关注地区，这不仅有利于保护投资近千亿的长江三峡水库发电防洪功能，更为长江流域经济带可持续发展提供生态安全保障。今后几年是国家实现第一个百年发展目标的关键阶段，作为秦巴山地半壁江山，渝东北近千万人的脱贫致富影响着全国小康目标实现，国家有关部委和重庆市应高度重视渝东北地区扶贫开发的重要性，从更大的视野和更高的角度重视渝东北发展问题，探索一条生态与经济融合的发展新路。

（二）强化规划引导与"多规合一"

按照国家提出的"多规合一"要求，渝东北地区要做好发展规划，根据资源环境与经济发展基础，制定人口和产业发展规划和空间布局，实现土地规划、环境规划、交通规划、城市规划、经济社会发展规划等多规融合。

（三）建立生态导向的考核机制

按照主体功能区布局对各个区域工作绩效进行分类考核，细化区域工作绩效考核指标，加大对生态环境保护指标考核力度。将生态农业、生态旅游发展指标也列入考核范围，逐步淡出 GDP 总量考核指标。

（四）加强法治建设与宣传引导

十八届三中全会提出赋予地级市立法权。万州地区可通过制度化安排，制定相应法律，确保主体功能区定位得到有效落实。同时，宣传部门和有关主管部门，可以积极引导农民进行垃圾分类投放、分类处理和回收再利用。从源头上减轻农村面源污染，大力推进村容环境精细化管理，提升生活环境品质，一要推进农村清洁能源利用，二要推进畜禽养殖污染防治，三要推进农业面源污染监测，四要推进生态循环农业发展，五要推进美丽乡村建设。

（五）积极实施人口迁出政策

加大推进"点上开发、面上保护"，人口超载地区和一些生态保护核心区的人口要逐步迁移出来。增加中心城市和一些县城人口数量，通过产业培育增强城镇对人口的吸纳能力。同时，也可以考虑整个渝东北地区总人口逐步向市区和其他功能区进行有序迁移，使现有 837 万人口逐步降到 700 万左右甚至更低。通过升学、参军、劳务输出等多条路径减少区域人口压力。

（六）强化财税政策扶持

国家有关部门应加快研究制定生态涵养区发展相关方案，采取一些新政策确保这些区域可持续发展，包括细化生态补偿政策、区域发展扶持政策等。生态补偿款项应包括使用水电等非化石能源而减少的碳排放，也包括植被覆盖率提高所增加的碳汇，还应包括水源涵养、森林与生物多样性保护等类型的补偿。通过排污权交易，通过生态价格核算，建立生态补偿机制，进行制度化安排。国家对贫困地区的产业发展应予以税收减免，鼓励企业在贫困地区发展，带动当地就业。

（七）推进基本公共服务均衡化

中心城市和一些县城，还有一些重要的旅游点和农家乐，这些地区的公共设施要与主城区逐渐趋同，这样才能确保整个地区的居民在这里安心就业，游客也能够有正常的生活保障。基本公共服务的均衡化不仅仅是民生问题，也影响到旅游业发展和区域可持续发展。

"新东北困局"破解

新区域经济战略中的东北棋局

魏后凯 [*]

在"四大板块＋经济支撑带"的新区域经济战略中，东北地区等老工业基地振兴战略的内涵和外延都将发生重大变化，由过去单纯的"板块"战略向"板块＋类型区"战略转变，即由过去的以东北地区为主向巩固深化东北、统筹推进全国老工业基地振兴和资源枯竭型城市转型转变，由此呈现出"1+2"的东北振兴新棋局。

一、常态下的区域经济新战略

经过三十多年的改革开放，目前中国经济已经进入了新常态。各地区由于发展阶段和条件不同，未来中国区域经济将会呈现出多元化的增长格局。在"十二五"规划纲要中，国家明确提出实施区域发展总体战略，即深入实施西部大开发战略，全面振兴东北地区等老工业基地，大力促进中部地区崛起，积极支持东部地区率先发展，同时加大对革命老区、民族地区、边疆地区和贫困地区的扶持力度。近年来，根据国际国内发展形势的新变化，中央又明确提出重点实施"一带一路"、京津冀协同发展和长江经济带三大战略，并制定了相应的规划。2013 年 9 月，李克强总理在参观中国—东盟博览会

* 魏后凯：中国社会科学院农村发展研究所所长、研究员。

展馆时则提出要着力打造东北老工业基地、中西部沿长江区域、西南中南腹地三大新的经济支撑带。由此基本上勾画出了"四大板块＋经济支撑带"的新区域经济战略框架，为"十三五"乃至更长时期推动形成东西联动、全面开放、区域协同、陆海统筹的新型发展格局奠定了基础。

这种陆海统筹、全覆盖的"板块"和若干东西向的经济支撑带相结合的总体战略，既有利于国家对全部国土作出统筹规划和合理安排，又有利于突出和培育具有发展潜力的重点地区，为新常态下中国经济实现持续稳定的中高速增长提供坚实支撑，为"四大板块"、东中西部以及南北方实现良性互动和协调发展创造有利条件。此外，通过若干东西向的经济支撑带的培育壮大，还可以将现有的主要城市群和国家级功能区（如国家新区、自由贸易区等）有机地串联起来，形成一股强大的合力和凝聚力，提升中国经济的整体竞争力和可持续发展能力。可以说，实行"四大板块＋经济支撑带"的总体战略，是新常态下中国区域协调发展和可持续发展的必然选择。

首先，要进一步完善"四大板块"战略。多年来，国家实施的以西部、东北、中部、东部"四大板块"为地域单元的区域发展总体战略，虽然在实施过程中也面临一些挑战和问题，如地域划分不够精细、容易出现政策"泛化"和"普惠化"等，但我们绝不能由此而否定"四大板块"战略的重要作用。事实上，"四大板块"战略在促进我国区域协调发展、实现同步全面建成小康社会目标以及增强国际竞争力和创新力等方面都发挥了主导作用。在"十三五"乃至今后较长一段时期内，我们仍应继续实施并完善"四大板块"战略，全面推进"四大板块"的协调发展。

其次，重点培育壮大四大经济支撑带。当前，尽管东部地区经济增速已趋于下降，但它依然是支撑中国经济增长的主要核心区域。从区域协调和可持续发展的角度看，要依托主要交通干道和经济核心区，以城市群和中心城市为节点，积极培育壮大一批横贯东西、带动全国的重要经济支撑带。在"十三五"乃至今后较长一段时期内，重点是积极培育和壮大四大经济支撑带：

一是珠江—西江经济支撑带。依托珠江—西江和陆路交通通道，充分发挥广州、南宁两个核心城市和其他区域性中心城市的辐射带动作用，引导人口与产业协同集聚，推动产业与城镇融合发展，构建优势互补、协同配套、联动发展的现代产业集聚带以及功能完善、集约高效、绿色低碳、亲水宜居的人口和城镇集聚带。

二是长江经济支撑带。以长江"黄金水道"为骨架和纽带，以上海、重庆、武汉为极核，以长三角、长江中游和成渝三大城市群为核心，推动上中下游联动，并从干流向支流纵深推进，使之成为横贯东西、带动南北、引领全国的核心经济支撑带以及具有全球影响力和竞争力的人口、产业和城镇密集带，充分发挥其在我国"统筹东中西、协调南北方"大战略中的枢纽作用。

三是丝路经济支撑带。立足于丝绸之路经济带建设，依托陇海—兰新线主干道，以东陇海、中原、关中—天水、兰西、天山北坡等城市群和主要中心城市为节点，实行全方位开放战略，构建横贯东西、影响全国的重要经济支撑带，使之成为一个丝路文化交融带、国际交流合作带和城镇产业密集带。

四是环渤海—华北经济支撑带。以实施京津冀协同发展战略为契机，依托沿海综合交通通道和津京—呼包银交通干线，以京津冀、山东半岛、辽中南、呼包鄂、宁夏沿黄等城市群和主要中心城市为节点，积极推进区域经济一体化进程，构建一条连接东西、带动三北、具有全球影响力的经济支撑带，引领全国的创新发展和生态文明建设。

二、新战略中的东北振兴新棋局

实施东北地区等老工业基地振兴战略后的前几年，在国家政策的有力支持下，东北地区的经济曾获得了快速发展。然而，自 2013 年以来，由于各种内外因素的相互交织，东北经济又陷入了新的困境。2013 年，东北地区生产总值比 2012 年增长 8.4%，在四大板块中增速最低，比各地区平均增速低 1.1 个百分点，比东部地区还低 0.7 个百分点；2014 年，东北地区经济增速进一步下降到 5.9%，比各地区平均增速低 2.4 个百分点，比东部地区低

2.2个百分点，更远低于中西部地区（见表4-1）。很明显，除了宏观经济形势的变化外，近年来东北经济面临的困境和相对衰退主要是由结构性和体制性因素引起的。东北地区国有企业和资源型产业所占比重大，产能过剩行业相对集中，加上体制机制不活，由此受到全国经济放缓的影响和冲击较大。许多资源型城市和老工业基地大多面临同样的困境。

表4-1　各地区生产总值增长速度一览表

（单位：%）

地　区	2011 年	2012 年	2013 年	2014 年
东部地区	10.5	9.3	9.1	8.1
东北地区	12.6	10.2	8.4	5.9
中部地区	12.8	11.0	9.7	8.9
西部地区	14.0	12.5	10.7	9.1
各地区平均	11.8	10.3	9.5	8.3

国际经验表明，在经历工业化和城镇化加速阶段之后，随着发展基数的扩大和水平的提高，经济增长将逐步趋于放缓，由高速（8%以上）转向中高速（6%—8%），进而转向中低速（4%—6%）甚至低速（4%以下）。从发展阶段看，尽管当前东北经济增速较低，已处于中低速的区间，但这并不意味着东北地区已经进入中低速增长阶段。可以认为，当前东北经济面临的困境只是暂时的，其增长潜力并没有得到充分挖掘和发挥。作为我国的老工业基地，东北地区具有多方面的综合优势，如科技教育和产业基础较好，有一批高素质的产业工人，尤其是装备制造业在全国占有重要地位。但是，东北经济振兴也面临着结构性和体制性制约，主要是观念落后，体制机制不活，结构性矛盾突出。因此，只要大胆解放思想、改变观念，依靠深化改革和全面开放，推动体制机制再造和产业转型升级，仍有可能在较长一段时期内实现中高速甚至高速增长。这表明，东北地区仍然具有很大的发展潜力，实现全面振兴依然是我们追求的根本目标。

在"四大板块＋经济支撑带"新战略中，东北地区既是一个不可或缺的重要板块，承担着诸多国家层面的战略功能，又对全国经济增长起着重要的支撑作用，其战略地位将更加突出。更为重要的是，在新区域经济战略中，东北地区等老工业基地振兴战略的内涵和外延都将发生重大变化，由过去单纯的"板块"战略向"板块＋类型区"战略转变，即由过去的以东北地区为主向巩固深化东北、统筹推进全国老工业基地振兴和资源枯竭型城市转型转变，由此呈现出"1+2"的东北振兴新棋局。所谓"1"，是指整个东北板块，就是要进一步巩固深化东北老工业基地振兴，依靠体制机制再造和转型升级，实现东北经济的全面振兴；所谓"2"，是指相对衰退的老工业基地和资源枯竭型城市两种类型区，就是要统筹推进全国老工业基地振兴和资源枯竭型城市转型，实现老工业基地和资源枯竭型城市的可持续发展。

要实现东北地区等老工业基地振兴的新棋局，首先，必须练好内功，增强东北地区综合竞争力。在当前市场竞争日趋激烈和产能过剩矛盾日益凸显的新形势下，要实现东北地区等老工业基地的全面振兴目标，关键是全面提升和增强区域综合竞争力尤其是产业竞争力，而提升产业竞争力的关键是增强企业核心竞争力和产业链整体竞争力。对东北地区等老工业基地来说，一定要大胆解放思想，突破传统的理念，清除阻碍发展的各种体制机制障碍，全面优化环境，为大众创业、万众创新创造一个有利的条件。同时，要依靠开放引领、信息化拉动和创新驱动，加快产业转型升级的步伐，促使老工业基地尽快转变为充满活力的新型产业基地。这样，依靠环境优化、体制机制再造和产业转型升级，推动东北地区等老工业基地实现全面振兴。

其次，要借助"一带一路"战略，推动东北全面开放。东北地区地处东北亚的核心地带，是我国参与东北亚区域合作的前沿阵地和桥头堡。当前，我国倡导的"一带一路"战略的实施，将为东北地区的全面开放提供难得的机遇。在新的形势下，东北地区要充分利用哈大铁路、东北东部铁路等重要通道，依托大连、营口等港口城市，大力发展通道经济和外向型经济，积极主动参与 21 世纪海上丝绸之路建设。同时，要进一步完善黑龙江、吉林对俄铁路通道，以及东北三省与俄远东地区、朝鲜陆海联运合作，加快推进俄罗斯海参崴—中国绥芬河—哈尔滨—满洲里—俄罗斯赤塔国际大通道和蒙古国乔巴山—中国阿尔山—白城—长春—珲春—俄罗斯扎鲁比诺港（或朝鲜罗津港）国际大通道建设，构建连接东北亚与欧洲的新亚欧大陆桥。

最后，从全局高度统筹规划，实现与京津冀良性互动。东北地区与京津冀地域相邻，经济联系密切，尤其是辽宁、京津冀和山东共同组成了环渤海地区。要充分利用国家实施京津冀协同发展战略的机遇，加强东北与京津冀的战略合作，实现互利共赢、融合发展。从长远发展看，要以京津冀都市圈、山东半岛城市群和辽中南城市群为核心，加强圈群之间的合作与联系，推动环渤海地区实现一体化。当然，实现这种一体化需要经历一个漫长的过程。从近期来看，要着力推动东北地区尤其是辽中南城市群与京津冀的联动发展。比如，加强大连港与天津港、青岛港之间的合作，携手打造中国北方的国际航运中心；将北京的部分非首都功能转移扩散到辽宁葫芦岛、锦州等地，并强化京津与东北的科技、教育、人才等领域合作，借助区域合作促进东北振兴。

"再振兴"东北战略思路探讨

常修泽*

从发展看东北，东北是短板；从改革看东北，东北是难点；从开放看东北，东北是前沿。"东北病"主要有三："体制病""结构病""发展方式病"。东北要真的振兴，就得真刀真枪地推进体制和结构改革，重点在于以"壮士断腕"之气魄，"啃国企改革硬骨头"，建议设立"东北国企改革先行试验区"。东北开放应有新的战略举措，建议实施"广义一带一路"战略和设立"中国（东北某地）自由贸易试验区"，并通过"手臂延长方略"，推进沿边地区的开发和开放。

东北是中国的老工业基地，振兴东北是国家新时期的重大战略之一。但东北问题相当复杂。现根据自己实际调研体悟，提出"东北再振兴"命题，并进行探讨。

一、从国家大局看东北的地位

从国家发展、改革和开放的大局，来审视东北战略地位，可概括为三句话："从发展看东北，东北是短板；从改革看东北，东北是难点；从开放看东北，东北是前沿。"

---

* 常修泽：国家发改委宏观经济研究院教授、博士生导师，著名经济学家。

（一）从发展看东北，东北是短板

2015年7月中旬，习近平总书记考察东北吉林，一个重要的任务，是讨论国家"十三五"规划的思路问题。与"十二五"规划不同，"十三五"规划有可能把经济增长放在首位，这是形势使然。预计在整个"十三五"期间，全国平均经济增长率将在6.5%以上。但近年东北三省经济增速下滑，如2014年，辽宁、吉林和黑龙江已下滑至5%左右；2015年上半年三省经济增速进一步下滑，居全国后五名之列，成为整个中国经济增长的"短板"。东北增长率下滑如此之猛，是"非常态"，不是"新常态"，不能把"新常态"庸俗化。

（二）从改革看东北，东北是难点

改革到现在已经37年，成绩不小，但有些"硬骨头"并没有啃下来，"攻坚"任务更艰巨。虽然东北有着得天独厚的自然资源和产业优势，但就经济体制而言，作为计划经济的"大本营"，直到今天，国有经济改革依然没有取得突破性进展，民营经济很不发达，成为全国改革的重点和难点地区。

（三）从开放看东北，东北是前沿

自2014年年初爆发乌克兰危机以来，俄罗斯因为受到欧盟的阻遏，已出现"东进"迹象（当然也不会完全放弃西线），其"远东联邦区"开发升温，东方论坛与彼得堡论坛东西并起。随着美国"亚太再平衡"战略的实施，美、俄、日、韩等国之间也出现新的组合和博弈。中国"9·3阅兵"，韩国总统朴槿惠不顾美国压力，毅然参加活动，是东北亚局势的最新动向之一。此外，伊朗核问题谈判取得突破性进展之后，世界的目光将转移到东北亚地区。以朝鲜建党70周年为标志，中朝关系似有升温迹象。东北三省和内蒙古的东五盟，位于东北亚的核心地带，临俄罗斯、朝鲜、蒙古、日本、韩国，将是中国改革开放的前沿。要站在全球角度，看待东北的战略问题。

二、"东北病"在哪里：体制、结构、发展方式"综合征"

自 2003 年 10 月"东北振兴战略"实施以来，恰值全球经济处于"大稳定"时期，国内经济也处于上升期，再加上政府加大对东北的投资（东北三省全社会固定资产年度投资额由 2003 年的 4212 亿元，增加到 2014 年的 46096 亿元），使得东北的经济经历了一段快速的发展阶段，但深层的内在矛盾被掩盖下来。

近年来，在国内外经济下行压力加大的背景下，原来的体制病、结构病"显露无遗"，再叠加人口等多种问题，使得东北的发展速度逐渐放缓。尤其是钢铁、煤炭、石化、建材等几大行业下行压力较大，整个东北进入增长动力缺失期，经济面临巨大困难。

透过东北经济下行压力的表层现象，探讨其深层的问题，究其原因是根深蒂固的"体制病""结构病""发展方式病"三种"病"在作怪。

一是"体制病"：在"国""民"关系上，国有经济的比重过高（2013 年，黑龙江、吉林和辽宁三省规模以上国有企业资产占规模以上工业企业总资产的比重分别为 64.69%、54.09% 和 45.8%。如果包括"央企"分布在东北的资产，则国有比重更高），而民营企业不发达；在政府与市场的关系上，政府权力存在明显的越位，企业的市场主体地位没有得到充分的体现；同时，在企业内部，企业家的作用和职工的积极性也没有充分发挥出来，企业家市场氛围不浓。

"体制病"造成的后果是严重的。按照市场经济运行的一般原理，经济体在具有足够弹性和韧性的条件下，有一定的自我修复能力。但在东北，由于市场体制尚不完善，经济体资源配置的灵活度不足，自我修复能力比较弱，"僵尸企业"无法顺利退出，阻碍了资源的优化配置。

二是"结构病"：服务业发展滞后，重工业超高。

首先是服务业发展滞后。究其原因，一是消费需求减弱。从东北三省最终消费占全国比重的变化来看，1993—2013 年的 20 年间，黑龙江省由 3.66% 下降到 2.65%，吉林省由 2.09% 下降到 1.83%，辽宁省由 4.62% 下降到

3.73%。而在最终消费中，居民消费比重下降：居民消费占最终消费（包括政府消费和居民消费之总和）的比重，1993—2013 年 20 年间，黑龙江省由83%下降到62.49%，吉林省由83.68%下降到68.39%，辽宁省由80.02%下降到78.89%。二是服务业供给减弱。据调查，2013 年，整个东北地区服务业增加值占地区生产总值比重为37.6%，比全国平均水平（46.1%）低8.5个百分点，而2010 年同样比值为低6.3 个百分点。可见，供给方有逐步减弱的趋势，此乃"结构病"之一。

"结构病"之二，由于历史原因，东北三省第二产业比重过高，第二产业中重工业超高，其增加值占工业比重70%以上，尤其是煤炭、石油、钢铁、有色金属等"原"字头比重过高，而新型工业发展滞后。这都属于结构调整需要解决的问题。

三是"发展方式病"：拼资源、拼资金、拼人力、拼设备，增长方式粗放。东北"投资驱动型"经济特征明显，技术创新对发展的推动作用较弱。虽然东北高校众多，研发力量并不弱，但高科技产业却没有发展起来，这很不合情理。这其中的原因在于创新动力不足。据了解，2013 年，东北地区研究与试验支出占地区生产总值比重为1.33%，比全国平均水平低0.77 个百分点。尤其是在信息革命时代，虚拟经济发展不够，而一部分人却认为"虚拟经济发展过头"。

三、东北改革应瞄准"国企攻坚"

东北经济困境，不是依靠上多少基建项目或资金扶植就能解决的。根本问题是体制问题，而其要害在于国有企业改革。几年来，东北改革的"攻坚"之战打得十分艰苦，在一些方面改革处于"胶着"状态。要走出发展的困境，必须以"壮士断腕"之气魄，"啃国企改革硬骨头"，突破其中既得利益集团的阻挠和掣肘，确立国有企业的"市场主体"地位，让企业按照市场规律而不是靠政策的优惠来获得竞争优势。

第一，要推进国有经济的"布局调整"。迄今东北地区的国有经济布局颇不合理，需要大刀阔斧地进行调整。具体可按照"做优、祛劣、提升中间"的分类思路推进：所谓"做优"，就是把优质企业做大做强；所谓"祛劣"，就是祛除劣质的企业，妥善处理"僵尸企业"，这些"僵尸企业"是东北经济的"毒瘤"，已经吞噬了并且继续吞噬着大量的宝贵资源，必须以壮士断腕的魄力予以切除；至于中间状态的企业，要提升素质和市场竞争力。

第二，扭住混合所有制改革这个"牛鼻子"。国企应集中于安全类、公共产品生产和服务类、命脉类和特定任务类等主要经营业务，其他非主营业务领域可向社会和民营资本开放。至于商业类即竞争较充分的领域，应明确提出"三可"：国资"可控、可参、可退出"，让出一定空间让民营资本进入。调查中得悉，东北和外地的民营企业家对待"混改"多有疑虑，唯恐出现"关门打狗"之事，堕入"混改"的陷阱。鉴于此，在这些竞争性领域，可以明确民营资本入股掌握控股权，以防止被国有企业"同化"。在混合所有制改革中，要吸取经验教训，既不能在一片改革浪声中侵吞国资，也不能借混合所有制，侵吞民资。要防止混合所有制"异化"，尤其要警惕一些腐败分子"假借改革以营私"，然后"倒打一耙"，把"异化"的帽子扣在"混合所有制经济"的制度设计上。

第三，推进企业治理结构的改革。因为公司层面对董事会的决策作用和经理层的管理作用重视不够，特别是企业家作用较弱。这个层面的改革严重滞后于资产运作层面的改革。随着引进战略投资者、多元化股权、员工持股等改革的实施，企业治理结构的改革突出出来，建立公司现代治理结构迫在眉睫。

第四，建议设立"东北国企改革先行试验区"。鉴于国企改革的严重滞后性、艰巨性和复杂性，不能再按常理"一般出牌"，必须要有"不一般"的非常之策、非常之举。因此，建议设立"东北国企改革先行试验区"，像当年邓小平同志在深圳搞经济特区一样，在东北也"画一个圈"，让圈内的国企"杀出一条血路来"。

四、东北开放应有新的战略举措

新阶段，东北的对外开放面临新的情况，要有新的举措。

第一，积极推进"广义一带一路"建设。"一带一路"不只是中国人的创造，而是周边几十个国家人民共同创造的；"丝绸之路"不只是指向西，而且也向东；"一带一路"不只是经贸交流，而且包括人文交流。东北的朋友应该意识到"一带一路"跟整个东北亚的关系非常密切，要想办法把"丝绸之路"和俄罗斯的"亚欧之路"，蒙古的"草原之路"等其他国家的发展战略衔接起来。在中国境内称"丝绸之路"，到外国那边，可"一路两名"，人家有人家国家的名，要尊重多元文明。

第二，通过"手臂延长方略"，推进大图们江地区的开发和开放。2015年8月5日，我曾到中朝边境，了解中朝共同开发和共同管理的罗先经济贸易区的情况。通过共同合作共同管理，中国获得朝鲜罗先区若干码头50年的使用权。中国从中朝边境的圈河口岸到罗先区港口修建50公里公路，我称之为"手臂延长方略"，"公路相当于手臂，港口相当于巴掌"。通过"手臂延长"，使"近海而不沿海"的吉林通往日本海和太平洋。其他口岸也可采用"手臂延长方略"。

第三，发挥东北地区装备制造业在对外开放中的作用。装备制造业力量雄厚，是东北地区的一张"王牌"。2015年7月，习近平同志到吉林调研，考察了两家装备制造企业。第一个是中车长客，第二个是长春一东离合器公司。随着中国下一步对外开放力度的加大，高铁、核电等装备成热门商品。东北地区应抓住这个历史难得的机遇，成为整个国家参与新一轮国际产业分工的"新支点"。

第四，建议设立"中国（东北某地）自由贸易试验区"。要加强对TPP的研究，TPP即由美国主导的跨太平洋伙伴关系协议（Trans-Pacific Partnership Agreement，以下简称TPP）。TPP协议将提出诸多挑战：(1) 要求取消国企的超国民待遇；(2) 要求政府"中立化"；(3) 要求处理好劳资关系；(4) 要求做好环境保护；(5) 要求保护知识产权。中国现已经创建4

个自由贸易区，实际是对 TPP 进行超前的局部试验。沈阳机床将全球总部设在上海，新松机器人公司也将研发总部设在上海。为什么东北优质企业将总部迁出东北？烦琐的行政审批手续是原因之一。建议国家在东北设立一家"中国（东北某地）自由贸易试验区"，以避免本土企业外迁到其他自贸区的现象再度发生。

五、东北发展应实行"创新双驱动"

东北要加快发展，但对"发展"的内涵要准确认识。发展既包括经济发展，也包括"人的发展"。习近平同志在东北讲，要把人的全面发展作为出发点和落脚点。基于此，在此提出"创新双驱动"战略：一则通过创新，驱动经济发展；二则通过创新，驱动人自身的发展。

未来一二十年，中国经济的历史定位是：由工业化"中后期"向工业化"后期"转变。这就意味着，中国的工业化，还有很长的路要走，同时也要有新的产业追求。具体来说，东北要通过创新，驱动以下几大产业：第一，战略性新兴产业。包括高端装备制造业、电子信息产业、生物工程、新材料技术、节能环保业、新能源业和新能源汽车业等，这是东北的希望所在。第二，现代服务业。包括生产性服务业和生活性服务业。东北的短板是生产性服务业。一些工业企业，要由传统制造商，转变为"现代工业服务提供商"。生活性服务业方面，健康产业可成为服务业的龙头产业。第三，海洋产业。中国过去缺乏海洋意识，黑龙江、吉林本有辽阔的海岸线，但近代以来陆续丧失了通往太平洋、日本海的海岸线和出海口。未来国际竞争的重点在海洋。辽宁海岸线比较长，发展海洋产业具有优势，应大力发展渔业、海洋资源、港口建设、临港产业、海上旅游等。海洋经济将是辽宁的一张"新牌"。

新的科技力量正在催生一批新人，他们对人生价值的精神追求远远超出了对物质本身的追求，这是值得关注的现象。李克强总理提出"大众创业，万众创新"，呼唤"创客"，即一代有创新精神、创新行为和创新业绩的新人。要让知识分子、技术人员的"心灵放飞"，给他们"自由生长"的空间，将"人"从旧体制无形的"笼子"里放出来。千千万万个"创客"崛起之时，就是东北活力四射之时。

实现"中国制造2025"，东北系之一半

易　鹏　周　济*

能否实现东北制造业的成功转型，实际上成为我国能否顺利实现"中国制造2025"这一战略目标的关键部分。东北制造业实现了全面转型升级，不仅可以再次重振东北经济发展，而且对于实现我国在十年内成为制造业强国的战略目标具有重要意义。

一、"中国制造2025"是中国版的"工业4.0"计划

随着当代信息技术的发展，传统制造业正在从生产方式、商业模式、产业形态等方面发生着深刻变革。这种变革在近几年刚刚开始，并以惊人的速度蔓延开来，当今世界，无论是传统的制造业强国还是制造业大国，都面临着新一轮制造业革命。而之前制造业发展程度不同的国家和地区，在新一轮制造业革命中理论水平基本一致，指导思想基本趋同，这样的背景，为我国特别是东北地区制造业提供了一个实现跨越式发展的机会。当今世界，主流的制造业革命理论是"工业4.0"和"中国制造2025"。

"工业4.0"是德国政府提出的一个高科技战略计划。"工业4.0"计划的实施，会提升制造业的智能化水平，建立具有适应性、资源效率及人因工程

---

　　* 易鹏：盘古智库理事长、学术委员；周济：盘古智库研究员。

学的智慧工厂，在商业流程及价值流程中整合客户及商业伙伴。之所以被称为"工业4.0"计划，是因为它被认为是继前三次工业革命之后，基于大数据分析和物联网系统进行工业生产的又一次工业革命。

"中国制造2025"被认为是中国版的"工业4.0"计划。该计划对国际工业发展趋势、我国工业发展情况作出准确客观的分析，并对我国未来十年工业升级发展的战略计划、发展路径、发展步骤作出了顶层设计，是我国未来工业发展的纲领性文件。该文件明确指出，现阶段全球制造业进入了一个全新的深刻而剧烈的变革时期，我国制造业取得了令人瞩目的成绩同时，也面临着巨大的挑战，但是总体来说机遇大于挑战。在新一轮制造业革命面前，尽管各国基础不同，但是中国制造业的改革基础和理论水平与其他制造业强国差异不大，中国完全有机会、有能力在未来十年内成长为世界级的制造业强国。

新时期工业制造业的特点和主要发展方向包括：一是智能化。新时期的工业生产将集成智能生产、智能工厂、智能物流、智能服务、智能能源供给等诸多方面，将实现万物互联，大数据收集与分析将设计、营销、生产、物流环节完全打通，实现个性化和快速反应式的生产，并产生全新的商业模式和生产业态。二是服务业化。新时期的工业生产的主要产业链运行过程和实际生产过程都将逐步和服务业常见的生产形态趋近。制造商将由设备提供商向服务提供商快速演进，而产业工人的劳动形式和劳动强度也将和服务业趋近。三是生态化。新时期的工业生产将会形成一个以物联网为依托，包括云安全、云存储、大数据分析模块、设计服务模块、清洁能源模块、供应商模块、智能物流模块、企业客户和个人客户模块等基本模块构成的完整生态系统。制造业的内涵和外延都将被放大，产生高附加值的阶段将在生态系统内进一步从实际生产过程中剥离。四是环保化。新时期的工业生产将更加关注生产过程本身的节能型和环境友好型，通过智能电网系统和对清洁能源的高效利用，实现从原料、能源、生产过程、产品的全部环保化。

二、"中国制造 2025"应在东北地区率先破题

尽管东北经济发展不尽如人意，但是东北作为我国最重要的工业生产基地这一基本战略定位从来没有发生过变化，东北经济下行的重要原因也是因为工业产业整体遇到了困难。所以，"中国制造 2025"重振中国制造业的国家战略，应在东北地区率先破题。

东北工业基地基础良好、优势突出。东北长期作为中国的重型制造业发展基地，积累了良好的产业基础，巨大的存量资源，相对丰富的熟练技工资源，地区工业成熟度非常高，制造业占 GDP 份额也很高。同时，东北人民对制造业感情深厚，渴望恢复东北制造业过去的荣光。

东北工业基地面临的发展困境包括：一是思想保守，机制落后。东北制造业发展的过程中，面临的首要困境就是思想保守，计划经济思维浓厚，缺乏市场思维。东北的制造业企业还是更多地依赖政府政策、依靠国家采购的思维，没有形成在市场中拼搏、主动求发展的意识。东北制造业在发展过程中，管理体制相对落后，对现代企业管理理念应用不足，管理水平相对较低；对科技创新奖励、科研成果转化也没有形成合理的机制，导致研究人才外流，创新能力减弱。二是人才流失较快，创新能力下降。随着工人社会地位降低，现在东北社会"劳动光荣"的理念正在受到损害，大量工人得不到应有的待遇和社会地位，熟练技工开始向其他制造业新兴地区转移。东北制造业的科技创新能力受到落后的科研奖励方法制约，优秀研究型人才难以获得相应的智力回报，人才纷纷向回报更高的地区流动，导致东北科研水平进一步降低，科技创新能力持续下降。三是产业链位置进一步被压缩。在工业产业链中，产品前端的设计、研发、专利技术、原料采购阶段和产品后端的市场营销、物流运输、O2O 服务阶段都是高附加值阶段，而产品实际生产过程，如制造、加工、组装阶段的附加值很低。而东北制造业因为创新能力下降，品牌建设和运营能力不足，物流建设较差，从在产业链上具有高附加值的位置不断被压向只有低附加值的位置，盈利能力进一步降低。四是环境友好度差。由于历史原因，东北制造业环境友好度很差。在生产过程中，耗

能严重、污染严重，对原材料浪费的情况也比较突出。

东北在中国工业版图中战略地位非常重要。在看待我国制造业转型升级这一重大问题时，最重要的是要明确一个概念：我国已经是一个制造业大国，任何改革都要首先想办法优化现在国内巨大的存量资源，换句话说，我国的制造业不具备"另起炉灶"、轻装上阵的条件。在这样的背景下，能否实现东北制造业的成功转型，实际上成为我国能否顺利实现"中国制造2025"这一战略目标的关键部分。

从全局角度看，党和国家不可能放弃东北的制造业，反而会想尽一切办法，投入更多资源，让东北在这一轮制造业革命中再次崛起。东北制造业实现了全面转型升级，不仅再次振兴了东北经济发展，而且我国在十年内成为制造业强国的战略目标，也就相当于完成了一半。

三、对东北制造业恢复往日荣光的若干建议

第一，把握"中国制造2025"战略机遇，实现"弯道超越"。中国想要抢占下一轮制造业发展的制高点，就必然在国家政策、财政投入、科研投入、体制机制创新、项目扶持等方面作出系统性的、综合性的安排，而东北作为老工业基地，在承接国家战略的过程中有先天性的基础和优势。东北要做的就是要借助这次政策红利，打破内部的体制机制障碍，树立以市场分配资源的基本理念，通过混合所有制改革，为传统制造业引入新的发展动力和理念，承接好国家资源，聚集好社会资源，激发出内部潜力，优化存量，用好增量，实现制造业的"弯道超越"。

第二，解放思想，坚定信心。一个区域的经济发展好坏，最大的障碍不是国际势力形成的障碍，也不是经济大趋势形成的压力，而是这个区域的主政者和企业家是不是保守、是不是僵化、是不是能够解放思想。官员思想不解放，习近平总书记指出的"体制机制障碍"就破除不了；企业家思想不解放，这个区域的经济就没有未来。

同时，我们要相信党和国家不会放弃东北，我们自己更不能妖魔化东北

的经济发展环境，不能盲目看衰工业制造业的发展前景。新时期的制造业已经发生了深刻变化，国家也有明确的决心和规划在新一轮工业革命中把中国建设成一个工业强国。在这方面东北有着雄厚的基础，只要解放思想、勇于变革，必然能把握住"中国制造 2025"的战略机遇和政策红利，有很大的机会再次站在世界制造业之巅。

第三，以人为本，重视人才。新时期的制造业，已经由资本密集型和劳动密集型的产业，转变为智力密集型的产业。为了实现制造业的跨越式升级改造，东北必须把引智引技工作放到比招商引资工作更重要的位置上来。要想用好人才，就要有一个合理的人才使用机制。所以政府要加大对人才落户东北的补贴力度。

要想汇聚高端人才，需要多方面的条件，比如社会的公共服务水平、收入水平、生活环境、人文环境、交通便利程度等，这是一个长期而综合的过程。客观地说要让东北立刻达到这种程度，也不现实。所以，要想在很快的时间内达到人才聚集的目的，不妨换个思路，用信息技术做到人才的虚拟聚集。高端人才最高的成本是时间成本，用信息传递代替物理距离的跨越，是节约时间的最好办法。所以要善用信息技术，做到远程联系，整合全球智力资源，让所有的人才，也能为我所用。

第四，用好金融工具。用好金融工具首先是企业要和资本市场相结合。只有一个股权开放的企业，才能在未来的经济发展中保持活力。对企业来说，用一种开放的心态迎接资本的进入，能够帮助企业在内部治理和外部拓展两方面都获得收益。东北的制造业相对保守，对于股权投资往往心态不够开放。这个时候，各级政府组织要作出表率，能够进行混合所有制改造的大型国有制造业，要率先进行改造，在引入股权投资者的同时，也就是引入了新的思想理念和管理方式；同时，也要让民营企业家更全面地认识资本市场和股权基金，鼓励企业通过各种渠道上市，特别是门槛相对较低的新三板。

用好金融工具还要充分利用金融的引导作用。东北地区要成立专项的产业基金，针对现有的制造业升级改造提供专项补贴、投资。这个基金的募集方式要是开放式的，运营方式要是市场化的，充分将不同的投资人通过不同的方式引入传统制造业升级改造的项目中来，一方面能够解决投资资金不足的问题，另一方面运用市场化的手段保障了投资的效率。

第五，拥抱"互联网+"。拥抱"互联网+"是实现"中国制造2025"的必然要求。新型工业生产所必需的智能化、定制化都是依托信息技术实现的。除了这些必然的应用，东北的工业发展还要依托互联网的技术把东北现有的工业研究力量重新整合，把"互联网+"这个概念扩展到"技术+"的概念，这样才能以最快的速度弥补东北高端研究力量不足的问题，让东北尽快抢占"中国制造2025"这一高地。

在这方面东北有很好的基础，也有很强的潜力。东北作为传统重工业发达的地区，有两个明显的优势：第一，工业体量很大，投入相同数量的资源进行"互联网+"升级，会取得更好的乘数效果；第二，传统工业密集，能够快速互相学习，不断推广复制先进经验，在一个传统工业转型升级的典型企业带动下，会快速出现一批优秀成功企业。同时，互联网时代为制造业升级提供了一个低成本试错、快速看到效果的机会，依托"互联网+"和自身的产业基础和自然条件，东北制造业完全可以恢复往日的荣光。

东北振兴缘何成为中央高层关注焦点

孙　晶*

东北要振兴，就必须能够留住人、吸引人。一方面，要通过国家政策引领，将发达地区的干部引入东北，推动新时代下的"闯关东"；另一方面，需要当地人民，尤其是执政者改变固有思路，改变等、靠、要的思维定式。

2015年7月，习近平总书记视察吉林，并召开了由辽宁、吉林、黑龙江东三省和内蒙古自治区党政领导参加的座谈会，探讨老工业基地复兴。习近平在会上指出，东北复兴已到了"滚石上山、爬坡过坎"的关键阶段。来自最高层的关注，一下子把东北再次腾飞的课题提升为时下的热点。随着一系列中央和地方政策的出炉，这股热潮还会继续下去。虽然东北的复兴千头万绪，但关键在于观念的改变和人才的引进。新东北呼唤"新东北人"。

一、东北：过去时笼罩的土地

为什么东北复兴会成为最高层关注的焦点？形象地说，就是这个共和国的长子病了，并且病得不轻。东北地区的问题，既是中国面临的进一步发

---

* 孙晶：美国丹佛大学政治系终身教授。

展的诸多问题的缩影，更是这些问题的激化版。处理好了，东北会重新成为推动国家经济发展的发动机；处理不好，该地区将首当其冲经历"断崖式"危机。

经济的黯淡只是东北地区面临的诸多棘手难题之一。复兴尚未开始，东北却已经患上了困扰后工业地区的疾病，其中尤其以人口流失问题为重。据 2010 年全国第六次人口普查显示，东北地区的生育率为 1.0。这比久被低生育率和少子化困扰的日本、韩国的 1.2 还要低，和美国的 2.0、西欧的 1.6 以及中国的平均值 1.5 相比，差距更是明显。事实上，东北地区已经成了全世界范围内生育率最低的地区之一。从 65 岁以上老人抚养率来看，东北地区除辽宁省的 13.2% 高于全国 11.9% 的平均水平外，吉林和黑龙江的数据都略低于全国平均水平。但这恐怕和艰苦地区平均寿命偏短，以及当年开发东北的众多人员回到原籍养老有关。整个东北地区人口的净流出，尤其是劳动力的流出，是不争的事实。《中国青年报》数据显示，从 1990—2010 年，20—34 岁青壮年劳动力占全国的比例，东北地区下降 19%。从 2000—2010 年，东北地区人口净流出 180 万。而 2000 年的第五次全国人口普查还显示东北地区人口净流入只有 36 万。[①] 进入 21 世纪后，地区分化在加剧，东北作为一个区域在掉队。有些媒体甚至打出了"东北告急"的标题。

除了焦虑，应该说东北的沉沦还引人感慨：昔日的辉煌和本不该如此低迷的今天。曾几何时，白山黑水是新中国工业化的摇篮；从软实力角度看，哈尔滨工业大学、吉林大学、大连理工大学、东北大学等全国著名的高等学府，为国家的发展培养输送了众多人才。东北今天的境地固然引人唏嘘，但它曾打造出的那片璀璨星空亦给人希望。假以时日，正确的战略会让人杰地灵的东三省重铸往日雄风。

---

① 文中数据来源于第六次人口普查主要数据公报、《中国青年报》等。

二、"加减乘除"与"新东北人"

来自最高层的重视和战略部署，是东北复兴的前提条件。过去三十余载，中国的改革开放正是一个由政府主导、有序有步骤实施的宏观战略。在市场经济洪流中航行的中国大船，一直由政府担任着船长，指引着航向。如此的发展模式并不局限于中国，在东亚其他一些地区也有类似经验。西方政治学者对东亚国家经济市场化的成功引领进行了颇多研究，并将此模式冠为"发展主义"（Developmentalism）。从实践上看，20 世纪 70 年代末，中国最高领导层首先把珠三角地区委以了"拓荒牛"的角色。这以后，又迎来了经济特区设立和开放十四个沿海城市。20 世纪 90 年代，以浦东开发为龙头，上海和长三角地区迅速崛起。进入 21 世纪后，西部大开发战略开始施行。而近两年，京津冀区域一体化正在迅速成型。

就在各区域战略此起彼伏的时候，东北三省却出奇得安静，但安静的背后是渐渐生锈的机器和思维。市场经济的大潮，不会因为某些人求稳的心态而不去打倒他们。经济竞争不相信回避，不去弄潮就只能沉沦。东北经济的愈发落伍，和该地区偏安一隅、固守陈规的思维有着不可分割的因果关系。李克强总理正是在东北，提出了打击"懒政怠政"的要求。这也反映了不作为的惰性在东北的官员群体中表现尤为突出。总书记和总理两个月间的接连造访，既代表了国家对东北战略的重视，亦是对当地政府不客气的强力唤醒。

东北复兴的道路在哪里？习近平总书记在两会期间和吉林代表团审议政府工作报告以及其后的视察中，都提到了"加减乘除"这个思路：加法，即加大投资；减法，淘汰落后产业；乘法，以创新为推动力；除法，推进市场化和产业体系化。习近平进一步表示，现在东北的复兴，有中央的重视，加法不是很大的问题。而另外三个数学运算，东北都还有很大的问题。

加减乘除显然是服猛药，其综合使用也显示了东北问题的复杂化和多方面化。这四种运算虽然都指向"东北病"，但药效并不相同。如习近平所言，加法因和中央直接挂钩，已有保证和相当力度。而另外三种运算，则更多程度上依赖当地决策者的方略智慧了。作为减负的减法和组织归纳的除法固然重要，但东北的腾飞，根本还取决于以创新为核心的乘法。习近平也在两次讲话中，把最多的篇幅留给了"创新"这两个字。和以数值简单累积的加法不同，只有以创新为载体的乘法，才能实现价值的成倍式加速增长。而这个运算，对于留不住人才的东北，也是最难的。

人才是创新之本。笔者在此提出"新东北人"这个概念。想做乘法，东北必须能够留住人、吸引人，改变人口净流出的状况。一种新时代下的"闯关东"精神正呼之欲出：和百多年前迫于生计，逃亡式的人口移动不同，新一轮的"闯关东"更像是一种国家政策引领的人才流入。东北的落后首先是思维的落后。中央要像援藏援疆一样建立面向东北的人才对口支援机制。将发达开放地区的干部，引入东北的各个行政层次，做市场转型、创新发展思路的启蒙老师；同时，抓好几个东北重点城市的建设，发挥辐射作用，吸引国家体系外的人才自主流入。应该讲，东北在完善都市圈建设上，已经有了坚实的底子。不少东北的大中型城市，经过几十年工业化，已经有了颇为完善的基础设施体系。诸多产业的复兴都可以成为吸引人才的渠道。而外来人口对东北城市的充实，不仅可以扭转人口净流出的局面，也会减轻以北上广为代表的全国一线城市的人口压力，符合"全国一盘棋"的思路。总之，东北的发展，急需新鲜血液。国家还要在人才输血方面，多做些文章。回到以投资为特征的加法，人才的投资是把加法转化为乘法的最佳途径。

"新东北人"的出现不仅需要外来移民，更需要当地人民，尤其是执政者改变固有思路。广袤的"大"东北是一个地理概念。谈起东北人的思维，却不得不说，相当多的人还抱着老旧闭塞、得过且过的心态，处处体现出一个"小"字。诚然，东北因其曾有的辉煌和对国家工业化的领头作用，在不少人眼里是共和国的长子。但不可否认的是，国家作为家长对东北这个长子恩惠有加，从人才到物资给予慷慨的支援。东北工业化的突飞猛进，和当时指令型经济密不可分。东北的产业模式，则是建立在垄断和反市场的原则上。正因如此，东北昔日的亮丽成绩也为今天的不振埋下了伏笔：长期享受国家的照顾，让不少东北的干部养成了等、靠、要的思维定式。这就是李克强总理所批评的不作为的惰性。深圳的"拓荒牛"也罢，沪上的"海纳百川"也罢，类似的先锋精神在东北严重缺失。

思维模式和文化的改变是最困难的。很多情况下只能通过残酷的现实和竞争以及最高层的训诫逼出来。新东北始于"新东北人"。没有人才绝对数量的增长以及相对素质的提高，东北的复兴将无从谈起。当然，东北的优势是雄厚的底子。这里并不缺著名高校和研究机构，缺的是留住人才的理由。从这个角度讲，加、减、除都是筑巢行为，想让人才的凤凰留在这里，必须发挥乘法的功用，实现东北经济的飞跃。

三、老工业基地复兴不仅是全球课题，更是全球难题

应该讲，老工业基地的复兴是一个全球性的课题。以美国为例，以中西部为主被称为"生锈带"的广大地区，既有复兴成功的案例，也不乏衰落加速的地区。底特律、克利夫兰、圣路易斯等中西部的代表城市都曾辉煌过，而今天却普遍面临着人口外流、犯罪严重、城市中心老旧加速的问题，底特律市政府不久前干脆宣布破产。再以德国为例，笔者曾阅读到国内一篇介绍德国复兴鲁尔工业基地的文章。事实上，德国负债最严重的五个城市，全部集中在鲁尔谷地，奥伯豪森更被称为德国的底特律。这个称呼，恐怕是所有城市避之不及的。曾经繁荣的英国钢都谢菲尔德，到了 20 世纪 90 年代，只能靠一部反映失业的钢铁工人如何成为舞男的影片，再次博得部分公众的眼球。这些例子说明，老工业基地复兴不仅是全球课题，更是全球难题，西方并没有灵丹妙药。

无论国内国际，复兴成功的案例都具有两个共性：产业由单一向多样化转型、人才涌入和人口数量稳中有升。这两个因素互为因果，形成良性循环，而失败的案例，也是这两个因素的缺失，导致其在经济泥沼中越陷越深。回到东北，执政人才的配置可以通过国家行为开启、拓宽。社会人才的涌入，则可以通过挖掘医疗、旅游、教育、服务、金融等产业实现。

东北的复兴不是白纸一张。上述的不少产业在该地区已有相当规模，潜力巨大。

有最高层的督阵和地区雄厚的底蕴，我们没有理由不对东北的再次腾飞抱有憧憬。东北乃至于中国，需要新一轮的"闯关东"，这一次闯的，不是生计，而是繁荣。东北的重生，始于"新东北人"。

经济新常态下的"新东北现象"辨析

张占斌 *

　　2012 年以来，东北地区经济增速出现较大回落，经济下行压力持续增大，2015 年上半年甚至滑出了"合理区间"，基本处在全国的最后几位。但也应辩证地看到，东北就业、物价、收入等指标整体上是稳定的，经济发展呈现出许多积极因素。"新东北现象"的出现，是我国经济发展新常态遇到的新问题。

　　东北地区是我国重要的经济发展板块。从近代到改革开放中前期，其经济总量和比重一直领先全国。东北老工业基地曾一度辉煌，石油石化、汽车、煤炭、重型机械、建材以及粮食、林木等产业，在中国经济体系中曾占有举足轻重的地位。在很长一段时期内，东北地区无论是农业生产还是工业发展，都在国家调控下扮演着向全国"输血"的角色，还为国家培养并向全国输送了大量人才，为我国建成独立、完整的工业体系作出了重大贡献。直到 1988 年，全国上缴财税前十名地区中，有五个来自东北地区。

　　进入改革开放中期以后，由于国家区域发展战略的调整，加上结构性、体制性改革的滞后，东北地区在社会主义市场经济的大潮中慢慢被落下了。为了提振东北经济发展，消除"东北现象"，2003 年中央出台了振兴东北老工业基地若干意见，东北老工业基地振兴战略正式启动。经过十多年的改造和振兴，经济质量和效益不断提高，老工业基地重新焕发了活

---

　　* 张占斌：国家行政学院经济学教研部主任、教授、博士生导师。

力。从2003—2012年10年间，东北地区生产总值翻了两番多，年均增速达12.7%，城乡居民收入大幅提高。这一时期东北地区经济高出全国两个百分点，其中后五年，东北地区经济增速高出全国近三个百分点。

但是，新的情况又出现了。中国经济进入新常态后，四大区域板块中，东北经济首先下滑。2014年，东北三省平均经济增速不到6%，低于7.4%的全国水平。虽然山西、河北等地也面临较大的经济下行压力，但从整个区域板块来看，并没有出现东北地区这种经济增速显著下滑的问题。

一、"新东北现象"是经济发展新常态遇到的新问题

除了全国性的经济下行压力共性问题之外，出现"新东北现象"的原因是什么呢？

第一，与其他板块相比，东北地区受宏观经济大环境的影响更大。当前，我国经济发展进入"三期叠加"阶段，经济减速换挡的特征特别明显，而东北地区资源型产业、重化工产业、重型装备制造比重较高，经济增速必然受到影响。以吉林省工业结构为例，汽车、石化、冶金、建材、装备制造等占近70%，这种经济结构极易受市场和环境变化的制约。2012年以来，吉林省发展增速逐年走低。东北地区的产业特点决定了：当国家工业发展快，对其需求大时，增长就快；当产能过剩问题比较突出时，对其负面影响就大。

第二，结构问题长期积累的集中爆发。虽经过十多年的振兴发展，东北地区的经济结构发生了一系列的深刻变化，但长期积累的一些结构性问题并没有得到根本解决。一旦外部环境发生改变，就可能对经济增长形成剧烈的冲击。从黑龙江省来看，近两年经济增速回落的主要原因还是工业结构不合理。十多年来，工业对黑龙江省经济增长的贡献率始终保持在50%以上，其中能源工业增加值占规模以上工业比重最高为72.9%，最低为53.8%，增速最高为13.1%，最低为6.3%。其中，2013年回落到0.1%，2014年为负增长。近几年我国重化工业增速的下行，石油产量的放缓，煤炭价格的攀

升，都对东北地区经济产生了较大冲击。

第三，国有企业改革推进缓慢。东北地区最早进入计划经济，却最晚退出计划经济。东北地区的国企块头大、地位重，为国家工业化作出了突出贡献，但现在包袱也比较重。十多年来，国企改革取得了不小进步，但用人"铁交椅"、分配"大锅饭"、国有股"一股独大"等问题仍然存在。现在东北地区的一些国有企业中，市场经济意识还不够强烈，用积极的市场办法解决发展问题的水平仍然落后，存在着"等、靠、要"的现象。此外，东北是老工业基地，有大量的国企退休和下岗人员，社会负担比较重，社会保障体系建设方面压力很大。

第四，人口、人才流失严重。从人口经济学来看，一个地区的人口流失与经济下滑有着非常密切的关系，还会相互作用，造成恶性循环。根据2010年第六次全国人口普查数据，东北三省共流出人口400万人，除去流入的人口，东北地区人口净流出180万。而2000年第五次全国人口普查时，东北地区人口净流入36万。"新东北现象"的背后是人口危机，许多年轻人包括受过高等教育的年轻人流向了东部发达地区，而一些老年人有的到东部发达地区帮助下一代带孩子、照顾家，有的到海南等环境好的地区去休闲养老。人口长期净流出，导致人才大量流失，这对振兴东北老工业基地无疑是釜底抽薪。

第五，领导干部发展经济动力的减弱。2015年4月，李克强总理在长春"督阵"东北经济发展时指出：为什么去年东北经济骤然出现如此低迷的状况，这里面的确有国际经济复苏低迷、国内深层次矛盾积累、区域经济结构不合理等"客观"原因，但东北三省也要多从"主观"上寻找原因。我们理解，总理讲"主观上找原因"，主要是指领导干部发展经济拼劲不够，应对复杂经济问题的能力还需要提高。中央强调"不能简单以 GDP 论英雄"，是为了纠正过去的偏向，但并不意味着不重视 GDP 指标。在当前东北地区经济环境十分复杂的情况下，需要领导干部倾力研究经济发展问题，全力发展经济，关心 GDP 指标，推动东北经济走出低谷。

二、工业化仍将主导东北地区经济发展，对东北区域规划要实行分类指导

国家统计局的数据表明，2015 年上半年，东北地区规模以上工业增加值同比下降 2.2%，降幅比一季度扩大 0.6 个百分点，规模以上企业就业人员下降 9%。2015 年上半年全国规模以上工业增速，除了山西为负数外，其余比较低的就是东北三省了。但也应辩证地看到，虽然近两年东北经济下滑的幅度比较大，但就业、物价、收入等指标整体上是稳定的，经济发展呈现出许多积极因素。"新东北现象"的出现，是我国经济发展新常态遇到的新问题，需要认真加以研究。

第一，工业化仍将主导东北地区经济发展。在当今时代，现代化是每个国家追求的目标，而完成工业化则是实现现代化的基本前提条件，东北老工业基地尚未完成工业化发展的历史任务。应当看到，虽然近两年东北地区的能源、钢铁等重化工业发展低迷，但更多地表现出来的是结构问题。从发展趋势看，东北老工业基地还蕴藏着巨大的活力，装备制造业在世界上也有很强的竞争力。在今后相对较长的一个时期内，东北经济仍将处在以工业经济为主导的工业化中后期阶段，工业特别是装备制造业在东北经济社会发展和国家竞争力提升方面的作用仍将是第一位的。当前，国家正在推进实施的"中国制造 2025"，将会加速提升东北老工业基地的竞争力。

第二，对东北区域规划要实行分类指导。中央一直在高度重视区域协调发展问题，先后出台了推进西部大开发、振兴东北地区等老工业基地、促进中部地区崛起、鼓励东部地区率先发展的区域发展总体战略。这对推动区域发展成效显著，但也存在一些突出的问题，如总体规划幅度过大，政策执行针对性不强等。东北三省幅员大、人口多，各省自然、经济、社会发展条件差异显著。这种区域特征决定了区域发展必须实施分类指导。只有分类指导，才能提高区域政策的针对性和有效性，才能充分发挥各省的比较优势，增强区域核心竞争力。今后，东北三省在把握国家战略方向的基础上，应坚持从各省实际出发，设定不同的发展目标，提出不同的任务要求，采取不同

的政策措施。

第三，融入"一带一路"发展规划。在《推动共建丝绸之路经济带和21世纪海上丝绸之路的愿景与行动》中，东北三省被确定为我国向北开放的重要窗口。为此，东北三省需要借力"一带一路"，发挥比较优势，加快"走出去"步伐。吉林可向东通过俄罗斯扎鲁比诺港等港口实现借港出海，开辟北冰洋航线，直达欧洲；向西，经内蒙古，通过蒙古国东方省，打通对蒙通道，再联通俄罗斯西伯利亚大铁路，构建沟通俄、蒙、欧的陆海联运通道。黑龙江省可以加强基础设施互联互通为先导，对接俄远东开发建设，变对内发展的"末梢"为对外开放的"前沿"。辽宁可借助"大连—满洲里—欧洲"东部大通道，不断提升经济社会发展水平。

三、东北地区需提升装备制造业的竞争力，尽快形成新的产业增长点

习近平总书记在长春调研时指出，"东北问题千难万难，只要重视就不难；大路小路，只有行动才有出路。"[①]"新东北现象"表面上是外需不足、投资拉动减弱造成的经济增长下滑，实质上是长期没有解决好传统产业发展困境和老工业基地深层次矛盾的集中爆发。我们认为，东北地区的根本出路在于工业结构的转型升级，在于提升装备制造业的竞争力，在于能否尽快形成新的产业增长点。

第一，贯彻落实各项中央政策，千方百计稳增长。东北三省要进一步贯彻落实《国务院关于近期支持东北振兴若干重大政策举措的意见》，并结合"十三五"规划，提前开工一批重大基础设施工程，破解发展瓶颈制约。中央政府要在基础设施项目建设、高端制造业投资布局等方面，给予东北地区更多的项目支持，在财税、信贷、土地等方面给予东北地区更多的政策

---

① 习近平：《加大支持力度增强内生动力　加快东北老工业基地振兴发展》，《人民日报》2015年7月20日。

倾斜。

第二，加大结构调整力度，推动工业转型升级。要紧紧围绕推进结构调整，聚焦"加减乘除"，推进东北地区的工业产业转型升级。要在稳增长与调结构平衡中实现升级发展，挖掘传统产业升级潜力，释放新兴产业发展活力，平衡工业与服务业发展。要进一步支持战略性新兴产业加快发展，对东北地区具有发展条件和比较优势的领域，国家应当优先布局安排。要深入实施创新驱动发展战略，把推动发展的着力点更多放在创新上，发挥创新对东北地区经济发展、结构调整的"乘数效应"。

第三，深化国有企业改革，促进实体经济发展。从整体上看，东北地区的市场化程度还有待提高，资本流动不活跃，上市公司较少。发展好实体经济是未来几年国内经济发展的重头戏，这与东北老工业基地的改革发展是一致的。

第四，实施更加积极主动开放战略，主动融入"一带一路"建设中。我国对外开放已经从招商引资为主，转向引进外资和对外投资并重，从被动适应转向主动参与和影响国际竞争。东北地区要准确把握这一新特点，实施更加积极主动的开放战略。

新一轮东北振兴如何精准定位

张可云 *

东北振兴是一个复杂的系统性区域发展问题，期望短时间内和完全由外部因素解决该问题的思路是不科学的，也是难以实现的。东北地区应该立足自身，精准定位，依靠中央政府的政策支持，在培育自我发展能力的同时通过长期努力来重现自身曾经的辉煌。

作为中国空间格局的重要一极，东北地区的发展对中国整体区域经济的均衡发展具有重要意义。然而 2014 年开始至今，东北三省经济指标持续走低，甚至有媒体开始断定东北振兴战略已经失败。为了厘清东北发展问题的本质，我们从区域经济专业视角出发，结合习近平总书记于 2015 年 7 月在吉林省调研过程中的重要讲话，对东北发展问题展开讨论。

一、区域发展规律和中国发展实践都表明，东北振兴失败论站不住脚

第一，从区域发展规律分析，区域发展存在生命周期规律，处于不同生命周期阶段的区域所面临的区域问题（区域病）不同。一般而言，区域

---

* 张可云：中国人民大学区域与城市经济研究所教授，国家规划专家委员会委员。中国人民大学区域与城市经济研究所博士研究生蔡之兵对本文亦有贡献。

病有三类：落后病、萧条病与膨胀病。在三类区域病中，萧条病是最难医治的，老工业基地的经济社会发展结构是长期形成的，具有较强的刚性，短期内不可能彻底改变。许多国家的经验与教训表明，萧条地区"返老还童"是一个漫长而痛苦的过程，需要持之以恒的政策支持。英法等发达国家的萧条地区政策已执行近一个世纪，但萧条病还没有得到根治。中国振兴东北地区的政策只执行了短短的12年，怎么能期望在这么短时间内促使东北地区发生翻天覆地的变化呢？另外，在评价区域政策的成效时，必须对比有无区域政策时的结果。一般而言，萧条地区的突出问题是增长率极低与失业问题严重。但事实上，东北地区并没有出现类似西方发达国家萧条地区的典型病症，其增长速度仍保持在较高水平，失业率也不是特别高，因此从这个角度看，东北振兴失败论是站不住脚的。

第二，从中国发展实践看，东北地区经济发展下滑有其自身原因，如产业结构单一、体制机制滞后等，但是同时这种下滑也受到全国宏观经济形势的整体影响，当前中国宏观经济正处于增长速度换挡期、结构调整阵痛期、前期刺激政策消化期的"三期叠加"时期，各种矛盾交织凸显，经济从高速增长转为中高速增长，东北地区经济下滑同样受到这种共性因素的影响。因此，东北地区增速下滑并不是一个个体问题，而是一个带有整体特征的问题。更重要的是，当前我国经济形势和运行态势总体是好的，经济继续保持平稳增长的四个条件并没有发生变化：经济发展长期向好的基本面没有变，经济韧性好、潜力足、回旋空间大的基本特质没有变，经济持续增长的良好支撑基础和条件没有变，经济结构调整优化的前进态势没有变。未来中国宏观经济仍然能够保持平稳增长，在党中央高度关注东北地区发展的背景下，东北地区能够继续得到党中央大量的政策支持，从而焕发发展活力。

虽然东北地区当前发展遇到了困难，但是仅据此来论断东北地区振兴失败，无论是在区域发展规律还是在中国发展实践上都是站不住脚的。东北地区应该坚定信心，重视发展问题，依靠中央政策支持，深入研究在注重质量和效益前提下保持经济稳定增长的举措和办法。

二、未来振兴东北的关键条件：培育东北地区内生发展动力

习近平总书记指出，振兴东北老工业基地已到了滚石上山、爬坡过坎的关键阶段，国家要加大支持力度，东北地区要增强内生发展活力和动力，精准发力，扎实工作，加快老工业基地振兴发展。[①] 实际上，在区域发展过程中，区域发展动力会随着发展阶段的不同而发生变化，任何区域都应该重视发展动力的变化规律并根据实际发展情况作出调整。

在区域发展之初，包括煤、石油、矿石等自然资源在内的区域资源禀赋将对区域发展产生重要作用。从世界各国及中国区域发展实践看，资源禀赋丰富区域往往比其他区域能够更快地进入发展阶段。在新中国历史上，东北地区曾经长期处于中国区域经济格局中的领头羊位置，为中国工业化进程的推进提供了重要支撑，其重要原因在于东北地区各种自然资源丰富，为工业发展提供了极大便利，为东北地区在整个区域版图中的率先发展奠定了基础。

随着区域发展水平的提高，尤其是其他区域发展水平的提升，资源禀赋对区域发展的作用效果将会逐渐降低，甚至由于长期依靠资源会形成发展路径依赖，最终还会对区域发展产生阻力。东北地区当前所遇到的老工业基地转型升级问题，其本质是资源型经济发展模式转型问题，就是这一现象的最好体现。区域在进入这个发展阶段后，单纯依靠自身努力已经无力摆脱困境，必须依靠中央政府的区域政策来帮助区域发展。该阶段的区域发展动力就由先天的自然禀赋优势转为后天的政府政策优势，振兴东北战略就是中央政府基于东北地区发展困局提出的破局之策。该战略实施十余年来对促进东北地区发展取得一定成效，东北地区成功避免进入经济增速急速下滑的危险境地。2003—2012 年经济增速仍然能够保持较高水平，辽宁、吉林、黑龙江三省年均增速分别为 12.8%、13.8%、11.7%，而同期全国平均增速为

---

① 习近平：《加大支持力度增强内生动力　加快东北老工业基地振兴发展》，《人民日报》2015 年 7 月 20 日。

10.7%，因此可以认为该阶段的振兴东北战略效果是显著的。

然而 2013 年后，在中国整体经济增速换挡降速的背景下，东北地区经济增速下滑。这提示我们，任何外部发展动力和优势都会随着发展环境的变化而衰减，只有地区自身的发展能力能够根据外部发展环境的变化进行调整和适应，才能够保持区域的可持续发展。习近平总书记指出"从内因着眼、着手、着力，找准症结就有的放矢、对症下药"①，实际上就是在强调东北地区应该加快深化内部体制机制改革，释放内部发展活力，培育自身发展能力，增强东北地区的发展能力。

在区域发展理论中，区域发展动力转变遵循"资源禀赋优势（先天比较优势）——政府政策优势（后天比较优势）——内部的自我发展能力（内生比较优势)"的演变规律，东北地区应该加快和加强自我发展能力建设，以此为基，结合自身已经具有的先天比较优势和后天比较优势，充分发挥整体优势，加快地区经济发展。

三、东北振兴如何实现精准定位

首先，东北发展思路需要精准定位。东北地区在实现振兴战略中应该坚持"立足东北、跳出东北"的发展布局，充分考虑自身实际特征和区域主体利益，注重自身经济发展的加速，同时也要加大自身与其他区域的合作力度，在区域合作中加快自身发展。

在国际区域合作方面，《东北振兴"十二五"规划》中就已经提出"要把东北地区建成面向东北亚开放的重要枢纽"。自 2014 年以来，东北亚经济合作明显提速，2014 年 5 月，中俄签订东线天然气合作项目备忘录以及供气购销合同，合同金额超过 4000 亿美元，同时，俄罗斯也加紧推出远东地区的建设规划，加速实施开发与开放远东地区的政策。2014 年 8 月，习

---

① 习近平：《加大支持力度增强内生动力　加快东北老工业基地振兴发展》，《人民日报》2015 年 7 月 20 日。

近平主席访问蒙古国时提出欢迎各国搭乘中国经济发展的快车,并承诺帮助蒙古解决过境运输问题。2015 年 6 月,中韩两国正式签署自由贸易区协定。东北地区要提高自身参与国际经济竞争的意识,通过国际区域合作提高区域发展实力。

在国内区域合作方面,当前"一带一路"建设、京津冀协同发展、长江经济带等区域发展战略已经全面展开,中国区域经济版图将要重新洗牌。东北地区应该充分把握此次区域经济格局调整机遇,一方面,利用与京津冀现有的密切联系,积极参与京津冀地区协同发展;另一方面,东北地区也应该充分利用自身优势,根据国家实施的"一带一路"战略和长江经济带战略,找准与沿线省份和国家经贸合作的契合点,提高区域合作力度,不断开拓国际国内市场。

其次,东北地区发展模式需要精准定位。传统的投资驱动、出口驱动型的发展模式已经被证明是不可持续的发展模式,面对日益复杂的国际国内经济发展形势和更新换代速度越来越快的技术体系,任何政策和要素优势都无法长期为区域发展提供动力,只有创新发展模式才能为区域发展提供不竭动力,坚持创新驱动发展模式已经成为东北地区最为合适的发展思路。习近平总书记在吉林调研时就反复强调"创新就是抓发展,谋创新就是谋未来。不创新就要落后,创新慢了也要落后"。因此,东北地区要按照创新发展的要求和习近平总书记的指示,加快构建有利于鼓励和激励创新的制度和社会环境,激发调动全社会的创新激情,持续发力,最终形成以创新为主要引领和支撑的经济体系和发展模式。

最后,东北地区产业发展需要精准定位。第一产业应该坚持以规模化为发展方向。一方面,东北地区土地肥沃,气候等自然条件适合发展农业;另一方面,相对中国东部区域而言,东北地广人稀特征明显,规模化发展农业具有先天优势。东北地区应该在保障粮食安全和质量的前提下,转变农业低收益的传统观念,积极推动农业规模化经营,创新农业发展模式,提高农业发展的经济效益。

第二产业方面,东北作为老工业基地,应该坚持"升旧"和"引新"的工业发展思路。"升旧"指的是东北地区要对传统优势行业进行改造升级,在淘汰技术落后和对环境污染严重产业的前提下，采取先进发展思路和生产技术对传统行业进行升级，改变"原"字号"初"字号产品居多的产业发展特征；"引新"指的是东北地区要结合自身优势和国家战略新兴产业规划，积极引进高新技术产业，提高自身产业体系的多样性和技术含量。

第三产业与工业相比更强调各种生产要素如人力资本、技术资本和资金资本的集聚。东北地区目前各种要素集聚程度不仅不高，而且外流现象严重。因此，东北地区一方面应该重视基础设施，提高基础设施规划和建设水平，提高对要素的吸引力；另一方面应该加快政府职能转变，建设服务型政府，推动国企改革，赋予市场主体平等地位，增加民营经济活力。

东北振兴是一个复杂的系统性区域发展问题，期望短时间内和完全由外部因素解决该问题的思路是不科学的，也是难以实现的。东北地区应该立足自身、精准定位，依靠中央政府的政策支持，在培育自我发展能力的同时，通过长期努力来重现自身曾经的辉煌。

如何看待当前东北地区的经济状况

赵昌文 *

东北三省经济增长速度和经济效益出现明显下降的事实，原因不是单一的，需要一个综合的解释。要从微观和宏观、体制与政策、产业与企业、国际和国内、历史和现状等多个维度看待和分析东北地区出现的问题。

一、东北三省经济增速、企业效益双下降，且明显高于全国下降幅度

当前，东北三省经济的主要特征表现在以下两个方面：

第一，经济增速下降，且明显高于全国下降幅度。众所周知，我国经济进入新常态的一个重要表现就是经济增长速度从过去的高速增长转向中高速增长，特别是 2011 年第四季度开始出现了经济增长速度的明显下降。但是，东北三省的经济增长速度变化与全国并不同步。2012 年，东北三省经济增速均高于全国平均水平，即使是 2013 年，除辽宁外，吉林和黑龙江也高于全国平均水平。然而，从 2014 年开始，东北三省的经济增速出现了明显下降，显著低于全国平均水平。2015 年上半年，吉林 GDP 增速为 6.1%，黑龙江为 5.1%，辽宁为 2.6%，分别为倒数第四位、第二位和第一位。

第二，经济效益下滑，且明显高于全国下滑幅度。实事求是地讲，无论

---

* 赵昌文：国务院发展研究中心产业经济研究部部长、研究员。

是从全国还是东北三省看，经济增长速度下降并不是一件非常可怕的事，当然不要出现所谓的"悬崖式下降"。但是，东北三省不仅仅是经济增长速度下降，经济效益也出现明显下降。这至少可以从两方面看，一是企业的效益，二是政府的财政收入情况。从全国总体看，经济增长速度下降后，效益也开始变差。其中一个很简单的原因，是中国的经济增长具有典型的速度效益型特点。换言之，经济高速增长时往往是效益比较好的时候，经济增长速度一旦下降往往效益也会下降。但如果看很多其他国家，如美国、德国甚至日本，它们多年来经济增长速度并不高，1%、2%甚至是零增长，有些年甚至是负增长，但无论大企业还是小企业，平均的盈利水平并不差。我国与这些国家都有很大差别，经济增速和经济效益同时下降。

从企业效益看，2015年1—6月，东北三省工业增加值增速黑龙江为-0.1%，全国倒数第三，辽宁为-5.5%，全国倒数第一，吉林为4.9%，居全国第24位。工业企业利润则全部负增长，其中黑龙江同比下降58%，辽宁和吉林分别下降22.1%、18.1%。

从地方财政收入情况看，辽宁2014年是-4.6%，2015年上半年一般公共预算收入1460.1亿元，下降22.7%，其中，税收收入同比降幅高达29.4%。吉林2014年是4.0%，2015年上半年只是改变了前五个月的负增长，小幅增长0.9%。黑龙江2014年是1.8%，2015年上半年的数据尚未公布，估计不会乐观。

所以，企业的盈利水平和财政收入的下降，而且差于全国平均水平，是东北三省继经济增长速度下降后又一个显著的现象。

二、"新东北现象"需要一个综合的解释

总体上看，"新东北现象"不完全属于经济新常态。换言之，如果说"新东北现象"和新常态的内涵是完全一致的话，那么，我们用新常态的所有理论和逻辑就能够解释"新东北现象"。但是，事实上要复杂得多。

东北三省经济增长速度和经济效益出现明显下降的事实，原因不是单

一的，需要一个综合的解释。要从微观和宏观、体制与政策、产业与企业、国际和国内、历史和现状等多个维度看待和分析东北地区出现的问题。除了全国经济普遍存在的一些矛盾和问题外，东北地区存在的根本问题是：至今没有很好地解决市场在资源配置中发挥决定性作用的体制机制问题；至今没有很好地解决传统产业的发展困境、老工业基地的深层次矛盾；至今没有解决好新兴产业发展和新旧增长动力接续转换的土壤和环境问题。

第一，"新东北现象"实质上是没有解决好传统产业发展困境和老工业基地深层次矛盾集中爆发的问题。东北地区曾经是引领中国经济增长重要的增长极，在长期发展中，形成了重化工业比重相对较高、人力资本结构相对固化，而市场开放水平相对比较低的局面。

虽然东北三省的政府和企业各有各的难题、各有各的问题，但是，一个普遍性的情况就是，偏重、偏老、偏大的产业结构现在确实已经不能很好地适应市场的需求。目前，就全国来说，已经整体上进入工业化的后期，工业和制造业的结构正在发生根本性的改变，绝大多数重化工行业的需求峰值已经或者即将到来，这一点，我们可以从钢铁、水泥、平板玻璃、电解铝等行业目前的市场情况看出。当一个行业没有需求时，存在于该行业的企业则很难有很大的发展空间。东北三省很多行业出现整体性盈利水平下降的情况，与此有直接的关系。

经济发展进入新常态后，要继续发挥投资在稳定经济增长中的关键作用。实现稳增长重要的是有效投资。有效投资必须是有效益、有效率的，但问题在于，当一个行业没有需求空间的时候，投资的关键作用很难发挥。投下去就会变成库存，成为资产沉淀，这其实是没有意义的。这也是东北三省目前面对经济下滑却没有有效手段的原因之一。

下一步怎么办？从全国看，制造业、房地产、基础设施一直是投资的重要领域，约占全部投资的80%甚至更多。但从东北三省当前的实际出发，制造业和基础设施应作为重点。因为房地产业目前已基本到了峰值，"十三五"期间房地产投资增速不会超过10%，根据我们的测算大概在5%左右，东北三省的数字只会比全国低而不会更高。因此，制造业、基础设施应作为投资的重点。但是，根据前面的分析，制造业特别是重化工业领域面临普遍的产能过剩问题，所以，这一领域投资的重点并不在于继续扩大产能和扩张规模，而要放在产业技术升级和企业技术改造上，这是结构转型过程中，企业和政府都希望而且必须做的事情。企业有积极性，过去是有压力，现在有动力。发达国家进入工业化后期以后，企业的技术改造投资至少占全部投资的50%以上。另外一个制造业重要的投资领域是节能减排，即通过技术改造和设备更新提升资源、能源利用效率，减少污染物排放。

关于基础设施方面的投资，"十三五"期间全国总投资应该与"十二五"期间基本相当。东北三省基础设施的总体水平近年来有了很大改善，下一步铁路和重大水利工程应该继续作为重点。另外，对外开放的基础设施的连接性投资也应该是一个重点。

促进东北地区经济结构升级，人力资本是核心要素。2012年以来我国劳动力的供给呈绝对减少态势，预计今后十年平均每年约减少两百万人，在这样的情况下，应更加注重提升人力资本优势。从要素投入的角度看，在进入工业化后期以前，资本积累和效率提高是主要的增长力量，劳动增长的贡献随着工业化推进呈下降趋势。进入工业化后期，劳动力数量增长的贡献将进一步下降，资本积累的贡献也有降低的内在要求。从要素供给角度看，经济增长的新动力主要在于要素质量提升、资源优化配置和创新驱动。东北三省有很多大学和科研机构，培养了很多优秀人才，如何把这些高水平的人力资本作用发挥出来，对东北地区的产业升级和经济结构调整意义重大。

第二，计划经济的体制机制遗产并没有从根本上根除，市场在资源配置中的决定性作用难以充分发挥。体制僵化、国有经济比重过高、历史包袱较重一直是东北三省经济发展的重大影响因素，也是近期出现的经济增速和效益明显下滑的重要原因。

仅从国有经济看，虽然全国国有经济的比重依然较高，国有经济在工业领域占比约为25%，但东北三省国有经济在工业领域占比更高，甚至超过一半，尤其是在重化工业领域。从现实情况看，意味着这些资产未来增值的空间已经不大，如果再不进行国有资本布局的优化，无论是对于当前经济的发展还是未来国有资产的保值增值都是不利的。

从当前出发，要把解决国有企业的历史遗留问题作为一个重要举措。比如，龙煤集团、大庆油田、吉林石化等诸多国有企业，都面临生产困难、亏损严重等问题。对此，光靠所有制改革是远远不够的，混合所有制改革只是解决了激励和治理问题，一定要把激励和治理改革与产业重组或结构调整有机结合起来，二者对于国有企业重塑竞争力至关重要。

三、培育东北经济增长新动力的关键是政府行为模式的重塑

使东北三省摆脱经济增速低迷、培育新的经济增长动力，根本上需要重塑政府行为模式，主要包括以下三个方面：

一是政府作用要从生产型政府向服务型政府转变，特别是地方政府要从政策优惠竞争转移到企业营商环境竞争，形成有利于新动力培育的政府治理体系。各级政府的工作重点要从大投资、大出口、大招商转向大创新、大改革、大服务，着力建立一个统一开放、公平竞争、有助于引导和激励创新的市场体系。

二是要创新宏观政策，为产业升级和企业转型发展提供一个稳定的预期。同时，要立足于解决产业升级和企业转型中面临的主要障碍，即关键技术和共性技术缺乏、创新人才不足、现有创新成果产业化体制机制不顺等，从根本上营造一个有利于创新的环境。

三是要在全球范围内优化资源配置，加强贸易、投资与产能合作。东北三省的产业基础特别是制造业基础很好，在"一带一路"的大背景下，主动对接"一带一路"沿线国家的需要，推动装备制造业走出去，就可以既充分放大自身的比较优势，又解决产能过剩和市场需求不足的问题。

总体看，东北地区的根本出路在于深化改革、推动转型。以空间换时间，将是东北地区经济发展的重要出路。

东北经济"排头变排尾"究竟为哪般？

陈永昌*

计划经济时代，东北曾经辉煌过，是中国的排头；向市场经济转轨后，东北逐渐落后，变成了排尾。东北经济落后的成因可以归纳为三个落后：思想观念落后、体制落后、产业结构落后。当前东北应当抓住东北振兴新十年、经济新常态、中国制造2025等机遇，做好加减乘除四大法则，加快发展。

一、东北老工业基地建设的四个阶段

首先说一下东北老工业基地的由来和发展。东北老工业基地的发展经历了四个阶段，四个阶段酿就了东北现象。

东北老工业基地起步于新中国成立之初的"一五"、"二五"期间，建设了新中国的工业摇篮。东北老工业基地的企业群体由三个部分组成。第一部分是"一五"、"二五"期间苏联援建中国的156个项目，例如黑龙江的哈量集团、中国一重，吉林的一汽、吉化，辽宁的鞍钢、沈重等都是苏联援建的。第二部分企业是抗美援朝期间，党中央国务院决定南厂北迁，把河北、山东、辽宁的一些大企业迁移到黑龙江来，共迁移29家，例如哈轴厂

---

* 陈永昌：黑龙江省科技经济顾问委员会主任、黑龙江社会科学院特约研究员。

是从辽宁的瓦房店轴承厂搬迁过来的。第三部分是东北三省自力更生建立的新企业，如黑龙江的大庆、龙涤、黑化等一批企业。

东北老工业基地成型于计划经济的"文革"年代。1962 年中国国民经济恢复，成立了中央六个地区局，其中东北局设立在沈阳，把老工业基地建出了规模。在计划经济体制下，东北以制造业、开采业为主，低价位开采资源，支援全国经济建设，牺牲了资源、搭上了廉价劳动力，为全国经济发展作出了巨大贡献。

东北老工业基地转型于改革开放年代。在改革开放期间，东北三省最后一个退出计划经济阵地，也是最后一个进入市场经济阵地，由排头变排尾是历史原因造成的。尽管东北在党中央国务院的政策支持下，加快改革，也作了一些重要的调整，但因计划经济的旧身板没有得到彻底的改造，大型国企进入市场经济遇到了严重的不适应症，这些问题都是导致东北落后的原因。

东北老工业基地升级于 21 世纪的"东北振兴"战略。自 2003 年东北老工业基地振兴战略实施以来，中央颁布了不少政策，黑吉辽三省从 GDP 总量到外贸总量，都发生了很大变化，但始终没有改变落后的体制。所以，进入新常态后，东北三省首先表现出了经济增速下滑现象。

综上所述，东北老工业基地建设经历了四个阶段：起步于"一五"、"二五"期间，成型于计划经济的"文革"年代，转型于改革开放年代，升级于 21 世纪的东北振兴。盘点历史可带来理性思考，把脉病因、对症下药，才能根治落后、全面振兴。

二、东北经济的"三个落后"和"四个短板"

东北经济落后的成因可以归纳为三个落后。第一，思想观念落后。东北居民多是近现代由关内移民而来，三千年封建思想导致小农意识积累得很深，缺少团队精神、缺乏合作意识。第二，体制落后。东北经济管理体制是历史遗留的计划经济管理体制，企业活得难，政府活得累。计划经济积累了东北人听话、照办、不会创新、不会开拓的特点。第三，产业结构落后。计划经济留下的旧产业结构，很难适应市场经济。结构不合理导致经济出了问题。实践证明，速度决定增长，结构决定发展。东北重化工企业比重太大，以黑龙江为例，一个大庆、四个煤城占黑龙江 GDP 的 60%。大庆油田减产降价，四大煤城量价齐跌，制约了经济的发展。为此，必须补长短板做强长板，才能打造东北经济升级版。

东北经济结构存在四个结构性短板，分别是：第一，国有企业多、比重高，非公经济比重低，和南方发达省份相比差距大。如浙江民营经济达到了89%，体制活、发展快。第二，产业结构不合理，现代服务业发展晚、比重低。东北的第一产业农业大而不强，第二产业工业结构欠优，第三产业服务业的比重是 46.8%，比全国平均水平低了 6 个百分点，比广东低 26 个百分点。而美国服务业比重达到 73.1%，主要靠现代服务业创造 GDP，创造税收，创造就业。第三，东北工业结构，传统制造业比重太大，高科技、战略性新兴产业比重低。为此，要打造以现代服务业和战略性新兴产业为支撑点的新的经济格局，如新材料、新能源、电子信息产业、生物科技、环保产业、电动汽车、高端现代智能制造业。淘汰夕阳产业，发展朝阳产业，彻底改造产业结构，东北的发展才有希望。第四，开发不合理，偏重于资源开发。开发资源是对的，但不能单一，比开发资源更重要的是市场营销，把好东西卖上好价钱。现在是守住资源要饭吃，市场开发不到位。浙江义乌注重市场开发，小商品做成了大市场，带来的是人流、物流、资金流。而东北三省往往只研究资源开发，不会市场开发。例如东北木材资源丰富，而全国性家具市场却在广州；东北三省都是粮食大省，而粮食期货市场却在郑州。东北没有定价权，被边缘化而落后。因此，要抓住市场开发这块短板，用市场开发带动资源开发，在调结构上下大功夫、做大文章，才能凤凰涅槃、重生发展。

机遇总是偏好有准备的人。东北发展前景出现了，四个十年叠加在一起，这四个十年互动互补，东北应善抓机遇加快发展。

第一个是东北振兴的十年。2014 年 8 月，国务院发布《关于近期支持东北振兴若干重大政策举措的意见》，意见涵盖激发市场活力、深化国企改革、依靠创新驱动发展、提升产业竞争力等内容。东北老工业基地企业群要分类指导。"原"字号企业怎样深加工延长产业链，"老"字号企业怎样改造升级，"新"字号企业怎样做大做强，民营企业要扶持做大。调整优化产业结构要做到三产三做：一产农业要做强。要做强农业，贵在深加工，延长产业链，提高附加值。二产工业要做优。解决工业大省结构欠优问题，着力于传统制造业怎样改造升级，战略性新兴产业怎样做大做强。三产要做大，解决现代服务业发展晚、比重低的问题。东北要抓住第二次振兴的重大机遇，加快调整优化产业结构。

第二个是经济新常态的十年。2014年3月，习近平总书记提出我们国家进入发展新常态，新常态要新到2025年。新常态有四个特征：一是中速发展，二是深化改革，三是调整结构，四是创新驱动。我们要把握时代特征，应对新常态、适应新常态、引领新常态。东北把握好第二次振兴是对新常态最好的应对。新常态的提出，是由过去粗放增长的高速度转向理性增长的中速度，增长的空间是保七争八不低于六。东北要把握好主旋律，确定好发展的新思路。

第三个是龙江丝路带建设的十年。国务院批复了"中蒙俄经济走廊"黑龙江陆海丝绸之路经济带，新丝路带的建设也给黑龙江带来了拉动作用，培养了新的增长点。新丝路带分三步走，第一步为2014—2015年，是启动阶段，对俄贸易量要达到250亿元；第二步为2016—2020年，主要是攻坚阶段，要建成"一核四带一环一外"新格局；第三步为2021—2025年，是达标阶段，形成一个由开放带改革，用改革促发展，调结构、转方式、惠民生的工作新思路。

第四个是"中国制造2025"行动十年。这个十年和东北振兴十年时间相吻合，会带来互动互补效应，为东北老工业基地带来了新机遇新平台，这十年中国企业要进行脱胎换骨的改造。用"互联网+"为老产业基地带来新发展，用"互联网+"把老产业改型升级，把新产业做大做强。东北老工业基地借助"中国制造2025"这个新行动，带来了"三化"的新导向。一是智能化，工业产品的设计和制造实现智能化，工业的运营和管理实现智慧化，要由制造大省变成智造强省。二是服务化，制造业要服务化，这是一个新理念。老的企业关起门来搞生产，就产品研究产品，厂外的服务业关注不足。现在吸取国外的先进经验，我们提出了服务化，制造业的企业延长服务链，开发生产型服务业，包括科技、金融、商贸和售后服务业。三是绿色化，发展绿色经济很有前景，所以现在要发展生态工业和绿色制造，力求我们的工业也要绿色化、节能环保化。2015年6月，习近平总书记到贵州考察，为中国经济提出了两条底线。一是发展，二是生态，以前是牺牲生态换取发展，现在经济步入新常态，要腾出时间、精力、财力来转方式、调结构，加强生态保护。

三、东北振兴要做好"加减乘除"

2015年全国两会期间，习近平总书记和李克强总理分别到东北的黑龙江和吉林代表团，表示对东北的重视、关爱和关心。习近平总书记对东北的振兴提出做"加减乘除"四大法则。四法的内涵是："加法"加在发展高科技产业，发展战略性新兴产业，培养朝阳产业，形成新的增长点。"减法"减在淘汰计划经济留下的落后产能和夕阳产业。"乘法"乘在创新驱动上，营造发展动力源。创新细化为四个创新：观念创新出活力，体制创新出动力，融资创新出财力，科技创新出竞争力。东北高校资源丰富，要利用哈尔滨工业大学等高校的人才优势和技术优势，把成果落地孵化转化。"除法"指通过深化改革，彻底根除计划经济留下的旧体制、旧机制。东北振兴要以四法并重的叠加效应，加大力度以求全胜。

2015年7月，习近平总书记在吉林召开座谈会，对东北振兴提出了"四个着力"的要求。一是着力破除计划经济留下的旧体制、旧机制。二是调整优化结构，让东北由原来的计划经济排头兵变成市场经济的排头兵。三是创业创新，为东北经济营造新动力源。四是保障和改善民生。东北要有针对性和紧迫感，解决国企改革等一系列难题，抓住机遇、加快发展，这样东北的明天才会更美好！

对东北经济衰退的深度解读

刘 柏*

从东北三省的政治、经济和人文环境看，东北地区存在不少掣肘经济的因素，主要有政府制约市场，政策约束企业；经济结构单一，增长方式欠缺；人口数量下降，人才需求迫切等。以德国为榜样进行智能化改造，金融资本和产业资本相融合，实现"再工业化"将是东北再振兴的核心选择。

东北地区经济的低迷表现，引起人们探索现象背后本质的诉求。剖析黑、吉、辽三省的政治、经济和人文环境，了解掣肘经济的因素，对于拯救东北经济的滞后发展至关重要。

一、政府制约市场，政策约束企业

改革开放之初，广东省的经济总量与辽宁省大体相当，但是现如今黑龙江、吉林、辽宁三省的经济总量之和还不如广东省多。这说明政府主导的改革红利在广东的收益远大于东北。而改革红利的主要来源是政府制定的政策。改革政策就是为了处理好政府和市场之间的关系，但是两者之间的矛盾一直是东北经济的突出问题。

---

* 刘柏：吉林大学商学院副院长、教授。本文受到国家社会科学基金项目"人民币双边波动新常态下货币政策与汇率政策的冲突与协调研究"(15BJY156) 的资助。

对于广东来讲，市场上"看不见的手"起主导作用，供给和需求成为拉动经济增长的重要引擎。广东经济是以私人中小企业为主，自动进行市场资源的配置，这样既解放了生产力，又解决了与生产关系之间的矛盾。

但是，东北的情况截然相反，"看得见的手"在主导市场，造成市场发育是计划出来的，大量的国有企业长期依赖政策的扶植和政府的指引，造成市场经济滞后的根本原因是东北长期承担着国家赋予的重要任务：东北是国家的重要粮仓，东北的粮食如果减产，势必引起全国性的短缺；东北重工业是国家工业制造装备的重要供应商，缺乏重工业支持的话，工业产出将无法为继。可是，建立适合市场需求的产品生产体系才是政府必须去面对和解决的问题。因此，根本矛盾是处理好政府和市场的关系。

此外，东北经济一直严重依靠投资的拉动，产业"被动发展"的外因一旦缺失，企业竞争力就会骤然衰退，创造"主动发展"的内生式增长才是未来需要考量的重点。

二、经济结构单一，增长方式欠缺

东北地区经济增长方式不同于全国发达省份。东北地区传统的农业种植和加工，以及以装备和能源为主的重工业构成了经济增长的基础，但是单一产业结构必然造成产品的有限性和附加值的局限性，结构简单致使产业竞争能力下降。

虽然地理和天气因素是东北地区经济减缓的原因，但是这是客观存在的现实，并不构成最关键的因素，东北地区经济减速主要是因为市场定位不准。经济增长的影响因素无论是投资、消费还是净出口都是交易进行的体现。若要实现交易的顺利进行，供给和需求要同时达成，因此提供市场所需要的产品至关重要。

东北地区的传统产业优势是重工业和资源产业。虽然在改革开放初期，重工业和资源需求较大，但是随着经济水平的提升，这部分产品的需求已经下滑，而第三产业的比重逐步提升，但是东北地区在服务等产业的产品提供方面落后了。没有市场需求的产品生产和提供就没有交易，没有交易就没有对经济增长的贡献。

传统产业的发展困境和老工业基地的深层次矛盾凸显出思想意识和目标定位的问题。追求速度高于获得效益，发展导向重于转型导向，投资拉动重于创新驱动，有形之手重于无形之手，保守观念重于改革意识。这正是当前东北经济问题的症结所在。

三、人口数量下降，人才需求迫切

现在，东北地区劳动力数量下降对经济造成的负面影响引发关注度较高，但这并不是核心要素，劳动密集型产业才是问题所在。在现有劳动力规模的情况下，应发掘劳动力的生产创造潜力，并借此机会摒弃传统的负担重的产业，开发高附加值的新型产业。这时对劳动力的要求不是数量而是质量，因此与其侧重于对出生率的关注，还不如重视对现有人才的使用。

东北地区有超过百家的高等院校，每年数十万的毕业生成为高素质的人才资源，如何吸引并留住这些人才是东北地区的首要任务，这比期望出生率提高带来更多的劳动力更为直接和有效。东北地区的房价低于一线城市，且生活成本不是很高，应抓住这一时机，多做宣传并着重提出对高校毕业生的吸引点。除了资金的优惠提供，要针对高校毕业生放宽限制条件，提供优越的工作环境，同时要强调人文方面的激励和关怀。

独辟蹊径式的发展并不适合局部地区的长期增长。战略性的调整需要产业基础作为支撑，实现"再工业化"将是东北再振兴的核心选择。

第一，发展不能离开世界和中国的大环境。新常态下，东北继续成为中国重工业的一面旗帜，需要迎合世界工厂的需求。以德国为榜样进行智能化改造，更适合东北重工业的发展。

德国为了重塑工业的领先地位，避免被互联网时代所淹没，提出了"工业4.0"的概念。一方面，德国工业企业从单纯的设备精良走向了系统解决方案的供应商；另一方面，对工厂的改造成为设备领先的信号，智能工厂所提倡的物联网加机器人将改变现有的工业特点。第四次产业革命的到来，为东北工业寻找到了出路，只有对现有工业进行智能化改造才能满足未来互联网世界的要求。这一切的变化依赖模仿式的创新。只要摒弃计划经济时代的旧观念、旧体制和旧结构，就会迎来工业革命的红利。

第二，金融体制的改革是工业革命的配套方案，是解决工业资源枯竭的甘露。金融资本和产业资本相融合，是实体工业经济发展的基础保障。重工业项目的研发制造特点是周期长和风险大，没有金融资本的体制性改革就无法进行工业制造的结构性转变。

金融业的推动力要紧紧围绕智能生产和智慧工厂这两大主题。金融机构根据拥有的大量工业数据进行工业生产、经营管理等分析，并提供金融服务，保障在工业变革风险巨大的情况下工厂顺利渡过风险期，并与金融机构形成良性循环。金融机构嵌入工业发展，工业发展依靠金融机构，相互推动发展，形成第二产业和第三产业结合的代表。

东北地区走出低谷的三条路径

马　克[*]

东北地区出现本地市场支撑不足、域外市场开拓不力等现象，而投资驱动短期内未能拉动本地市场、主导产业发展长期局限国内市场、开放发展长期依赖个别国家等，则是导致"市场"出现问题的直接原因。东北地区要走出低谷，必须踏踏实实地做好稳定原有市场份额、积极抢占市场份额、着力创造市场份额三项工作。

工业是东北经济的风向标，工业利润是东北经济发展的重要支撑，主要工业产品的市场表现以及区域市场规模的变化趋势应该可以成为解释新东北现象的重要原因。为此，下面基于东北老工业基地振兴战略实施以来的数据，从"市场"的角度，对新东北现象进行考察分析。

一、两个现象

（一）本地市场相对萎缩

2003 年东北老工业基地振兴战略实施以来，东北地区本地市场总额呈现出相对萎缩态势。一是社会消费品零售总额增速急剧下降。2015 年 3 月，

---

[*] 马克：吉林省社科院党组书记、院长。

辽、吉、黑三省的社会消费品零售总额增速分别为 6.9%、6.7%、7.9%，分别居全国各省区第 25、28、21 位，增速已经降到近年来的最低值。二是人口增长速度缓慢。2014 年东北三省人口总数比 2003 年仅增加了 254 万人；而同期东、中、西部三个地区的人口总数增量分别为 6631 万、1347 万、812 万人，东北地区人口增长微乎其微。三是居民收入增速较慢。2013 年东北三省劳动者报酬总额是 2003 年的 3.62 倍；而同期东、中、西部三个地区的劳动者报酬总额分别扩大了 4.28、4.88、4.74 倍，均显著高于东北地区。消费增速、人口增长、收入提高的三个缓慢，必然导致本地市场的萎缩，并制约经济发展活力。

（二）域外市场拓展不力

尽管东北地区在拓展国内外市场方面有所进展，进出口贸易额等方面有了很大提升，但相对于国内其他地区而言仍处于拓展不利的局面。通过对不同地区经济规模与其他地区消费总量的关系进行定量分析显示，从 2003—2013 年，东北地区对国内市场的开拓程度仅提高了 12.6 个百分点，而东、中、西部地区的提高幅度分别为 193.7、53.6、39.2 个百分点，均显著高于东北地区；而对国际市场的开拓程度，东北地区提高了 101.3 个百分点，而东、中、西部地区的提高幅度分别为 97.5、131.5、147.9 个百分点，东北地区显著低于中、西部地区，虽然略高于东部地区，但由于 2003 年东部地区国际市场开拓基数是东北地区的 12 倍以上，因此，东北地区国际市场开拓程度仍远低于东部地区。

二、三个原因

"新东北现象"的原因是综合性的，有结构性因素也有制度性因素。但从市场拓展的视角看，依赖投资驱动的高速发展、依赖国内市场的主导产业、依赖个别国家的开放发展都可以说是导致市场拓展不利的直接原因。

（一）投资驱动短期内未能拉动本地市场

一方面，较大规模的基础设施和房地产投资短期内难以拉动本地市场的提升，2003—2013 年，水热电等生产行业、水利环境和公共管理服务行业、交通邮政行业、房地产业四大行业累计投资比重达到 41.3%，这些行业对拉动本地产品市场规模扩张的方面均不具有直接作用。另一方面，投资驱动未能显著推动居民收入增加，也制约了本地市场的扩大。把劳动者报酬作为因变量，把固定资本形成总额、居民消费总额、政府消费总额作为自变量进行多元回归分析显示，2003—2013 年，各地区投资对劳动者报酬的拉动作用均体现出边际递减效应，东北地区下降了 55.4%，而东、中、西部地区的下降幅度分别为 14.3、38.7、39.1 个百分点，东北地区投资对居民收入的拉动作用降低幅度最大。这也间接表明投资驱动未能有效促进本地消费水平升级和消费市场规模扩张。

（二）主导产业发展长期局限国内市场

如 2013 年吉林省规模以上工业企业出口交货值占销售产值的比重仅有 1.7%。制造业中销售产值达千亿以上的五个行业，只有农副产品加工业的出口交货值占销售产值比重相对较高达到 2.7%，其他四个行业的出口交货值均不足 1%，各工业行业发展普遍以国内市场为主。另外，从东北地区出口商品总额占 GDP 的比例不足 10%，也可以间接看出东北地区的主导产业发展对国内市场具有较强的依赖性。当国内经济普遍进入新常态后，国内市场对东北地区的产品需求有所减弱，这必然导致东北地区主导产业发展受到严重影响。

（三）开放发展长期依赖个别国家

如黑龙江省对外贸易对俄罗斯依赖严重，2012 年其与俄罗斯的进出口总额比重达 56.3%；再如吉林省 2013 年与德国的进出口总额比重达 34.7%，进口总额比重达 45.8%。辽宁省情况相对较好，但与日韩等邻国的贸易比重也达到 20% 左右。这一现象将导致两方面结果：一方面，贸易对象依赖个别国家以及由此形成的贸易国别刚性，将导致开拓国际市场受非经济因素制约，如俄罗斯国际政治形势不佳时，黑龙江省的经济发展将受到影响；中日关系遇到波折时，辽宁省的贸易和经济发展也必然受到牵连。另一方面，个别国家市场有限，一旦市场饱和或者有其他竞争者进入，东北地区与之的贸易额将会受到显著影响，并进而影响区域经济发展。

三、三条路径

东北地区要走出低谷，化解发展难题，从市场拓展的视角看，需要关注如下三条路径：

（一）主要产（企）业须着力稳定原有市场份额

能否保住主要产业、主要企业当前的市场份额是东北地区振兴的关键。而如果不进行企业管理体制改革（尤其是国企），如果不推动营销模式创新，东北地区主要产业的市场份额仍有进一步下滑的风险。而稳定原有市场份额的关键是八个字，"质优、价廉、服务、宣传"。之所以提这八个字，主要是因为东北地区市场拓展不利与好产品缺乏成本价格优势有关，与重点产品宣传力度不足、服务途径不新等问题有关。具体而言，"质优"要求改进产品质量、改进生产流程、改进质量控制，同时也必须防止产品总换型、常升级但没口碑的现象；"价廉"要求优化成本构成、削减管理费用、控制财务成本、落实优惠政策、控制生产规模扩张，按市场化要求实施薪酬与效益挂钩机制、实施员工数量与经营效益挂钩机制，把不必要的财务成本、人力成本、管理费用等都控制下来；"服务"要求与消费者需求相结合、与信息化时代特征相结合、与积极主动的态度相结合，既要有销售中的服务，也要有维护中的服务，还要有应急性的服务；"宣传"则要求事前宣传、事中宣传、事后宣传紧密结合，日常宣传和专项宣传相结合，媒体宣传与众口相传相结合，宣传不一定都高大上，但一定要贴近消费者心理。

（二）中小民营企业须积极抢占市场份额

稳定原有市场份额主要是针对主导优势产业和重点大型企业而言，但针对中小企业和民营企业则需要积极抢占市场份额。东北地区经济下滑，在一定程度上是民营经济发育较晚的结果。民营经济发育较晚，自然而然在抢占产品市场时不具有优势。甚至在一定区域内，由于体制机制惯性，民营经济发展对政府资金的依赖程度仍然很大，民营经济发展的内生动力仍然缺乏，抢占市场的积极性和手段仍然不足。那么，中小民营企业有没有抢占市场份额的可能性？关键在于十六个字，即"关注趋势，立足特色，吃苦耐劳，占领夹缝"。"关注趋势"是指在当前的情况下，"互联网＋"等新兴业态将对产业发展模式、企业营销模式甚至投融资模式等产生重大影响，中小民营企业必须认清这一基本趋势，关注这一趋势对主要竞争对手的影响；"立足特色"是指中小民营企业在产品生产领域或者营销管理领域，必须有"人无我有、人有我新"的产品服务或制度模式，如果不能垄断资源，就要积极创新技术，如果不能拥有专有技术，就要创造专有模式（或专有制度、专有理念）；"吃苦耐劳"是指中小民营企业必须时刻保持创业初始的冲劲和吃苦耐劳的精神，不能急于求成，不能盲目扩张，而是要专精一业，专注于核心竞争力的提升；"占领夹缝"是指中小民营企业必须根据自身实际对产品市场进行细分，必须在着力于寻找产业巨头的漏洞或者不足的基础上来制定市场战略以抢占市场份额，必须在产业巨头们的市场夹缝中间寻求并拓展市场空间，通过补充市场来占领市场。

（三）经济主体须着力创造市场份额

从区域生产规模和世界市场规模的比例看，可以说是有限的生产能力面对着无限的市场份额，能否从无限的市场份额中分一杯羹的关键，不仅在于积极抢占市场份额，更在于如何创造市场份额。从高科技产业和现代创意产业的发展看，市场份额不只是抢出来的，更多的是创造出来的，如苹果、小米、某些高票房的电影等。东北地区能否在创造市场份额方面出现奇迹呢？关键在于八个字，即"放开、开放、独立、创新"。其中，"放开"是指放开自身的习惯性约束，既包括政府政策上的放开，要权责分明、事权对等，不该管的不管，给企业放出一个优良的能够实现创造的发展环境，又包括企业发展理念和心态上的放开，让设计者、管理者、生产者、营销者都能发挥所长，使企业不断产生新的产品、新的战略、新的模式；"开放"是指打开门，放外面的新鲜事物进来，勇于接受和融合新事物、新观点和新挑战，与自身的"放开"相结合，推动自身的创造性产品符合更广阔市场的要求；"独立"是指要有自己的核心竞争力，"放开"而不孤立发展，"开放"而非"拿来主义"，"依靠"而非"依赖"政策发展，要有自己的战略判断和发展举措，避免对政府、对大企业的绝对依赖；"创新"是指从新技术、新模式、新分工等领域创造属于自己的市场份额，市场是动态变化的，只有不断创新，才能不断满足消费者的需求，不断引领消费者的需求，不断创造并扩大自己的市场份额。

理想有多大，市场就有多大；脚步有多踏实，市场份额就会有多扎实。从理论层面看，东北地区有限的生产能力面对着全球不断升级的无限市场，走出低谷、重现辉煌是必然之势。但从实践行动看，必须踏踏实实地做好稳定原有市场份额、积极抢占市场份额、着力创造市场份额三项工作。政策制定和执行部门必须以更大的魄力完善市场机制和强化市场主体意识，以更大的决心推动更深层次的改革，才能使东北地区经济一步一个脚印地走出低谷，走向辉煌。

振兴东北制造业的十条政策建议

周民良[*]

解决东北制造业发展的问题，关键是要贯彻落实习近平总书记关于创新的指示精神，从更宽泛角度理解创新，从多方面综合谋划创新，从政策决策上有效推动创新，通过体制创新、产业创新、市场创新、技术创新等全面创新的推进，充分释放东北制造业活力，不断提升东北制造业的市场竞争力。

一、习近平总书记关于东北制造业振兴的两大方略

党的十八大以来，以习近平为总书记的党中央坚持问题导向，重视发现和解决各类对中国区域发展具有重大影响的趋势性、全局性、系统性问题。东北经济中出现的新现象、新问题、新趋势，毫无例外引起党中央的高度重视。习近平总书记在东北考察期间，围绕制造业发展强调了两个方面的重要战略思想：一是把制造业搞上去；二是制造业的发展需要创新驱动。这两方面的构想言简意赅、主题突出，是振兴东北制造业的重要立足点。

习近平总书记提出的第一个方略是"搞上去"。也就是说，东北制造业搞好不能搞坏，这是振兴东北制造业的关键。其一，"把制造业搞上去"是

---

* 周民良：中国社会科学院工业经济研究所研究员。

227

振兴东北的重要使命。制造业是东北参与全球经济竞争的重要基础，振兴东北需要利用好规模庞大的制造业资源。其二，"把东北制造业搞上去"存在一些显而易见的良好条件。比如，国际大宗商品价格下跌和国内贷款利率的下降，降低了制造业投入的成本。其三，新的竞争环境需要"把东北制造业搞上去"。供过于求的市场局面倒逼制造业企业更加重视增强自主发展能力和重视内涵发展，增强企业应变能力。其四，"把东北制造业搞上去"有一系列相关政策支持。国务院已经出台《中国制造2025》，东北制造业中的诸多产业基础与"中国制造2025"的发展方向相一致，也会获得国家支持制造业振兴的相关政策支持；国家提出"大众创业、万众创新"的政策思路，有利于民间资本进入制造业领域；国家提出"一带一路"的建设思路，对东北参与"一带一路"建设明确了要求，也为东北制造业参与"一带一路"建设打开了空间。其五，"把东北制造业搞上去"的市场环境并非处在恶化趋势中。比如，随着居民收入水平的提高与消费转型，城乡居民对东北有关消费品相关制造业的发展需求将会增加。

习近平总书记提出的第二个方略是创新。在2015年两会期间习近平总书记明确提出振兴东北要运用好"加减乘除"的运算规则，尤其强调运用好"乘法"推动技术创新。在2015年7月考察吉林时他进一步明确提出，"抓创新就是抓发展，谋创新就是谋未来。不创新就要落后，创新慢了也要落后。要激发调动全社会的创新激情，持续发力，加快形成以创新为主要引领和支撑的经济体系和发展模式"。东北经济增长困难，在很大程度上是因为占整个经济总量较大的制造业的增长陷入明显困难。这其中既有体制性因素，也有结构性因素，还有市场制约等因素，是多方面创新能力不足综合影响所成。解决东北制造业发展的问题，关键是要贯彻落实习近平总书记关于创新的指示精神，从更宽泛角度理解创新，从多方面综合谋划创新，从政策决策上有效推动创新，通过体制创新、产业创新、市场创新、技术创新等全面创新的推进，充分释放东北制造业活力，不断提升东北制造业的市场竞争力。

二、振兴东北制造业的十条政策建议

第一，尽早出台新时期东北老工业基地再振兴方案。新时期东北振兴方案应该贯彻习近平总书记的相关讲话精神，坚持问题导向，重视研究趋势性、体制性、结构性问题与矛盾，以改革创新政策为重点，以财政、金融、社会保障等政策为辅助，有针对性、前瞻性地提出新时期、新常态下推动东北振兴的整体方案。

第二，由工信部牵头，提出东北地区制造业振兴方案，作为对发改委出台相关政策的补充。结合已经出台的《中国制造2025》，提出促进东北地区制造业振兴的方向、思路、重点和举措，服务于东北制造业振兴大局。以此为契机，充实工信部地区制造业规划研究与运行管理力量。

第三，由工信部、科技部合作，提出加强东北地区制造业振兴创新能力建设的意见和建议。东北制造业的主要行业应该瞄准国际先进技术前沿，充分利用好"互联网+"模式，加强与国内外技术研发机构的一体化合作，在全球范围融合、吸纳与集成创新资源，提高产学研合作水平，坚定打击知识产权侵权行为，使技术创新成为推动东北制造业核心竞争力提升的驱动力。

第四，推动辽宁适度参与京津冀协同发展。鉴于辽宁省地区生产总值占东三省的近一半，人口数量占东三省的40%以上，城镇化比重又最高，辽宁制造业出现较大滑坡，对整个辽宁经济乃至东三省发展都会产生严重影响，建议把辽宁作为特例，把京津冀协同发展的战略延伸到辽宁，吸纳辽宁为京津冀协同发展的联系成员，加强京津冀三地与辽宁之间产业分工与一体化合作，防止辽宁经济下行问题扩大化。

第五，由国资委和工信部出台东北地区国有企业改革方案。东北地区国有企业数量多、类别多，应该在国有企业总体改革方案下，出台东北地区国有企业改革分类指导意见，推动建立国有资本管理与经营、国有企业内部激励与约束、国有企业管理层与员工利益相匹配的改革方案。可以在国有企业相对集中地区设立国企改革试验示范区。

第六，加强和规范对国有制造业企业的运行管理。应该吸收和借鉴浙江等地的先进经验，完善和规范政府对国有制造业企业的管理，进一步理顺政府与企业之间的关系，在推动国有制造业企业保值增值的同时，完善国有企业的管理规则、管理规范与管理原则，促进国有企业管理现代化。

第七，促进"一带一路"与东北振兴之间的政策衔接。商务部门要从东北亚较大范围考虑东北振兴问题，加强在东北亚范围资本、技术的流动与重组，推动俄罗斯、日本、韩国与中国东北的一体化合作，为东北制造业开拓新的市场。同时，积极吸纳日本、韩国的资本和技术，参与东北制造业的技术改造与产业转型。

第八，提高东三省的社会保障能力。社会保障要重点解决经济下行过程中的失业问题。既要重视发展服务业，更多地创造就业机会，也要重视提高社会保障水平，为制造业下岗职工解除后顾之忧。

第九，加强党政干部、国有企业领导干部异地交流。要加强东三省与东南沿海地区干部的相互挂职交流，进一步提升东北制造业行业管理水平。

第十，重视治理东北地区的经济泡沫。这将有助于降低东北制造业运行成本，促进东北制造业振兴。

东北如何借力"一带一路"战略

尹伟文　黄　靖*

东北三省是国家向北发展的重要窗口，但是自改革开放以来，东北经济发展长期乏力。"一带一路"发展计划为振兴东北提供了战略机遇。东北要准确理解"一带一路"发展计划，坚决推动以市场经济为导向的各项改革，激发市场活力、找准方向、有所作为，以此走出困境、振兴经济。

一、东北地区优势与劣势的再认识

与东南沿海地区相比，东北三省的周边环境确实较为恶劣。黑龙江对岸的俄罗斯远东地区，由于人口稀少、基础设施建设长期停滞不前，已经由俄罗斯的战略资源沦为战略包袱。靠近东北的另外两个国家——朝鲜和蒙古，经济发展水平更加低下。发达国家韩国对华直接投资大部分集中在东部沿海地区，与东北的联系并不密切。① 至于日本，靠近日本海一侧的各县也面临着人口流失严重、经济增长乏力的问题。

然而，只看到地缘因素对东北经济发展的负面影响不仅片面，而且会成

---

*　尹伟文：新加坡国立大学李光耀公共政策研究院亚洲与全球化研究所研究助理；黄靖：新加坡国立大学李光耀公共政策研究院李氏基金会讲座教授，亚洲与全球化研究所所长。

① 田景等：《韩国对华直接投资发展现状分析报告》，瞭望智库，2015 年 7 月 2 日。

为其踌躇不前的心理慰藉。事实上，东北的周边环境近年来正在变得越来越有利。普京政府近年来采取了"东进"战略，着手开发远东地区。更具有长期战略意义的是，由于全球气候暖化导致北极冰川融化，尽管在穿越北冰洋、连接大西洋和太平洋的"黄金水道"中险阻犹存，但成为现实并不遥远。此外，北冰洋底下储存了占全球总量17%的石油和30%的天然气，其开发潜力之大堪称"第二个中东"。西伯利亚、朝鲜和北极地区的开发，以及北极航道的开辟，都需要进行庞大的基础设施建设。中国东北占据着有利的地理位置，完全可以发挥其在大型工程设计、建筑施工、大型机械制造、工程建设以及营运管理等方面的优势，为自身经济发展找到新的支撑。

东北常常被人提及的另一个劣势是人口危机，然而，跟周边环境因素一样，东北在人口因素方面的劣势也不算突出。其实跟中部地区相比，东北人口流失问题不算严重，人口流失与经济增长也没有必然的联系。值得一提的是，两个经济大省——陕西（98.6万）和山东（98万）的净人口流出也要略高于吉林，但同年这两个省份的GDP总量和增长率均超过了后者。尽管东北三省的总和生育率确实处于全国垫底水平，但65岁及以上人口所占比也没有明显高于全国的8.9%（辽宁为10.3%，吉林为8.4%，黑龙江为8.3%）。如果关注人口的教育水平与素质，东北地区甚至有着一定的优势。作为工业基地，东北有雄厚的技术工人储备与培训资源。此外，由于东北有着对外交流的历史传统，以及民族、文化的多样性，非常有利于进行对外投资、贸易。例如，延边朝鲜族自治州有七十多万朝鲜族，并实行了朝汉双语教育；同时由于历史原因，懂俄语、日语的人也较多。这些都为"一带一路"战略下东北地区与东北亚国家的经贸往来奠定了坚实的人文基础，是不可多得的"软实力"。

二、准确理解与实施"一带一路"要旨，促进东北经济发展

从根本上说，"一带一路"是一个以市场经济为导向的发展计划，其目的是要通过大力推动基础建设来拉动实体经济——制造、运输、电讯、商

贸、服务。在市场经济机制下的快速发展，其主体参与者是以营利为目的的各类企业和经济实体，而"一带一路"建设的可持续性和最终的成功，最终取决于企业的利润与回报。因此，"一带一路"的发展与建设必须遵循市场规律进行。从这个意义上看，东北在"一带一路"建设中的当务之急，就是要在法治的前提下，改变各级政府的行为与职能，建立以服务为宗旨的管理模式，遵循市场经济规律，确保各企业与经济实体在"一带一路"的建设中依法办事、遵循合同、杜绝腐败。

在"一带一路"建设中，东北各级政府除了为各营运企业和经济团体提供政策支持、法律保障和行政服务之外，更要积极地为社会全方位发展提供"公共物品"。随着"一带一路"发展计划的实施，必然需要对相关国家的情况进行大量的研究以及大批了解其语言文化和一线情况的人才。然而，教育、培训和基础学科的研究属于全社会的公共物品，企业因为不能"垄断"其回报而疏于在这些方面进行投入，而这正是政府大有所为之地。

"一带一路"建设中的一个重大挑战，是相关各国发展水平、文化传统、政治体制等方面的差异所导致的结构性的信息不对称，导致交易成本高昂。联结东北地区的俄罗斯远东地区和蒙古、朝鲜等国，各项法律法规不健全，与国际社会的接轨才刚刚起步，这使得签订的合同以及有关投资者的利益都很难得到切实保障，各类纠纷不断、难以解决。这大大增加了中国企业参与对外投资的风险和交易成本，直接打击了中国企业特别是私人企业的积极性。一旦市场的决定性作用不能得以发挥，对外投资的大项目可能又会滋生寻租性腐败行为，而且由于涉外，解决起来更加棘手。这更需要政府充分发挥管理治理功能，有所作为。在合同签订前，政府要协助相关企业了解投资项目的具体情况和投资对象国的政治、经济形势以及法律法规，尽力克服信息不对称的潜在危害，规避风险；在合同签订后，特别是在发生纠纷时，政府要及时通过政府间的渠道积极磋商交涉，向企业提供法律援助，敦促双方严格遵照合同依法办事，保障企业的合法权益。

除了双边的交流、磋商机制，各级政府也应积极参与涉及东北发展的国际组织、政府间多边组织和国际会议，从而获取相关信息，加强多边协调。例如，中国政府与日本、韩国、新加坡、印度等亚洲国家一起，于2013年成为北极理事会的正式观察员，便是非常有远见的举措。尽管观察员没有决定权，但却可以参加所有会议，从而掌握有关北极和西伯利亚开发的信息和动向，为企业提供及时的市场动态和最新商机。

"一带一路"发展计划为振兴东北提供了宝贵的战略契机，而东北自身和周边的一些因素也为东北主动融入"一带一路"建设提供了有利条件。要利用好"一带一路"这一抓手、充分发挥东北的优势，关键在于牢牢把握住"一带一路"的市场经济本质，大力推动东北市场经济导向的各项改革，在激发市场活力的同时，改变政府职能，提高治理能力，有所作为。只有这样，"一带一路"才能真正成为东北改革、转型和腾飞的新起点。

振兴东北，国有经济要尽主导之责

王志钢 *

在东北经济振兴中，国有经济能够也应该发挥主导作用。为了注入产业活力、激发产业活力，国有经济应在增量调整方面和存量调整方面发力。国有企业要做市场主体表率，不断增强自身持续发展能力。

东北经济总量中一半是国有经济，从全国看，其比重可谓名列前茅。有人说东北经济落后，同国有经济比重过大有关。这种说法有失偏颇。在东北经济振兴中，国有经济能够也应该发挥主导作用，而且是有效率的主导作用。

一、注入活力、激发活力，实现产业结构优化升级

东北产业结构的特点是传统重化工业比重偏大，先进制造业相对偏弱，新兴产业发展未能形成气候，与制造业密切相关的现代服务业发展严重滞后。在目前国际需求不畅、国内产能普遍过剩的大环境下，受伤最重的必是东北。

改革开放伊始，东北相对内地，特别是东部沿海地区，发展比较缓慢，主要应归结于地域原因。尽管 2003 年《中共中央国务院关于实施东北地区

* 王志钢：国务院国资委研究中心学术委员会秘书长。

等老工业基地振兴战略的若干意见》公布后的 10 年间，东北三省的国内生产总值翻了两倍多，增速曾连续 5 年超过东部地区，但分析起来，这样的增速并非产业结构调整的结果，而是经济周期使然。经济周期的波峰期掩盖了产业结构调整的迫切性，当经济周期谷底期到来时，东北产业结构不合理的弊端必然显露无遗。与此同时，还应该认识到，10 年间的高投资拉动，如吉林的投资率曾达到 80%，大幅高于全国的平均水平，必然要面对投资盛宴之后产能过剩的苦果。

东北过去主要靠能源、靠资源的粗放发展模式，必须向具有市场经济活力的发展模式转变。注入活力、激发活力，是东北产业结构调整、实现优化升级的必然选项。为了注入产业活力、激发产业活力，国有经济应在增量调整方面发力：一是立足东北产业优势，经审慎筛选投资建设一批适合东北经济发展的重大项目，保持东北产业引领优势；二是对传统产业进行改造，注入信息化、智能化、"互联网 +" 等先进要素，迈向"工业 4.0"，形成现代新型产业；三是引入社会资本新建一批包括现代服务业在内的上下游产业项目，实现产业配套的集聚优势。国有经济还要在存量调整方面发力：一是坚决破除各种壁垒，推动兼并重组、合作联合（如有限责任合伙 LLP）；二是淘汰落后、低效、"三高"产能，通过关停并转，调整、优化过剩产能，实现产业向高附加值转移。此外，还要营造鼓励产业创新的社会环境，支持技术服务产业发展，支持新兴产业发展，支持社会化配套服务产业发展。

二、在混合中做大做强做优，深化国有企业内部管理体制改革

积极发展混合所有制经济，推动国有企业完善现代企业制度。准确界定各类国有企业的功能定位，除少部分涉及国家安全和国民经济命脉的国有企业保留独资外，积极推动各类国有企业与其他国有企业、民营企业、外资企业等社会资本间的融合，在混合中做大、做强、做优。积极推动国有企业资本化运作，探索发展国有资本运营公司、国有资本投资公司，凡是新建企业，原则上均应采用股权多元化，从原点上建立符合市场经济规范的现代公

司治理结构。

深化国有企业内部管理体制改革，鼓励创新发展。积极探索国有企业高管人员的契约化管理，鼓励实施职业经理人制度，合理增加市场化高管选聘比例。建立长效激励约束机制，强化经营投资责任追究机制，使国有企业尊重市场经济规律，按照企业发展规律经营。深化国有企业劳动分配制度改革，建立管理人员能上能下、员工能进能出、收入能增能减的市场化机制，严格考核制度，建立有效的激励约束机制。

国有资产监督管理部门，按照党的十八届三中全会《关于全面深化改革若干重大问题的决定》要求，完善国有资产管理体制，以管资本为主加强国有资产监管，不干预企业的日常生产经营活动，建立科学、严格的出资人考核评价体系，防止国有资产流失，实现保值增值，督促国有企业在振兴东北老工业基地中发挥领头羊作用。

三、政府要为企业排忧解难，大力营造创新环境

转变政府作风，建立服务型政府，建立有活力政府。坚决抵制和摒弃官僚作风，打破僵化思维，按照"三个有利于"的要求，简政放权、减少审批，让市场"法无禁止即可为"，让政府"法无授权不可为"，建立负面清单制度，尊重企业和市场，服务企业和市场。

政府要成为招商引资主体，成为为企业排忧解难的靠山。借鉴天津、重庆近年快速发展经验，学习沿海地区招商引资做法，吸引和邀请各类社会资本、先进技术、先进管理、中介服务及各类人才入驻东北，为振兴东北注入活力。吸引和支持东北人才回流创业，发挥他们见识广、渠道多、思想活跃、具有改革精神的优势，带动东北有活力的发展。国有企业要做市场主体的表率，自觉遵守各项法律法规，强化使命感，通过不断增强自身持续发展的能力，吸引更多的域外资本、项目、技术、管理、人才。

政府要大力营造创新环境，引导和促进大众创业、万众创新。东北是我国产业重地，熟练的产业工人是东北的优势，产业人的后代和周边人群血液

里都流淌着产业发展的基因。因此，振兴东北的基础条件并不缺乏，缺乏的是解放思想，让大家敢于成为市场主体，敢于改革，敢于创新创业。振兴东北，需要政府加快转变作风，挪开踩着市场"手"的"脚"，扩大市场在经济资源配置中的作用。政府要不断提高引导创新政策的质量和可操作性，扎实做好鼓励创新、支持创新、服务创新的每项工作。国有企业作为政府调控的市场化力量，应借助自身优势，通过支持、分拆、参与、扶持等方式，创造新的产业需求。国有企业要主动扶持为自身配套服务的上下游产业的落户发展，通过资本、技术、管理、人才、供需市场、商业渠道等，积极建立能够改善地方财政收入的项目，尽快改变地方过于倚重国有企业纳税的财政运行体制。

治理现代化是重拾东北辉煌的基石

李春苗*

新常态下东北振兴不是简单的政策扶持，而是要快速建立现代产业体系。但现代产业体系的关键是要有符合发展需要的治理结构保证。要打造服务型政府，按照党的十八大精神，尽快完成政府职能的转变，努力推动政府行政权力在阳光下运行，充分发挥市场在资源配置中的决定性作用，促进民营经济和混合所有制经济发展。只有这样，制约东北的体制机制性因素才能彻底消除。

东北在 2014 年突遭经济增速大幅回落，引发社会广泛关注和思考。分析东北政府和企业的治理问题，有助于人们正确理解和认识"东北现象"，从而找到更有效的破解之策。

一、计划经济的权力运行方式在东北比较典型

计划经济体制下的权力运行方式在今天的东北仍然表现得相对典型和突出，其巨大的惯性在一定程度上消解和解构了市场经济带来的巨大影响力和冲击力。政府的治理行为常常带有以下典型特征：一是权力对经济生活直接

---

* 李春苗：中国人力资本研究院秘书长。首都经济贸易大学博士研究生李莉对本文亦有贡献。

的干预过多。从东北地区这些年经济发展的脉络看，几乎每一个大大小小的决策、每一个细小行动，都是在政府一手操办和干预下进行的，行政权力对资源配置长期以来都在起决定性的作用。二是全能型政府特征明显。政府包揽的社会事务过多、过杂、过细，即使是社会力量可以参与和承办得好的教育、医疗、健康、养老等公共性事务，也随处可见政府微观干预的影子。这让许多社会力量止步于各类公共事业之外，也没有机会合作参与社会管理。三是权力垄断。政府基于利益而不是服务的行政行为在职能部门和基层比较普遍，有利益的好事互相争抢，有时还要惊动上级来协调冲突；对部门和个人没有好处的事情，能躲就躲、能推则推。四是群众难以行使对政府及官员行为的有效监督权。两年来东北大大小小"老虎""苍蝇"的劣迹，可见一斑。五是庸政懒政，作风懈怠。这在全国都比较常见，但在东北和经济落后地区表现得相对突出些，政府不知道应该做什么、怎样去作为。庸政懒政，看似渺小，实则是政府治理上的腐败。

二、东北传统的治理文化有依赖政府的强烈色彩

在东北传统的治理文化中，有着极其强烈的对政府依赖的色彩。在20世纪90年代掀起的简政放权浪潮中，东北的许多地方政府也在积极尝试着把企业推向市场。为此出台了许多政策和措施，但都没有收到沿海经济发达地区简政放权后，企业活力增强和地方经济大幅提高的成效。政府简政放权并没有给企业带来经营上的活力，许多企业不习惯于成为独立的市场主体面向市场，不习惯在没有政府的干预下经营，一些企业还出现了离开政府管制的拐棍不知道如何经营的尴尬现象。

当然，产生这种"东北现象"的原因很多，但重要的一点可以肯定：即在这一轮政府的简政放权中，并没有同时建立现代企业制度，公司的治理结构并没有发生明显或实质性的变化，利益（害）相关者的责任和权利都没有明确并落实到位。在所有权和经营权并没有分离的条件下，行使资产所有权的政府常常还要以所有权者身份干预公司的日常经营。即使是进行了股权多

元化改制的企业，国有资产的所有者，在确保国有资本不流失的借口下，哪怕只有1%的股权，也要行使100%的权力。这就是前期东北企业改制过程中出现的治理乱象。本来平等地对待每个利益相关者的产权权益，是《中华人民共和国公司法》规定的法治原则，但在现实经济活动中，许多代表资本所有者的政府部门，在GDP指标考核下，逐步异化成资本市场上的寻利者，而真正为企业的生存和发展倾注了大量人力资本的经营者和职工，是不能够按公司治理结构行使决策或建议权的。当他们连相关者的权力都不能行使，其义务担当就逐渐丧失。受传统治理文化的影响，东北没能分享到多少这一轮企业改革的红利。

当然，从历史上看，当年东北老工业基地辉煌的背后，有与之发展相适应的治理结构。"企业办社会"就是其典型的特色之一，这种明显带有"政企合一"色彩的政府和企业"合二为一"的治理形态，在中华人民共和国的历史上乃至改革开放的今天仍然有其特殊的合理性。主要原因不外乎是企业所在区域政府管理缺位，社会服务供给不足或几乎没有，为了方便生活、生产，解决好职工购物、住房、就医、子女上学等难题。在这里，企业是把它作为给职工的福利承担起来的。其积极的作用：一是可以吸引人才；二是可以提高职工的归属感和凝聚力。

作为有着浓厚计划经济色彩的国有企业，当效益不错时，可以自行消化一切办社会的成本，可是一旦企业效益不好，就难以承担办社会低效带来的经济损失。以东北某国有资源型企业为例，年均负担办社会的成本费用高达数亿元（仅管理费用年均高达近两亿元）。在能源紧缺、企业效益好的时候，企业并不在乎这些成本，但随着市场需求疲软、煤价不断走低，企业收入和利润将持续下滑低迷，几近亏损状态。此时若分离办社会职能，企业又无力支付属地社会化管理的巨额费用。长期形成的"福利定势"，又使得职工根本不愿意分离办社会职能，宁可工资低些也不愿意取消这种企业办社会的福利；而企业决策者从国有资产保有和职工稳定等因素考虑，主观上也没有分离办社会职能的积极性。即便它成为企业发展的包袱，也不愿去设法甩掉。

沉重的办社会成本，影响社会资本的进入；不引进社会资本，现代企业制度根本就不可能建立起来；没有现代企业制度，就形成不了在现代企业制度框架下的公司治理结构，也就不存在真正意义的市场化程度。企业没有活力、不能面向市场，当资源（本）垄断的地位逐渐消退，经济下滑将成为必然。如果区域内企业增速放缓或亏损发生量变，就会产生整个区域的"断崖式下滑"现象。只有分离办社会职能，企业才能够轻装上阵。

三、大庆等资源型城市转型的治理障碍

大庆油田，一直创造和书写着共和国自力更生的辉煌和传奇。早在 20 世纪连续稳产高产 30 年的 90 年代初，许多有真知灼见的专家学者就论证了国际上资源型城市的兴衰，呼吁不要让大庆成为苏联的巴库。传承了第一代具有创业精神和高度的历史责任感和危机感的大庆领导集体，吹响了"二次创业"的号角，成为我国提出"二次创业"概念的最早城市。但是在二次创业的过程中，源自管理体制及其产生的治理结构，成了二次创业中的最大的资源利用障碍。从大庆二次创业的条件看，最直接、有效的路径莫过于延伸、拓展以石油化工为基础的产业链，形成新的可持续的经济增长点。但由于管理体制的问题，导致该市没有寻找到相对完善的治理结构，无法利用资源禀赋拓展或构建以石油化工为基础的循环经济新产业体系。在稳产高产的大好形势下，深层次的治理问题、体制机制障碍及矛盾都被深深地掩盖着，一旦出现原油减产，这些深埋着的问题都慢慢暴露出来。替代产业乏力，新的经济增长点没有形成足够的替代能力，导致地方税收的锐减。[①] 此外，东北资源型城市的治理问题还直接导致单一产业结构的转型乏力，也是"断崖式下滑"现象产生的又一主要原因。

重振东北经济的雄风不需要"滴水穿石"，关键是要尽快形成有利于推动各方积极参与东北振兴的治理结构。

从政府对经济领域的治理看，在国有经济为主要支柱性来源的东北，政

---

① 《新东北现象调查：部分国企守着金饭碗没饭吃》，新华网，2015 年 2 月 15 日。

府自然有掌控资源配置权的偏好。这就有可能构成对"充分发挥市场在资源配置中的决定性作用"的挑战和冲击，从而也抑制了民营经济的发展，也有可能成为压抑国有企业作为市场主体自主经营的积极性和创新力。实践表明，凡是市场作用发挥得比较充分的地方，资源利用率就高，经济活力就强，可持续发展的趋势就明显。其根本原因在于市场有强劲的利益刺激、良好的经营导向、高效的资源配置、灵活快速的市场反映、奖勤罚懒的激励功能等治理优势。在受计划经济思想禁锢了多年的东北，很少能够找到一个真正意义上的、充分的市场经济条件下崛起的区域样本。我们反而看到，近几年利用行政资源产生的各类不是政府、不像企业的所谓"平台企业"怪胎。今天，在全国民营企业 500 强榜单中，我们很少看到东北民营企业入围。

政府长期掌控和行使对市场资源的配置权力，对混合所有制经济和民营经济的发展极其不利。企业经营方式的非市场化运作，也是政府长期的治理错位，让国有和民营企业都进入了经营的误区。企业通过非市场化的方式变现资源和购买资源，严重地扭曲了企业作为市场主体的经营权利和创造精神。

东北经济的"断崖式下滑"绝非一日之寒，但重振东北经济的雄风不需要"滴水穿石"，关键是要尽快形成有利于推动各方积极参与东北振兴的治理结构。

治理模式转变的应对之策可以概括为以下五点：一是打造服务型政府，按照党的十八大精神，尽快完成政府职能的转变，努力推动政府行政权力在阳光下运行；二是在治理现代化的过程中，要特别重视社会各界合作参与对社会公共事业的管理工作，在不断规范政府行政行为的过程中，完善权力制约机制和群众监督机制；三是继续加大产业结构调整的力度，充分发挥市场在资源配置中的决定性作用，发掘比较优势，发挥政府在推进产业结构调整中的引导作用；四是加快推进现代企业制度建设，完善法人治理结构，促进民营经济和混合所有制经济发展；五是资源型城市转型的过程中，更应该注意政府和企业治理的现代化建设。

新常态下东北振兴不是简单的政策扶持，而是要快速建立现代产业体系。但现代产业体系的关键是要有符合发展需要的治理结构做保证，只有这样，制约东北的体制机制性因素才能彻底消除。虽然，市场化或私有化不一定是东北老工业基地改革的唯一发展方向，但有效的治理体系必须建立，否则市场经济的活力就无法激发出来。从这个意义上看，治理的现代化将成为东北重拾辉煌的基石！

东北困局下"扩大开放合作"大文章怎么做

陈 耀

受到国际政治、外交等影响，加上周边国家和地区经济相对落后与政策制约，以及边境地区基础设施建设滞后等原因，东北对外开放的进程并不顺利。推进共建丝绸之路经济带和海上丝绸之路，是我国提出的对外开放大战略，东北地区要抓好这一历史性发展机遇，谋划互联互通的大通道建设，推动优质富余产能"走出去"。

面对国家实施"一带一路"战略的新机遇，积极主动地推进对外开放和区域合作互动，对于东北经济尽快走出困境、实现老工业基地的全面振兴，具有重大现实意义。

一、东北"借港出海"战略取得突破，但对外开放合作的进展还不尽如人意

改革开放三十多年尤其近些年来，东北地区努力扩大对外开放合作，取得了不小成绩。从 2014 年东三省的情况看，唯一有沿海港口的辽宁省进出口总额达到 1140 亿美元；黑龙江省以对俄交流合作为重点，实现对俄进出口总额 232.8 亿美元，占全国对俄贸易的近四分之一；吉林省利用外资和域

　陈耀：中国社科院工业经济研究所研究员、中国区域经济学会副会长兼秘书长。

外资金分别增长 13.1%、21.2%，对外互联互通进展良好，"借港出海"战略取得突破。但是，相比国内其他地区，东北地区对外开放合作的进展还不尽如人意。根据 2014 年统计数据测算，东北三省的经济总量占全国 8.4%，而进出口总额仅占全国的 4.2%；东北外贸依存度为 19.02%，仅为全国外贸依存度平均数（38.4%）的一半。考虑到东北产业结构中重化工比重大，产能过剩较为严重，外贸外资对东北经济的拉动作用十分微弱；同时，东北地区内部各自为政，少有合作互动，与国内其他地区合作交流也比较少，每年吸引来自区外的资金、企业，尤其来自东部沿海发达地区的产业转移十分有限。

东北地理区位独特，偏居一隅，与俄罗斯、蒙古、朝鲜接壤，边境线长，临近日本、韩国，是我国与东北亚国家开放合作的前沿阵地。积极扩大对外对内开放，提升开放合作的层次和水平，不仅有利于拓宽外部市场，释放东北地区的优质富余产能，推动国际产能和装备制造合作，而且有利于充分利用国外丰富自然资源和人力资源，加强经济技术和人文交流，并承接更多的国际国内产业转移，从而为东北老工业基地振兴提供新动力、新引擎。

二、东北扩大开放合作需要解决的难点与障碍

（一）互联互通不畅、口岸设施薄弱

东北与俄、蒙、朝互联互通方面还存在不少问题，比如铁路外输通道单一，最大的通道满洲里仅有一条连接内地的铁路通道即滨洲铁路，与蒙古国仅有二连浩特铁路，与朝鲜的铁路始建于日伪时期，亟待维修。据我们在吉林延边州的调研，这里很多的基础道路设施修建于 20 世纪七八十年代，运载能力不足、运载的安全性无法达标，大部分跨境桥至今已有七八十年的历史，二级公路不足 80%。由于国家对沿边口岸建设投入不足，地方对口岸建设力不从心，"小马拉大车"的问题突出。

（二）开放环境欠佳、周边政策稳定性差

随着中俄、中蒙战略合作伙伴关系深入发展，东北地区对外开放环境不断优化，合作范围不断拓展，但也存在"上热下冷"的现象，进口商品科技含量较低，加工贸易未形成规模，对外贸易品类不多，外贸企业规模较小，缺乏国际市场竞争力，境外投资企业缺乏有效融资渠道。特别是，周边国家经常会从自身利益出发，频繁调整外贸管理方面的具体政策，政策兑现难，例如俄罗斯在远东地区有权检查外资企业的机构有 32 个之多，行政性收费名目繁多。

（三）产业支撑乏力，地方创新不足

东北尤其边境地区经济总量小，产业结构单一，整体抗风险能力弱，市场需求、价格波动、铁路运输等条件的变化对经济影响较大。由于远离国内中心市场，缺乏外部资金、技术、人才、先进管理经验、信息等要素支撑，尤其是缺乏龙头企业和大项目强势带动，投资吸引力不强，尚未形成完整的产业配套和链条延伸，这些严重制约了对外开放合作的进程。地方创新能力不仅表现在产业科技研发能力，还表现在政策运用与创新上。尤其需要提及的是，东北一些地方在推进开放合作工作中依然习惯于要政策、要资金，而对于如何用好、用足国家已有的各项支持性政策，却思考得不多。

三、抓好"一带一路"机遇，探索扩大开放合作的新路径

推进共建丝绸之路经济带和海上丝绸之路，是我国统筹国内国际发展两个大局提出来的对外开放大战略，东北地区要抓好这一历史性发展机遇，发挥地处东北亚前沿的区位优势，科学谋划互联互通的大通道建设，积极推动优质富余产能走出去，以创新为动力，以园区为载体，带动东北经济尽快走出困境。

（一）科学布局通道网络，构筑东向出海、南联内陆的大通道

建设面向东北亚开发、开放的基础设施网络，构建全方位、高层次、高质量的对外开放通道。在国家"一带一路"战略中，东北地区主要是围绕建设"中蒙俄经济走廊"，规划布局通道网络，发挥联通俄蒙的区位优势，完善黑龙江对俄铁路通道和区域铁路网，以及黑龙江、吉林、辽宁与俄远东地区陆海联运合作。目前，东北地区货物主要是通过辽宁沿海港口出海，如果能够建设通过图们江周边港口（如俄罗斯波谢特港、扎鲁比诺港和朝鲜罗津港、青津港）出海的东向大通道，就可以使东北和俄蒙货物直接进入日本海，运往日韩乃至东南亚，这样可以大大缩短运距，节省物流成本，并将大大提升东北的进出口能力。同时，东北地区与内陆的联系由于渤海湾而受到一定程度的阻隔，加快推动辽东半岛与山东半岛的通道建设（如海底隧道或跨海大桥），形成直接连接内陆的南向大通道，显然有利于密切东北与内陆的经济联系，特别是吸引内陆优质要素资源、承接产业转移和开拓国内市场。

（二）以两个"金三角"为重点，打造东北亚合作新平台

东北地区与俄蒙朝三国接壤，推动与三国的合作是东北扩大开放的重要任务，从地理区位和经贸联系看，东北地区有两个金三角地区，可以作为推动中国与东北亚合作的重点平台。一个是中俄朝三国接壤构成的图们江区域"金三角"，随着中俄关系日益趋暖，以及朝鲜当地发展经济呼声渐强，积极主动推动这一地区的开发合作，尤其是港口合作、旅游开发合作、劳务输出合作等，有利于三国实现合作共赢。另一个是中俄蒙接壤构成的"海赤乔"金三角。以内蒙古呼伦贝尔海拉尔区、俄罗斯外贝加尔边疆区首府赤塔市、蒙古国东方省首府乔巴山市为支点，通过加强基础设施互联互通、深化多层次合作、建立健全合作机制，打造"海赤乔"国际合作金三角，辐射俄罗斯毗邻三个州区、蒙古国东部三省区和我国东北地区，成为我国"一带一路"中蒙俄经济走廊建设的有力支撑。

（三）以产业创新提升为核心，加快富余优质产能走出去

东北地区应立足现有产业基础，结合本地比较优势，在广泛的国际合作中提升产业层次和技术水平，推动产业转型升级。首先，要大力发展外向型能源矿产业，加强境外资源的开采利用和境内资源的保护，以投资合作的方式将初级炼化等产业链上游向境外转移，中间品在境内实现深加工，推动能源矿产产业向下游延伸；其次，要发展现代化外向型加工业，充分利用国际国内两种资源，扩大招商引资渠道，引进国内外先进技术和工艺，促进产业园区向技术先进化、产品特色化、种类多样化和市场国际化的方向发展；再次，要开展中、朝、俄在生态环境保护和旅游方面的合作，形成统一的旅游经济走廊，共同打造精品旅游线路，辟建免税店、保税区等设施，实现签证手续和通关便利化；最后，要借助国家开展国际产能合作的机会，加快组织东北优质富余产能走出去，如装备制造、石化、新能源、船舶及相关工程建设等。

（四）以国际合作园区为抓手，推动贸易和投资便利化

一是降低贸易成本，加快东北区域通关一体化，提供"一次申报、一次检查、一次放行"的一站式通关服务，实施"联合接受申报、共同实施监管、统一放行"的通关模式。二是吸引外资，提升产业园区竞争力。抢抓中韩自贸区建立契机，全面加强对韩交流与合作，吸引鼓励韩国企业进入产业园区建设开发。三是完善贸易渠道，配套发展互市贸易和临港物流，复兴东北亚丝绸之路贸易纽带的作用，扩大进出口规模、提升出口质量，加大木材、煤炭等资源进口。四是增加科研投入，提升贸易商品的科技含量和附加值。对于进口的资源性商品，应该进行深加工，提升资源性商品的利用率和利用价值。开展中朝劳务合作，促进加工贸易的发展，同时加大对弱小企业的扶持力度，促进一般贸易和边境小额贸易的发展。

（五）创新对外开放模式，建立多层次区域合作机制

比如，吉林省创新利用朝鲜劳动力资源优势和加工贸易梯度转移重点承

接地政策优势，与朝鲜开展劳务合作，全面推进对朝出境加工复进境业务，不仅带动朝鲜劳务输出，也解决加工贸易出现的"用工荒"难题。同时，还要突破国际合作瓶颈，建立多层次、多目标、多种类机制存在的地区合作机制，不仅允许国家、地区政府以政治体的方式参加，还允许国际组织、非政府组织、企业参与。鼓励多层次的合作领域，包括基础设施、投资与贸易、农业、矿业、工业及中小企业发展、人力资源开发等。尤其是加强与朝鲜、俄罗斯在基础设施建设中的双边合作，针对目前双方口岸的基础设施建设状况、相应的通关制度和政策，进行磋商谈判，尽快对下一步的建设合作以及消除合作过程中的障碍达成共识。

"锈带复兴"的国际经验借鉴

——对"新东北现象"的思考和求解

陈瑞华 *

英国的伯明翰、德国的鲁尔、美国的匹兹堡和底特律都出现过类似的"新东北现象",也是西方社会讨论"锈带"经济的典型代表。伯明翰、匹兹堡和鲁尔都实现了成功的经济转型,而底特律的转型未能成功。作为老工业基地,深陷转型困境中的东北经济,应以"锈带复兴"和"底特律沉沦"为鉴,正视挑战、抓住机遇,重新驶入加速前行的轨道。

新常态下,中国经济改革面临的挑战和机遇并存。对于东北三省这样的传统工业基地,在国民经济和社会发展中具有举足轻重的地位,但近年来深处经济转型的困境之中,经济增速骤然下滑严重,远远落后于全国其他区域,谓之新常态下的"新东北现象"。如何在全面深化改革的推动下实现经济转型,走出"新东北现象",是东北三省乃至全国必须深刻思考和着力解决的问题。

一、"锈带复兴"和"底特律沉沦"的借鉴

从全球范围来看,经济转型和结构调整出现的经济增速下滑或"顿挫"

---

* 陈瑞华:南开大学经济学院教授。

是个普遍存在的问题。英国的伯明翰、德国的鲁尔、美国的匹兹堡和底特律都出现过类似的"新东北现象"，也是西方社会讨论"锈带"经济的典型代表。但是，在实现"锈带复兴"的努力下，有些地区或城市成功转型，也有城市沉沦落寞。

伯明翰、匹兹堡和鲁尔曾分别是英、美、德工业革命的最大工业区，也是后来"锈带复兴"的成功典范。在工业革命之初，伯明翰凭借丰富的煤铁资源，大力发展现代冶金和机械制造工业，一跃成为全球铁路机车、蒸汽机和船舶的制造中心，享有"工业革命的摇篮"和"世界工厂"的美誉。但进入第二次工业革命，伯明翰固守传统的制造业，煤铁资源枯竭，"世界工厂"的经济衰落持续长达 100 年之久。匹兹堡和鲁尔区都是第二次工业革命兴起的地区。19 世纪 80 年代，匹兹堡已成为美国最大的钢铁基地，有"世界钢铁之都"之称，后来也成为美国的制造业中心，是美国钢铁公司、西屋电器、美国铝业公司等跨国企业的总部基地。但产业过度集中，经济结构单一，环境污染严重，曾让匹兹堡的发展一度面临危机。鲁尔区是第二次工业革命后德国和欧洲最大的工业区，德国 80％的硬煤、90％的焦炭、60％的钢铁和 35％的炼油量均是由鲁尔生产提供的，是一个严重资源依赖型经济区。第二次世界大战后鲁尔区煤和钢产量不振，工业结构老化，机械制造业停滞，大量产业工人外流。这三个城市或地区都不同程度地面临类"新东北现象"或"锈带"。

幸运的是，伯明翰、匹兹堡和鲁尔都实现了成功的经济转型。第二次世界大战后，伯明翰进入艰难的转型阶段，一方面，进行工业内部的结构调整，重点发展机电、汽车等优势产业，并积极将制造业向管理、研发、营销等价值链高端部门引导；另一方面，进行产业结构调整，大力发展金融、贸易、旅游等第三产业，实现从工业经济向现代服务业的转型。目前，伯明翰依然是英国制造业的中心城市，而服务业已成为城市经济的主要支柱。匹兹堡在第二次世界大战后通过三次经济复兴计划，使经济转向教育、旅游、贸易等服务业和以医疗、电子、智能机器、电子技术为代表的高新技术产业。鲁尔后来也在德国政府的大力支持下，加大对传统产业的改造，发展以技术密集型工业为重点的新产业，逐步建立起石化、汽车、电子、仪表和精密机械为代表的新工业部门。

而底特律的转型未能成功。底特律的辉煌与汽车产业密切相关，底特律经济对汽车及相关产业的依存度高达80%，先后经历了"柯立芝繁荣""二战期间民主的机械库"和"全球最大的制造业中心"。经济的繁荣导致全球的生产要素向底特律快速集聚，以人口为例，在1850—1950年间，底特律的人口增长率保持在平均每十年30%以上的水平，总人口一度高达185万人，制造业就业人数高达二十多万人，成为美国的第四大城市。但进入20世纪80年代后，底特律未能把握经济转型的时机，导致城市经济陷入困境，并出现高犯罪率、高失业率、人口外流、财政危机及政府破产等诸多社会问题。曾经繁荣辉煌的底特律萧条黯淡，甚至跌落至全美20大城市之外。

同处美国制造业核心地带的密歇根州，同样面临"锈带"危机，为什么底特律与匹兹堡在"锈带复兴"后的结局迥然不同？一个基本的解释是底特律单一的依赖于汽车制造业。在"锈带复兴"中，密歇根州通过提高传统制造业竞争力和寻找新的经济增长点成功完成了经济转型，再度成为美国高科技制造业中心，匹兹堡是转型的受益者。反观底特律，虽然曾经试图转型，但最终采用以三大汽车制造公司为龙头，整合传统的汽车制造业，大规模修建交通设施等刺激增长的战略，进一步固化汽车城的地位。这种单一的汽车制造业和基础设施先行的模式，遇上20世纪80年代经济全球化浪潮下美国汽车业的全球化生产布局，最终导致底特律错失改革和转型的时机。

检视匹兹堡和底特律"锈带复兴"的成败，不难发现，产业转型非常关键。在产业转型的过程中，有一些因素是值得关注的。

首先，经济全球化背景下的生产要素成本下降和美元贬值，为美国的"锈带复兴"提供了难得的机遇。在经历了20世纪70年代的能源危机之后，全球迎来以新能源和信息技术为代表的新技术革命，一方面缓解了美国产业转型的压力，另一方面提供了产业转型的生产技术条件。再加上美元贬值，使得处于领先地位的美国制造业自身改造和结构调整得以在全球视野下从容实现。正是在此背景下，匹兹堡实现了钢铁产能的消化转移，还实现了新型制造业和服务业的崛起。但底特律的汽车制造在全美所占比重逐年下降，却还一味地加大汽车工业的集中和重组，忽视了其他相关产业和配套产业的更新和引进，城市的命运最终随汽车业的兴衰而起伏。

其次，技术进步和产研融合对推动工业结构升级和"锈带复兴"至关重要。过去30年，美国经济发展的一个重要特点就是高新技术产业的发展壮大和利用高新技术改造传统产业。美国政府通过大规模、大范围的资金投入，对传统制造业进行以提高生产的自动化水平为中心的技术改造，改变制造业生产率低下的局面，全面提升其竞争力。另一方面，美国尊重市场创新，提倡产研融合，鼓励硅谷、128公路等大学科技园区的发展，投入大量的资金为"锈带复兴"建设科技园区、研发中心，并给予税收优惠和科研成果转化的资金支持，使大学和科研机构成为美国高新技术产业发展和"锈带复兴"的重要推动力量。

再次，重视出口型经济和服务业的发展是实现"锈带复兴"的基本路径。扩大出口不仅为"锈带"工业区的结构调整和产能转移拓展了空间，而且推动了"锈带"工业区的经济复兴。同时，大力发展服务型产业是实现"锈带"工业产业布局合理的重大举措。随着美国制造业生产率的提高，制造业劳动力相对过剩。只有大力发展金融、贸易、旅游、医疗等服务业，推动经济增长和促进就业，才不至于出现技术工人"溢出"和人口大量外流，为"锈带复兴"提供稳定的人口和市场基础。

最后，政府在"锈带复兴"中的作用不可或缺。为了加快"锈带复兴"，美国政府在方向引导和财政支持方面也发挥了很大作用。譬如，美国联邦政府和州政府向"锈带"地区投入大量资金，用于失业人口的教育培训，同时制定相应的税收和金融支持政策，鼓励资本流入。政府引导和市场竞争的有效结合，是美国"锈带"地区成功转型的重要保障。

作为老工业基地，深陷转型困境中的东北经济，以"锈带复兴"和"底特律沉沦"为鉴，唯有认清形势、找准症结、正视挑战、抓住机遇、深化改革，才能重新驶入加速前行的轨道。

二、东北经济嬗变的历史机遇和举措

东北现象频出，本身就说明东北经济缺乏转型的内在基础。只有彻底改变过去的"输血"机制，赋予其"造血"机能，推动东北经济嬗变，才能走出区域经济发展的"怪圈"。在经济新常态下，我国实施创新驱动发展战略、"一带一路"战略，推进动力结构、体制机制、区域结构和国际合作等全面深化改革，以期实现"腾笼换鸟，凤凰涅槃"，这将为东北经济嬗变带来三大机遇：

一是创新驱动发展战略将为东北经济嬗变提供动力。国家加快实施创新驱动发展战略，加快产业结构升级，通过"中国制造2025"和"互联网+"等计划为东北地区产业结构升级发展指明方向，有助于促进新一代信息技术与东北的传统工业领域相结合，提升传统产业层次，释放增长新动力。创新驱动发展战略通过营造激励创新的公平竞争环境、扩大企业话语权、加大科技人才股权激励力度、转变政府科技管理职能等措施，激发东北地区企业和科技人才的创新动力，促进经济增长。创新驱动发展战略倡导"大众创业、万众创新"，通过营造良好的创新创业环境，释放市场主体强大的创新创业活力，将为东北地区创造更广阔的创业就业空间。

二是体制机制改革将激发东北经济发展活力。2015年7月19日，习近平在长春听取对振兴东北地区等老工业基地和"十三五"时期经济社会发展的意见和建议后指出，"坚决破除体制机制障碍，形成一个同市场完全对接、充满内在活力的体制机制，是推动东北老工业基地振兴的治本之策。"通过体制机制改革，政府不再依赖强刺激手段拉动经济增长，将资源配置的决定权交给市场。通过体制机制改革，东北地区民众的观念彻底转向市场经济，限制经济发展活力的障碍解除，生产要素和社会财富充分流动，将激发东北经济的发展潜力。通过体制机制创新，大力发展混合所有制经济，将解除东北地区国有经济比重过大和经济发展"路径依赖"的制约，盘活存量资产，让企业轻装前行，提高企业的市场竞争力。

三是"一带一路"战略和区域经济格局重塑将为东北经济发展创造新契

机。"一带一路"战略的提出改变了我国传统的东中西部经济格局，把东北经济置放在环太平洋经济和亚欧经济的关键节点之上。这一战略有利于加强上述地区与东北地区的人才、技术、经济联系和产业对接，一方面提升东北的产业层次和创新发展能力；另一方面加快东北的过剩产能和低效益产业的对外转移，促进内外开放和融合，加快"腾笼换鸟"步伐，为东北经济嬗变提供更多机会。

参考文献

[1] 程杞国:《公共政策制定中中央政府和地方政府的关系》,《中共福建省委党校学报》2000 年第 3 期。

[2] 刘勇林、雷兴虎:《区域协调发展的立法的观念转换与制度创新》,《法商研究》2005 年第 4 期。

[3] 杨晓萌:《论我国政府间转移支付制度的改革与完善》,《东北财经大学学报》2003 年第 7 期。

[4] 张可云:《区域经济政策》,商务印书馆 2005 年版。

[5] 郑艳:《区域经济协调发展政策的国际比较及对我国的启示》,《宏观管理》2004 年第 3 期。

[6] 孙久文:《城乡协调与区域协调的中国城镇化道路初探》,《城市发展研究》2012 年第 5 期。

[7] 魏后凯、高春亮:《新时期区域协调发展的内涵和机制》,《福建论坛》2011 年第 10 期。

[8] 徐康宁:《区域协调发展的新内涵与新思路》,《江海学刊》2014 年第 2 期。

[9] 孙久文:《走向 2020 年的我国城乡协调发展战略》,中国人民大学出版社 2010 年版。

[10] 习近平:《加大支持力度增强内生动力 加快东北老工业基地振兴发展》,《人民日报》2015 年 7 月 20 日。

[11] [德] 乌尔里希·森德勒:《工业 4.0:即将来袭的第四次工业革命》,邓敏主译,机械工业出版社 2014 年版。

[12] 国务院：《中国制造 2025》，中国政府网，2015 年 5 月 19 日。

[13] 《中共中央关于全面深化改革若干重大问题的决定》，《人民日报》2013 年 11 月 16 日。

[14] 马克、黄文艺主编：《东北蓝皮书：中国东北地区发展报告（2014）》，社会科学文献出版社 2014 年版。

[15] 魏后凯等：《中国区域政策：评价与展望》，经济管理出版社 2011 年版。

[16] 《推动共建丝绸之路经济带和 21 世纪海上丝绸之路的愿景与行动》，新华社，2015 年 3 月 28 日。

[17] 常修泽：《包容性改革论——中国新阶段全面改革的新思维》，经济科学出版社 2013 年版。

[18] 常修泽：《人本型结构论——中国经济结构转型新思维》，安徽人民出版社 2015 年版。

[19] 周民良：《东北振兴：体制改革是关键》，和讯网，2007 年 8 月 9 日。

总 策 划：李春生　王　彤

责任编辑：张　燕

责任校对：胡　佳

封面设计：吴燕妮

图书在版编目（CIP）数据

中国区域发展新思维：顶层设计与战略布局／人民论坛 编．

　－北京：人民出版社，2016.01

ISBN 978－7－01－015679－8

I.①中…　II.①人…　III.①区域经济发展－研究－中国　IV.①F127

中国版本图书馆 CIP 数据核字（2016）第 001091 号

中国区域发展新思维

ZHONGGUO QUYU FAZHAN XINSIWEI

——顶层设计与战略布局

人民论坛 编

人 民 出 版 社 出版发行

（100706　北京市东城区隆福寺街 99 号）

北京汇林印务有限公司印刷　新华书店经销

2016 年 1 月第 1 版　2016 年 1 月北京第 1 次印刷

开本：710 毫米 ×1000 毫米 1/16　印张：16.5

字数：251 千字

ISBN 978－7－01－015679－8　定价：46.00 元

邮购地址 100706　北京市东城区隆福寺街 99 号

人民东方图书销售中心　电话（010）65250042　65289539